函館・道南…36

函館本線（函館〜長万部）
海峡線／道南いさりび鉄道
函館市企業局交通部
瀬棚線／松前線／江差線

札幌・道央・室蘭…28

函館本線（長万部〜旭川）
札沼線／石勝線
根室本線（滝川〜新得）
富良野線／室蘭本線
千歳線／札幌市交通局／札幌
市交通事業振興公社
幌内線／歌志内線
万字線／三菱石炭鉱業
岩内線／胆振線

宗谷・留萌・オホーツク・北見・網走…10

宗谷本線／留萌本線
石北本線
天北線／興浜北線
興浜南線／美幸線
名寄本線／渚滑線／湧網線
相生線／羽幌線／深名線

青森…40

青い森鉄道（八戸〜青森）
奥羽本線(滝内圖〜青森圖)
大湊線／津軽線／五能線
津軽鉄道／弘南鉄道
下北交通／南部縦貫鉄道
十和田観光電鉄

新幹線・鉄道連絡

北海道新幹線／東北新
上越新幹線／北陸新幹
東海道新幹線／山陽新幹線
九州新幹線／西九州新幹線
リニア中央新幹線
宮島航路
青函航路／宇高航路
仁堀航路

JN088926

釧路・根室・帯広・十勝・日高…20

根室本線（新得〜根室）
釧網本線／日高本線
標津線／白糠線／士幌線
広尾線／富内線
北海道ちほく高原鉄道

鉄道の旅手帖

五訂版

実業之日本社

「鉄道の旅手帖」五訂版 目次 —— contents

〈この手帖の掲載基準〉

◎2023年4月1日時点の営業路線・駅・信号場（行き違い・追い抜き用と、路線の分岐点の信号場のみ）と、1980年1月1日以降2023年4月1日までに廃止になる路線（営業キロの変更があったルート変更を含む。終着駅の移転・営業キロの変更がない移転・地下化・高架化は含まない）・駅を区別して掲載しています。青函トンネルは、海峡線・北海道新幹線双方に計上しています。イベントのための臨時列車などが走っただけの貨物線・廃止路線等は記載していません。

◎地図中、スペースの都合で表記が困難な駅名は省略しています。また、駅リスト中、大手私鉄・準大手私鉄・地下鉄・路面電車・モノレール・新交通システム等は駅リストを割愛し、路線ごとの表としています。

◎データは2023年4月1日時点のものです。廃止路線・駅のデータは最終営業日のものです。

◎路線名と起点・終点は、わかりやすくするために一部に愛称・通称等を付記したり、まとめて掲載した区間があります。市販の時刻表や実際の列車の運行系統等と異なるものが多くあります。

◎営業キロは、市販の時刻表に掲載されているもの（各鉄道会社の運賃計算に使われるもの）を掲載しています。『鉄道要覧』に掲載されたものや、実際の距離と異なるものがあります。

◎なにをもって「乗りつぶし」とするかの解釈は千差万別です。そもそも「鉄道」も根拠によりさまざまな解釈があり、ケーブルカーやリフトも含むとする人もいます。本書の解釈はほんの一例です。あなたご自身が楽しめる定義を考えましょう。

「鉄道の旅手帖 五訂版」使い方のヒント

乗った路線をぬりつぶすことで、旅の記憶が深まります。
余白に思い出や旅のデータを書き込むことで、一生の記録になります。
この手帖には、鉄道路線と駅しか書いてありません。あなたの自由な発想で、
自分だけの旅行史をつくりあげてください。
ここでは、そのためのヒントをいくつか提案します。

旅の思い出を書こう

食べた、飲んだ、泊まった…旅も回数を
重ねると記憶も曖昧になってきます。思
い出を色あせさせないために、なんでも
書いておきましょう。

乗った列車を
メモしよう

かつては蒸気機関車が引
いていた急行が、いまで
は最新車両の特急に…の
ように、鉄道の世界も世
代交代は激しいもの。後
年の思い出のために、ぜ
ひ記録を。

凡例

=○= 現存する路線・駅（JR）

=○= 現存する路線・駅（私鉄）

=○= 開業予定の路線・駅［駅名は斜字体］

=○= 廃止された路線・駅（国鉄、JR）
　　　［駅名は明朝体］
=○= 廃止された路線・駅（私鉄）
　　　［駅名は明朝体］

臨　臨時駅

仮　仮乗降場（国鉄時代のみ）

信　信号場

斜字体　開業予定の駅

宗谷・留萌 北部

宗谷本線
天北線・興浜北線・美幸線・羽幌線

日本最北端の駅。実測値
で北緯45度25分01秒、東
経141度40分37秒

利尻山
▲1721

20XX.6.10稚内へ。到着後、
バスで宗谷岬往復後、防波堤
あたりを散策。○○ホテル泊。
夕食はたこしゃぶ。コリコリ
噛むほどに味がしみ出る感じ。

芦川 20XX.6.10
スーパー宗谷1
20XX.6.11
326D～324

朝、利尻富士が
うっすら見えた！

※駅が省略されている路線
（線の中が白くないもの）は
別ページで紹介しています

稚内
南稚内
声問　東声問園
宇遠内　恵北
抜海
樺岡
勇知　沼川　曲淵
兜沼
宗谷
徳満
サロベツ
原野駅
下沼　南下沼　幌延
作返園　上幌延
北川口　振老　南幌
中川口園　安牛
天塩　雄信内
干拓園
更岸
丸松
啓明園
遠別
天塩金浦
歌越
共成
天塩大沢
豊岬

羽幌線

留萌折

乗った路線・降りた駅をぬりつぶそう

旅のあと、乗った路線をぬりつぶしていると思い出がよみがえってくるはずです。降りた駅や、長い停車時間中に駅前を散策した駅なども別の色で塗ると楽しいかもしれません。

乗った路線は何km？

路線の距離を見開きごとに計算して、リスト掲載ページの右上に書き入れましょう。（ご注意）ルートや営業キロは駅の移転等で随時変化します。あなたが乗った当時のルートや営業キロと本書に掲載したものが異なっている可能性もあります。正確な記録をつけたい方はご注意ください。

何回も乗った路線はその「のべ距離」を記録するのもおもしろいでしょう。

全区間乗車をめざす人は

ここに日付を書いたり、自分で縦の罫線を引いて乗降や入場券購入などの記録をすると便利です。

宗谷・留萌

私が乗車した距離　**259.4**　km

□ **宗谷本線**
年　月　日全線乗車

駅名	営業キロ
深川 ふかがわ	0.0
旭川 あさひかわ	0.0
旭川四条 あさひかわよじょう	1.8
新旭川 しんあさひかわ	3.7
永山 ながやま	9.3
北永山 きたながやま	11.4
南比布 みなみぴっぷ	14.7
比布 ぴっぷ	17.1
北比布 きたぴっぷ	20.2
蘭留 らんる	22.8
塩狩 しおかり	28.4
和寒 わっさむ	36.3
東六線 ひがしろくせん	41.4
剣淵 けんぶち	45.2
北剣淵 きたけんぶち	50.2
士別 しべつ	53.9
下士別 しもしべつ	61.7
多寄 たよろ	61.7
瑞穂 みずほ	64.5
風連 ふうれん	68.1
名寄高校 なよろこうこう	74.0
名寄 なよろ	76.2
日進 にっしん	80.2
智東 ちとう	84.9
北星 ほくせい	89.3
智恵文 ちえぶん	91.2
智北 ちほく	93.3
南美深 みなみびふか	95.6
美深 びふか	98.3
初野 はつの	101.9

駅名	営業キロ
紋穂内 もんぽない	105.0
恩根内 おんねない	112.1
豊清水 とよしみず	117.9
天塩川温泉 てしおがわおんせん	121.5
咲来 さっくる	124.7
音威子府 おといねっぷ	129.3
筬島 おさしま	135.6
神路 かみじ	(20XX△610 スーパー
佐久 さく	153 発地1号)
琴平 ことひら	158.2
天塩中川 てしおなかがわ	161.9
下中川 しもなかがわ	165.8
歌内 うたない	170.3
問寒別 といかんべつ	175.8
糠南 ぬかなん	178.0
上雄信内 かみおぬっぷない	181.5
雄信内 おぬっぷない	183.7
安牛 やすうし	189.7
南幌延 みなみほろのべ	191.6
上幌延 かみほろのべ	194.6
幌延 ほろのべ	199.4
南下沼 みなみしもぬま	205.6
下沼 しもぬま	207.2
豊富 とよとみ	215.9
徳満 とくみつ	220.9
芦川 あしかわ	226.6
兜沼 かぶとぬま	230.9
勇知 ゆうち	236.7
抜海 ばっかい	245.0
南稚内 みなみわっかない	256.7
稚内 わっかない	259.4

□ **美幸線**
年　月
(1985年9月1日)

駅名	営業キロ
美深 びふか	0.0
東美深 ひがしびふか	4.3

□ **深名線**
年　月　日全線乗車
(1995年9月3日限り廃止)

駅名	営業キロ
深川 ふかがわ	0.0
円山 まるやま	4.7
上多度志 かみたどし	10.8
多度志 たどし	14.0
宇摩 うま	19.4
幌成 ほろなり	22.3
下幌成 しもほろなり	24.1
鷹泊 たかとまり	27.3
沼牛 ぬまうし	37.9
新成生 しんなりう	39.9
幌加内 ほろかない	43.7
上幌加内 かみほろかない	46.8
雨煙別 うえんべつ	51.1
政和温泉 せいわおんせん	—
政和 せいわ	58.7
新富 しんとみ	64.2
添牛内 そえうしない	68.6
共栄 きょうえい	75.5
朱鞠内 しゅまりない	78.8
湖畔 こはん	80.7
蕗ノ台 ふきのだい	89.5
白樺 しらかば	90.*
北母子里 きたもしり	*.*
天塩弥生 てしおやよい	11*
西名寄 にしなよろ	11*
名寄 なよろ	12*

□ **羽幌線**
年　月　日全線（
(1987年3月29日限り）

駅名	営業キロ
留萌(当時) るもい	0.0
三泊 さんぱく	2.7
臼谷 うすや	6.7
小平 おびら	8.7
花岡 はなおか	—
大椴 おおとど	17.3
富岡 とみおか	—
鬼鹿 おにしか	26.1
千松 ちまつ	—
力昼 りきびる	33.0
番屋ノ沢 ばんやのさわ	—
古丹別 こたんべつ	41.7
上平 うわだいら	46.6
苫前 とままえ	50.5
興津 おきつ	—
羽幌 はぼろ	58.3
築別 ちくべつ	65.0
天塩有明 てしおありあけ	69.8
天塩栄 てしおさかえ	73.6
初山別 しょさんべつ	79.5
豊岬 とよさき	85.5

凡例

○	雄信内 おのっぷない	現存する駅
○	安牛 やすうし	廃止された駅
○	新駅(仮称) しんえき	開業予定の駅

○	久種 くしゅ	*.*
○	中川口 なかがわぐち	—
○	北川口 きたかわぐち	128.7

5

新函館北斗～札幌は着工済み。2030年度開業を目指す

(仮称)新小樽
札幌
倶知安
北海道新幹線
長万部
(仮称)新八雲
新函館北斗
木古内
湯の里知内圓
青函航路
奥津軽いまべつ
新中小国圓
新青森
七戸十和田

新鳥栖～武雄温泉間はルート検討中。当面武雄温泉乗り換えとなる。

山陽新幹線
新下関
新山口
厚狭
小倉
博多
博多南
新鳥栖
久留米
筑後船小屋
新大牟田
新玉名
熊本
新八代
新水俣
出水
川内
鹿児島中央
九州新幹線
武雄温泉
嬉野温泉
新大村
長崎
諫早
徳山
新岩国
広島
東広島
三原
新尾道
福山
新倉敷
岡山
相生
姫路
西明石
新神戸
宮島航路
仁堀航路
宇高航路

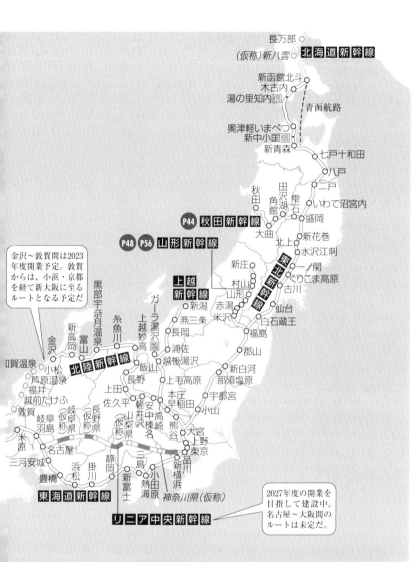

長万部
(仮称)新八雲　北海道新幹線

新函館北斗
木古内
湯の里知内圓　青函航路

奥津軽いまべつ
新中小国圓
新青森　　七戸十和田
　　八戸
秋田　田沢湖　雫石　二戸
角館　　　　いわて沼宮内
大曲　　盛岡

P44　秋田新幹線
P48　P56　山形新幹線

上越新幹線
新庄　北上　新花巻
村山　　　水沢江刺
新潟　山形　　一ノ関
燕三条　赤湯　　くりこま高原
ガーラ湯沢圓　米沢　　古川
長岡　　福島　　仙台
浦佐　　郡山　　白石蔵王
越後湯沢

黒部宇奈月温泉
新高岡
富山
糸魚川
上越妙高
飯山　上毛高原　新白河
長野　　本庄　那須塩原
上田　早稲田　宇都宮
佐久平　安　　小山
軽井沢　中
　　　高
山　崎
梨　熊谷
金沢　県
小松　岐阜羽島　大宮
芦原温泉　仮称　上野
福井　　　　東京
越前たけふ　長野県（仮称）品川
敦賀　岐阜羽島　新横浜
米原　名古屋　　神奈川県（仮称）
三河安城　浜松　静岡
豊橋　掛川　三島
　　　　新富士　小田原
　　　　　　熱海

金沢～敦賀間は2023年度開業予定。敦賀からは、小浜・京都を経て新大阪に至るルートとなる予定だ

北陸新幹線

東北新幹線

東海道新幹線

リニア中央新幹線

2027年度の開業を目指して建設中。名古屋～大阪間のルートは未定だ。

新幹線・鉄道連絡船

北海道新幹線・東北新幹線・上越新幹線・北陸新幹線

東海道新幹線・山陽新幹線・九州新幹線・西九州新幹線

リニア中央新幹線・宮島航路・青函航路・宇高航路・仁堀航路

7

新幹線・鉄道連絡船

□ 北海道新幹線

年　月　日全線乗車

駅名	営業キロ	
新青森 しんあおもり	0.0	
奥津軽いまべつ	38.5	おくつがる～
木古内 きこない	113.3	
新函館北斗	148.8	しんはこだてほくと
新八雲 (仮称)		しんやくも
長万部 おしゃまんべ		
倶知安 くっちゃん		
新小樽 (仮称)		しんおたる
札幌 さっぽろ		

□ 上越新幹線

年　月　日全線乗車

駅名	営業キロ	
大宮 おおみや	0.0	
熊谷 くまがや	34.4	
本庄早稲田	55.7	ほんじょうわせだ
高崎 たかさき	74.7	
上毛高原	121.3	じょうもうこうげん
越後湯沢	168.9	えちごゆざわ
浦佐 うらさ	198.6	
長岡 ながおか	240.3	
燕三条 つばめさんじょう	263.5	
新潟 にいがた	303.6	

□ 上越線 (支線)

年　月　日全線乗車

駅名	営業キロ	
越後湯沢	0.0	えちごゆざわ
ガーラ湯沢 圏	1.8	～ゆざわ

【旅のメモ】

□ 東北新幹線

年　月　日全線乗車

駅名	営業キロ	
東京 とうきょう	0.0	
上野 うえの	3.6	
大宮 おおみや	30.3	
小山 おやま	80.6	
宇都宮 うつのみや	109.5	
那須塩原	157.8	なすしおばら
新白河 しらかわ	185.4	
郡山 こおりやま	226.7	
福島 ふくしま	272.8	
白石蔵王	306.8	しろいしざおう
仙台 せんだい	351.8	
古川 ふるかわ	395.0	
くりこま高原	416.2	～こうげん
一ノ関 いちのせき	445.1	
水沢江刺	470.1	みずさわえさし
北上 きたかみ	487.5	
新花巻 はなまき	500.0	
盛岡 もりおか	535.3	
いわて沼宮内	566.4	～ぬまくない
二戸 にのへ	601.0	
八戸 はちのへ	631.9	
七戸十和田	668.0	しちのへとわだ
新青森 しんあおもり	713.7	

【旅のメモ】

□ 北陸新幹線

年　月　日全線乗車

駅名	営業キロ	
高崎 たかさき	0.0	
安中榛名	18.5	あんなかはるな
軽井沢 かるいざわ	41.8	
佐久平 さくだいら	59.4	
上田 うえだ	84.2	
長野 ながの	117.4	
飯山 いいやま	147.3	
上越妙高	176.9	じょうえつみょうこう
糸魚川 いといがわ	213.9	
黒部宇奈月温泉	253.1	くろべうなづきおんせん
富山 とやま	286.9	
新高岡	305.8	しんたかおか
金沢 かなざわ	345.5	
小松 こまつ		
加賀温泉		かがおんせん
芦原温泉		あわらおんせん
福井 ふくい		
越前たけふ		えちぜん～
敦賀 つるが		

【旅のメモ】

8

□ 東海道新幹線
年　月　日全線乗車

駅名	営業キロ	
東京 とうきょう	0.0	
品川 しながわ	6.8	
新横浜 しんよこはま	28.8	
小田原 おだわら	83.9	
熱海 あたみ	104.6	
三島 みしま	120.7	
新富士 しんふじ	146.2	
静岡 しずおか	180.2	
掛川 かけがわ	229.3	
浜松 はままつ	257.1	
豊橋 とよはし	293.6	
三河安城 みかわあんじょう	336.3	
名古屋 なごや	366.0	
岐阜羽島 ぎふはしま	396.3	
米原 まいばら	445.9	
京都 きょうと	513.6	
新大阪 しんおおさか	552.6	

□ リニア中央新幹線
年　月　日全線乗車

駅名	営業キロ	
品川 しながわ		
神奈川県 (仮称)		
山梨県 (仮称)		
長野県 (仮称)		
岐阜県 (仮称)		
名古屋 なごや		

□ 山陽新幹線
年　月　日全線乗車

駅名	営業キロ	
新大阪 しんおおさか	0.0	
新神戸 しんこうべ	36.9	
西明石 にしあかし	59.7	
姫路 ひめじ	91.7	
相生 あいおい	112.4	
岡山 おかやま	180.3	
新倉敷 しんくらしき	205.5	
福山 ふくやま	238.6	
新尾道 しんおのみち	258.7	
三原 みはら	270.2	
東広島 ひがしひろしま	309.8	
広島 ひろしま	341.6	
新岩国 しんいわくに	383.0	
徳山 とくやま	430.1	
新山口 しんやまぐち	474.4	
厚狭 あさ	509.5	
新下関 しんしものせき	536.1	
小倉 こくら	555.1	
博多 はかた	622.3	

□ 博多南線
年　月　日全線乗車

駅名	営業キロ	
博多 はかた	0.0	
博多南 はかたみなみ	8.5	

□ 九州新幹線
年　月　日全線乗車

駅名	営業キロ	
博多 はかた	0.0	
新鳥栖 しんとす	28.6	
久留米 くるめ	35.7	
筑後船小屋 ちくごふなごや	51.5	
新大牟田 しんおおむた	69.3	
新玉名 しんたまな	90.4	
熊本 くまもと	118.4	
新八代 しんやつしろ	151.3	
新水俣 しんみなまた	194.1	
出水 いずみ	210.1	
川内 せんだい	242.8	
鹿児島中央 かごしまちゅうおう	288.9	

□ 西九州新幹線 にしきゅうしゅう
年　月　日全線乗車

駅名	営業キロ	
武雄温泉 たけおおんせん	0	
嬉野温泉 うれしのおんせん	10.9	
新大村 しんおおむら	32.2	
諫早 いさはや	44.7	
長崎 ながさき	69.6	

【旅のメモ】
....

....

....

....

....

....

【旅のメモ】
....

....

....

....

【旅のメモ】
....

....

....

....

....

鉄道連絡船
※JR西日本宮島フェリーによる運行

線名	区間	営業キロ	全線乗車
□宮島航路※	宮島口～宮島 みやじま	1.0	年　月　日
□青函航路 せいかん	青森～函館 (1988年9月18日限り廃止)	113.0	年　月　日
□宇高航路 うこう	宇野～高松 (1991年3月15日限り廃止)	18.0	年　月　日
□仁堀航路 にぼり	仁方～堀江 (1982年6月30日限り廃止)	70.0	年　月　日

宗谷・留萌 北部

宗谷本線
天北線・興浜北線・美幸線・羽幌線

日本最北端の駅。実測値で北緯45度25分01秒、東経141度40分37秒

利尻山
▲1721

稚内
南稚内
声問
東声問
声問
恵北
宇遠内
抜海
樺岡
天北線
鬼志別
勇知
小石
芦猿
兜沼
沼川
曲淵
芦川
宗谷総合振興局
徳満
豊富
サロベツ原野
下沼
南下沼
幌延
作返
上幌延
振老
南幌延
北川口
安牛
糠南
問寒別
中川口
雄信内
上雄信内
宗谷本線
歌内
天塩
下中
干拓
天塩中川
更岸
琴平
丸松
啓明
遠別
佐久
羽幌線
天塩金浦
歌越
共成
天塩大沢
豊岬
留萌振興局
初山別
天塩栄
天塩有明
築別

N
1:770,000
0   20km

天塩山地

白
蕗ノ台

↓ P12

10

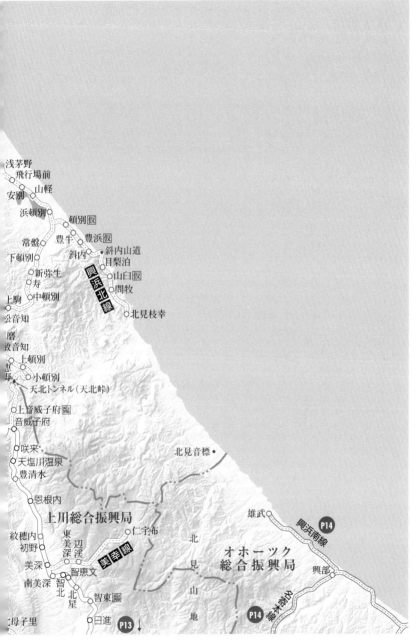

浅茅野
飛行場前
山軽
安別
浜頓別
頓別 仮
常盤 豊牛 豊浜 仮
下頓別 斜内 斜内山道
新弥生 目梨泊
寿 山臼 仮
上駒 中頓別 問牧
公音知 北見枝幸
磨 興浜北線
政音知
上頓別
恵音 小頓別
天北トンネル(天北峠)

上音威子府 仮
音威子府

咲来 北見音標
天塩川温泉
豊清水

恩根内
雄武 興浜南線 P14

上川総合振興局
紋穂内 仁宇布
東 北
初野 美 辺 オホーツク
美深 深 溪 見 総合振興局
美幸線
智恵文 興部
南美深 智 山
北 北 地
二母子里 星 智東 仮
日進 P13 ↓ 歌登美深線 P14

11

留萌 南部

宗谷本線・留萌本線

深名線・羽幌線

↑ P10

羽幌
興津 圏
苫前
上平
番屋ノ沢 圏
古丹別
力昼
千松 圏
鬼鹿
富岡 圏
大椴
花岡 圏
小平
臼谷
三泊
留萌
大和田
瀬越
浜中海水浴場 圏
礼受
阿分
信砂
藤山
舎熊
幌糠
増毛
朱文別
東幌糠
箸別
桜庭
峠下

羽幌線

留萌振興局

恵比寿トンネル
（恵比寿峠）
恵比島

留萌本線

暑寒別岳
▲1491

石狩振興局

滝川
新十津川

函館本線

札沼線

N

1:770,000

0　　　　　　20km

P28
P28

蕗ノ台
白樺
北母子里
湖畔
朱鞠内
共栄
添牛内
朱鞠内湖
名雨トンネル
新富
政和
政和温泉
雨煙別
上幌加内
幌加内
新成生
沼牛
深名線
鷹泊
下幌成
幌成
多度志
宇摩
上多度志
円山
北已
深川

西名寄
名寄
日進
P11
名寄高校
名寄本線
P14
天塩弥生
風連
瑞穂
多寄
下士別
士別
北剣淵
剣淵
東六線
和寒
宗谷本線
塩狩
塩狩峠
蘭留
北比布
比布
南比布
北永山
北永山
新旭川
旭川
旭川四条

オホーツク総合振興局

北見滝ノ上

上川総合振興局

天塩岳

上川
石北本線
P14
石北トンネル（北見峠）

空知総合振興局

根室本線
P29

歌志内
歌志内線
P29

富良野線
P29

大雪山

▲2291
旭岳

▲十勝岳
2077

十勝総合振興局

富良野

13

興浜南線

雄武
雄武共栄（仮）
元沢木（仮）
栄丘
旭ケ丘
豊野
沢木
興部
北興
沙留

仁宇布

美深

宇津
中興部
班渓
六興
西興部

名寄本線

名寄

深名線

P13

中名寄
上名寄
矢文
岐阜橋
下川
二ノ橋
幸成
一ノ橋
天北峠
上興部山
北
見
地

上渚（仮）
奥東
滝ノ下
北見滝ノ上
雄鎮内（仮）
濁川
渚滑線

オホーツク総合振興局

宗谷本線

P13

上川総合振興局

標高634m、道内最高所の停車
場。道内最高所は石北トンネル
内の峠で、標高644.1m

愛別
中愛別
愛山
天幕
中越（現）
上越（仮）
下白滝（現）

伊香牛
将軍山
当麻
安足間
東雲
上川
石北本線
石北トンネル（北見峠）
奥白滝（現）
上白滝
白滝

新旭川
桜岡
北日ノ出
東旭川

旭川
南永山

駅間距離日本一
上川～白滝間37.3km

大雪山

▲2291
旭岳

富良野線

P29

P29

根室本線

石
狩
山

十勝三股

14

オホーツク・北見・網走

石北本線

名寄本線・興浜南線・渚滑線・湧網線・相生線

1:770,000

0　　　　　　　20km

N

① 元西 区
② 下渚滑
③ 十六号線 区
④ 中渚滑

潮見町
紋別
元紋別
一本松
弘道
小向
沼ノ上
旭
川西
四号線 区
湧別
中湧別
北湧
五鹿山 区
福島 区
芭露
サロマ湖
上湧別
共進
計呂地
床丹
志撫子 区
浜佐呂間
東富丘 区
常呂
能取
北見共立
北見平和
北見富丘
卯原内
網走
大曲 区
見ケ岡
見中央 区
呼人
女満別
西女満別
北遠軽
開盛
遠軽
若里 区
浜床丹 区
湧網線
知来
仁倉
紅葉橋 区
興生沢 区
堺橋 区
佐呂間
伊奈牛
新栄野
瀬戸瀬
安国
生野
生田原
緋牛内
端野
柏陽
愛し野
北見
美幌
旭通 区
上美幌
豊幌 区
紋トンネル（常紋峠）
常紋 区
金華（現 区）
西留辺蘂
留辺蘂
相内
東相内
西北見
活汲
達美 区
津別
高校前 区
恩根
本岐
置戸
北海道ちほく高原鉄道
ふるさと銀河線
相生線
大昭 区
開拓 区
布川
北見相生
屈斜路湖
釧網本線

P20
P23

宗谷・留萌

□宗谷本線 (そうや)

年　月　日全線乗車

駅名	営業キロ	
旭川 (あさひかわ)	0.0	
旭川四条 (あさひかわよじょう)	1.8	
新旭川 (しんあさひかわ)	3.7	
永山 (ながやま)	9.3	
北永山 (きたながやま)	11.4	
南比布 (みなみぴっぷ)	14.7	
比布 (ぴっぷ)	17.1	
北比布 (きたぴっぷ)	20.2	
蘭留 (らんる)	22.8	
塩狩 (しおかり)	28.4	
和寒 (わっさむ)	36.3	
東六線 (ひがしろくせん)	41.4	
剣淵 (けんぶち)	45.2	
北剣淵 (きたけんぶち)	50.2	
士別 (しべつ)	53.9	
下士別 (しもしべつ)	58.3	
多寄 (たよろ)	61.7	
瑞穂 (みずほ)	64.5	
風連 (ふうれん)	68.1	
名寄高校 (なよろこうこう)	74.1	
名寄 (なよろ)	76.2	
日進 (にっしん)	80.2	
智東 圖 (ちとう)	84.9	
北星 (ほくせい)	89.3	
智恵文 (ちえぶん)	91.2	
智北 (ちほく)	93.3	
南美深 (みなみびふか)	95.6	
美深 (びふか)	98.3	
初野 (はつの)	101.9	

駅名	営業キロ	
紋穂内 (もんぽない)	105.0	
恩根内 (おんねない)	112.1	
豊清水 (とよしみず)	117.9	
天塩川温泉 (てしおがわおんせん)	121.5	
咲来 (さっくる)	124.7	
音威子府 (おといねっぷ)	129.3	
筬島 (おさしま)	135.6	
神路 圓 (かみじ)	—	
佐久 (さく)	153.6	
琴平 (ことひら)	158.2	
天塩中川 (てしおなかがわ)	161.9	
下中川 (しもなかがわ)	165.8	
歌内 (うたない)	170.3	
問寒別 (といかんべつ)	175.8	
糠南 (ぬかなん)	178.0	
上雄信内 (かみおのっぷない)	181.5	
雄信内 (おのっぷない)	183.7	
安牛 (やすうし)	189.7	
南幌延 (みなみほろのべ)	191.6	
上幌延 (かみほろのべ)	194.6	
幌延 (ほろのべ)	199.4	
南下沼 (みなみしもぬま)	205.6	
下沼 (しもぬま)	207.2	
豊富 (とよとみ)	215.9	
徳満 (とくみつ)	220.9	
芦川 (あしかわ)	226.6	
兜沼 (かぶとぬま)	230.9	
勇知 (ゆうち)	236.7	
抜海 (ばっかい)	245.0	
南稚内 (みなみわっかない)	256.7	
稚内 (わっかない)	259.4	

□留萌本線 (るもい)

年　月　日全線乗車

駅名	営業キロ	
深川 (ふかがわ)	0.0	
北一已 (きたいちゃん)	3.8	
秩父別 (ちっぷべつ)	8.8	
北秩父別 (きたちっぷべつ)	11.2	
石狩沼田 (いしかりぬまた)	14.4	

□同線（廃止区間）

年　月　日全線乗車

（石狩沼田-留萌：
　2023年3月31日限り廃止
留萌-増毛：
　2016年12月4日限り廃止）

駅名	営業キロ	
石狩沼田 (いしかりぬまた)	0.0	
真布 (まっぷ)	3.4	
恵比島 (えびしま)	9.7	
峠下 (とうげした)	13.9	
東幌糠 (ひがしほろぬか)	17.2	
幌糠 (ほろぬか)	20.1	
桜庭 (さくらば)	22.9	
藤山 (ふじやま)	25.6	
大和田 (おおわだ)	29.8	
留萌 (るもい)	35.7	
瀬越 (せごし)	37.8	
浜中海水浴場 圖 (はまなかかいすいよくじょう)	—	
礼受 (れうけ)	41.8	
阿分 (あふん)	43.1	
信砂 (のぶしゃ)	45.8	
舎熊 (しゃぐま)	46.6	
朱文別 (しゅもんべつ)	48.3	
箸別 (はしべつ)	49.6	
増毛 (ましけ)	52.4	

【旅のメモ】

....
....
....
....
....

□ 深名線（しんめい）

年　月　日全線乗車
（1995年9月3日限り廃止）

駅名	営業キロ	
深川 ふかがわ	0.0	
円山 まるやま	4.7	
上多度志 かみたどし	10.8	
多度志 たどし	14.0	
宇摩 うま	19.4	
幌成 ほろなり	22.3	
下幌成 しもほろなり	24.1	
鷹泊 たかどまり	27.3	
沼牛 ぬまうし	37.9	
新成生 しんなりう	39.9	
幌加内 ほろかない	43.7	
上幌加内 かみほろかない	46.8	
雨煙別 圖	51.1	うえんべつ
政和温泉 圖	—	せいわおんせん
政和 せいわ	58.7	
新富 しんとみ	64.2	
添牛内 そえうしない	68.6	
共栄 きょうえい	75.5	
朱鞠内 しゅまりない	78.8	
湖畔 こはん	80.7	
蕗ノ台 圖	89.5	ふきのだい
白樺 圖	93.6	しらかば
北母子里 きたもしり	99.0	
天塩弥生 てしおやよい	114.6	
西名寄 にしなよろ	117.8	
名寄 なよろ	121.8	

□ 美幸線（びこう）

年　月　日全線乗車
（1985年9月16日限り廃止）

駅名	営業キロ
美深 びふか	0.0
東美深 ひがしびふか	4.3
辺渓 ぺんけ	6.3
仁宇布 にうぶ	21.2

□ 羽幌線（はぼろ）

年　月　日全線乗車
（1987年3月29日限り廃止）

駅名	営業キロ	
留萌（当時）	0.0	るもい
三泊 さんとまり	2.7	
臼谷 うすや	6.7	
小平 おびら	8.7	
花岡 圖 はなおか	—	
大椴 おおとど	17.3	
富岡 圖 とみおか	—	
鬼鹿 おにしか	26.1	
千松 圖 せんまつ	—	
力昼 りきびる	33.0	
番屋ノ沢 圖	—	ばんやのさわ
古丹別 こたんべつ	41.7	
上平 うえひら	46.6	
苫前 とままえ	50.5	
興津 圖 おきつ	—	
羽幌 はぼろ	58.3	
築別 ちくべつ	65.0	
天塩有明	69.8	てしおありあけ
天塩栄 てしおさかえ	73.6	
初山別 しょさんべつ	79.5	
豊岬 とよさき	85.5	
天塩大沢	88.0	てしおおおさわ
共成 きょうせい	91.6	
歌越 うたこし	94.2	
天塩金浦	99.0	てしおかなうら
遠別 えんべつ	103.3	
啓明 圖 けいめい	—	
丸松 まるまつ	108.4	
更岸 さらきし	116.0	
干拓 圖 かんたく	—	
天塩 てしお	122.2	
中川口 圖 なかがわぐち	—	
北川口 圖 きたかわぐち	128.7	
振老 ふらおい	133.9	
作返 圖 さくかえし	—	
幌延 ほろのべ	141.1	

□ 天北線（てんぽく）

年　月　日全線乗車
（1989年4月30日限り廃止）

駅名	営業キロ	
音威子府 おといねっぷ	0.0	
上音威子府 圖	5.4	かみおといねっぷ
小頓別 ことんべつ	15.6	
上頓別 かみとんべつ	20.6	
恵野 めぐみの	—	
敏音知 ぴんねしり	27.1	
周磨 しゅうまろ	—	
松音知 まつねしり	34.5	
上駒 かみこま	—	
中頓別 なかとんべつ	42.4	
寿 ことぶき	—	
新弥生 しんやよい	—	
下頓別 しもとんべつ	51.6	
常盤 ときわ	—	
浜頓別 はまとんべつ	61.4	
山軽 やまがる	67.6	
安別 やすべつ	—	
飛行場前	—	ひこうじょうまえ
浅茅野 あさじの	76.6	
猿払 さるふつ	82.9	
芦野 あしの	87.4	
鬼志別 おにしべつ	93.7	
小石 こいし	99.0	
曲淵 まがりぶち	116.7	
沼川 ぬまかわ	121.0	
樺岡 かばおか	127.1	
恵北 けいほく	136.3	
東声問 圖	—	ひがしこえとい
声問 こえとい	141.8	
宇遠内 うえんない	—	
南稚内 みなみわっかない	148.9	

□ 興浜北線（こうひんほく）

年　月　日全線乗車
（1985年6月30日限り廃止）

駅名	営業キロ	
浜頓別 はまとんべつ	0.0	
頓別 圖 とんべつ	—	
豊牛 とようし	7.0	
豊浜 圖 とよはま	—	
斜内 しゃない	12.4	
目梨泊 めなしどまり	17.7	
山臼 圖 やまうす	—	
問牧 といまき	23.1	
北見枝幸	30.4	きたみえさし

【旅のメモ】

....

....

....

....

オホーツク・北見・網走

□ 石北本線（せきほくほんせん）

年　月　日全線乗車

駅名	営業キロ	
新旭川（あさひかわ）	0.0	
南永山（みなみながやま）	2.5	
東旭川（ひがしあさひかわ）	5.2	
北日ノ出（きたひので）	7.3	きたひので
桜岡（さくらおか）	10.2	
当麻（とうま）	13.9	
将軍山（しょうぐんざん）	17.4	
伊香牛（いかうし）	19.5	
愛別（あいべつ）	25.9	
中愛別（なかあいべつ）	32.0	
愛山（あいざん）	36.0	
安足間（あんたろま）	38.0	
東雲（とうううん）	40.4	
上川（かみかわ）	44.9	
天幕（てんまく）	50.5	
中越（なかごし）	57.2	現信
奥白滝（おくしらたき）	73.9	現信
上白滝（かみしらたき）	78.9	
白滝（しらたき）	82.2	
旧白滝（きゅうしらたき）	88.3	
下白滝（しもしらたき）	92.7	現信
丸瀬布（まるせっぷ）	101.9	
伊奈牛（いなうし）	104.8	
瀬戸瀬（せとせ）	109.7	
新栄野（しんさかえの）	113.0	
遠軽（えんがる）	120.8	
安国（やすくに）	128.8	
生野（いくの）	132.7	
生田原（いくたはら）	137.7	
金華（かねはな）	152.7	現信
西留辺蘂（にしるべしべ）	156.2	
留辺蘂（るべしべ）	158.2	
相内（あいのない）	169.1	
東相内（ひがしあいのない）	173.7	
西北見（にしきたみ）	176.3	
北見（きたみ）	181.0	
柏陽（はくよう）	183.7	
愛し野（いとしの）	185.9	
端野（たんの）	187.3	
緋牛内（ひうしない）	194.6	
美幌（びほろ）	206.1	
西女満別（にしめまんべつ）	213.1	
女満別（めまんべつ）	218.1	
呼人（よびと）	225.9	
網走（あばしり）	234.0	

□ 名寄本線（なよろほんせん）

年　月　日全線乗車
（1989年4月30日限り廃止）

駅名	営業キロ
名寄（なよろ）	0.0
中名寄（なかなよろ）	5.8
上名寄（かみなよろ）	9.7
矢文（やぶみ）	12.1
岐阜橋（ぎふばし）	13.8
下川（しもかわ）	16.5
二ノ橋（にのはし）	21.4
幸成（こうせい）	
一ノ橋（いちのはし）	27.9
上興部（かみおこっぺ）	38.9
西興部（にしおこっぺ）	45.2
六興（ろっこう）	—
中興部（なかおこっぺ）	52.2
班渓（はんけ）	—
宇津（うつ）	58.6
北興（ほっこう）	64.3
興部（おこっぺ）	67.8
旭ヶ丘（あさひがおか）	—
豊野（とよの）	73.0
沙留（さるる）	77.7
富丘（とみおか）	—
渚滑（しょこつ）	88.9
潮見町（しおみちょう）	91.9
紋別（もんべつ）	93.1
元紋別（もともんべつ）	97.7
一本松（いっぽんまつ）	—
小向（こむかい）	105.9
弘道（こうどう）	—
沼ノ上（ぬまのうえ）	112.6
旭（あさひ）	117.2
川西（かわにし）	119.3
中湧別（なかゆうべつ）	121.9
北湧（きたゆう）	—
上湧別（かみゆうべつ）	126.5
共進（きょうしん）	129.7
開盛（かいせい）	133.6
北遠軽（きたえんがる）	135.4
遠軽（えんがる）	138.1

□ 同線（湧別〜中湧別）

年　月　日全線乗車
（1989年4月30日限り廃止）

駅名	営業キロ
湧別（ゆうべつ）	0.0
四号線（よんごうせん）	—
中湧別（なかゆうべつ）	4.9

□ 湧網線（ゆうもうせん）

年　月　日全線乗車
（1987年3月19日限り廃止）

駅名	営業キロ	
中湧別（なかゆうべつ）	0.0	
五鹿山（ごかざん）囲	—	
福島（ふくしま）囲	—	
芭露（ばろう）	9.9	
志撫子（しぶし）囲	—	
計呂地（けろち）	16.5	
浜床丹（はまとこたん）囲	—	
床丹（とこたん）	21.0	
若里（わかさと）囲	—	
佐呂間（さろま）	29.3	
堺橋（さかいばし）囲	—	
興生沢（こうせいざわ）囲	—	
知来（ちらい）	36.0	
紅葉橋（もみじばし）囲	—	
仁倉（にくら）	41.4	
浜佐呂間（はまさろま）	46.0	
北見富丘（きたみとみおか）	49.4	きたみとみおか
東富丘（ひがしとみおか）囲	—	ひがしとみおか
北見共立（きたみきょうりつ）	54.0	きたみきょうりつ
常呂（ところ）	59.5	
能取（のとろ）	66.7	
北見平和（きたみへいわ）	73.1	
卯原内（うばらない）	76.6	
二見中央（ふたみちゅうおう）囲	—	ふたみちゅうおう
二見ケ岡（ふたみがおか）囲	82.1	
大曲（おおまがり）囲	—	
網走（あばしり）	89.8	

□ 渚滑線（しょこつせん）

年　月　日全線乗車
（1985年3月31日限り廃止）

駅名	営業キロ	
渚滑（しょこつ）	0.0	
元西（もとにし）囲	—	
下渚滑（しもしょこつ）	4.7	
十六号線（じゅうろくごうせん）囲	—	じゅうろくごうせん
中渚滑（なかしょこつ）	9.5	
上東（じょうとう）囲	—	
上渚滑（かみしょこつ）	16.8	
奥東（おくとう）囲	—	
滝ノ下（たきのした）	24.8	
雄鎮内（おちんない）囲	—	
濁川（にごりかわ）	31.0	
北見滝ノ上（きたみたきのうえ）	34.3	きたみたきのうえ

廃止線を含む総距離	557.8 km
現存線の距離	234.0 km

□ 興浜南線
こうひんなん

年　月　日全線乗車

（1985年7月14日限り廃止）

駅名	営業キロ	
○ 興部おこっぺ	0.0	
○ 沢木さわき	8.3	
○ 元沢木㋬ 13	—	もとさわき
○ 栄丘さかえおか	13.4	
○ 雄武共栄㋬	—	おむきょうえい
○ 雄武おむ	19.9	

□ 相生線
あいおい

年　月　日全線乗車

（1985年3月31日限り廃止）

駅名	営業キロ	
○ 美幌びほろ	0.0	
○ 旭通㋬ あさひどおり	—	
○ 上美幌かみびほろ	6.2	
○ 豊幌㋬とよほろ	—	
○ 活汲かっくみ	11.9	
○ 達美㋬たつみ	—	
○ 津別つべつ	16.6	
○ 高校前㋬こうこうまえ	—	
○ 恩根おんね	20.8	
○ 本岐ほんき	24.7	
○ 大昭㋬だいしょう	—	
○ 開拓㋬かいたく	—	
○ 布川ぬのかわ	32.3	
○ 北見相生	36.8	きたみあいおい

【旅のメモ】

....

....

....

....

....

....

....

....

....

....

....

....

....

....

....

....

....

....

....

網走　桂台
鱒浦
藻琴
北浜
浜小清水
原生花園圖
正別　知床斜里
南斜里
清里町　中斜里
札弦
緑
斜里岳
▲1536
釧北峠
川湯温泉
摩周湖
美留和
摩周
南弟子屈
磯分内
多和
標茶
泉川
五十石
茅沼
塘路
細岡
釧路湿原
谷地坊主村圖
東釧路　遠矢
釧路　別保
武佐
上尾幌
尾幌
白糠　P23

湧網線　P15

石北本線　P15　北見
美幌

相生線
P15

北見相生

阿寒湖
雄阿寒岳　▲1371
1499▲雌阿寒岳

北海道ちほく高原鉄道
ふるさと銀河線
P23

オホーツク
総合振興局

屈斜路湖

釧路総合振興局

釧網本線

標津線

上春
西春

北進
白糠線

知床半島

国後島

川北

根室標津

上武佐

中標津

翔栄

協和

当幌

室振興局

根別

春別

平糸

別海

奥行臼

納沙布岬

根室　東根室

花咲

西和田

昆布盛

落石

別当賀

初田生

日本最東端の駅。
実測値で北緯43度
19分25秒、東経145
度35分50秒

根釧原野

厚床

根室本線

姉別

浜中

茶内

糸魚沢

厚岸湖

N

1:770,000

0　　　　　　20km

釧路・根室

根室本線・釧網本線
標津線

石北本線

P14

上川

三石北トンネル（北見峠）

上川総合振興局

大雪山

旭岳
▲2290

石狩山地

美瑛

富良野線

P29

2077▲十勝岳

十勝三股

幌加

糠平湖

電力所前 区

黒石平

糠平

清水谷

萩ヶ岡

土幌線

上士幌

北平和

士幌

新狩勝トンネル（狩勝峠）

新士幌 区

中士幌

武儀

十勝総合振興局

大高島

様舞

P29

P29

石勝線

新得

十勝清水

駒場

音更

木野

柏林台

稲士別

利別

札内

幕別

日高町

平野川 区

羽帯

御影

上芽室 区

芽室

大成

西帯広

帯広

広尾線

N

1:770,000

0   20km

十勝平野

P25

石北本線 **P15**

美幌

北見

オホーツク
総合振興局

緑

広郷
北光社
上常呂
穂波
日ノ出
西富
訓子府
境野
西訓子府
豊住

相生線
P15

屈斜路湖

摩周湖

置戸

池北峠

小利別

川上

分線

陸別

薫別

笹森
大誉地

利別
塩幌
西一線
愛冠

足寄

北見相生

阿寒湖
雄阿寒岳
▲1371

1499▲雌阿寒岳

釧網本線

標茶

北海道ちほく高原鉄道
ふるさと銀河線

釧路総合振興局

仙美里

本別

岡女堂

北進

下北進

上茶路

縫別

共栄圀

上白糠

古瀬

白糠線

茶路

西庶路

庶路

東庶路

釧路湿原

新大楽毛
大楽毛

新富士

東釧路

新釧路

釧路

P20

尺別
(現圀)

音別

直別
(現圀)

常豊圀

浦幌

上厚内
(現圀)

厚内

新吉野

白糠

帯広・十勝

根室本線

士幌線・白糠線・北海道ちほく高原鉄道

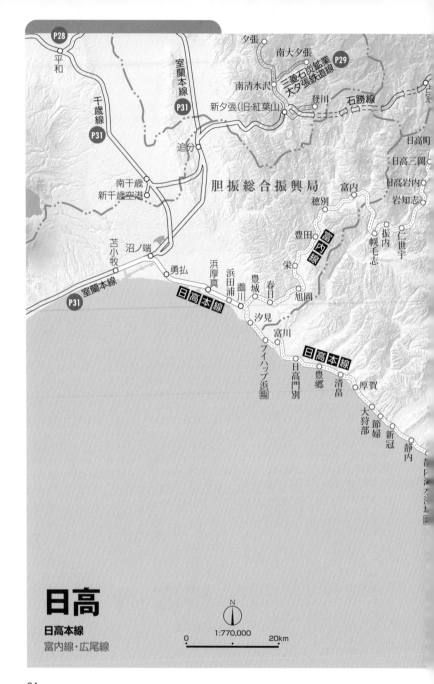

平和
P28
夕張
南大夕張
P29
南清水沢
三菱石炭鉱業
大夕張鉄道線
登川
石勝線
室蘭本線
千歳線
P31
新夕張(旧・紅葉山)
日高町
日高三岡
追分
日高岩内
胆振総合振興局
岩知志
南千歳
新千歳空港
富内
穂別
振内
仁世宇
苫小牧
沼ノ端
豊田
富内線
幌毛志
室蘭本線
勇払
浜厚真
栄
P31
浜田浦
鵡川
豊城
春日
旭岡
汐見
富川
日高本線
ブイハップ浜岡
日高門別
日高本線
豊郷
清畠
厚賀
大狩部
節婦
新冠
静内
日高

日高本線
富内線・広尾線

N

1:770,000

0　　　　　　　　20km

P29

トマム

二新狩勝トンネル（狩勝峠）
上落合信

新得

十勝総合振興局

十幌線

P22

北海道ちほく
高原鉄道

P22

池田

根室本線

P22

帯広

依田

北愛国

愛国

十勝平野

大正

幸福

日

高

中札内

更別

2052▲
幌尻岳

上更別

広尾線

忠類

十勝東和

山

大樹

石坂

1736▲ペテガリ岳

豊似

日高振興局

野塚

新生

広尾

蓬栄

本桐

日高東別

荻伏

日高三石

絵笛

浦河

東町

様似

西様似

鵜苫

日高幌別

襟裳岬

□ 根室本線（新得～根室）

駅名	営業キロ	年 月 日全線乗車
新得 しんとく	136.3	
十勝清水 とかちしみず	145.4	
羽帯 はおび	152.9	
御影 みかげ	155.9	
芽室 めむろ	166.5	
大成 たいせい	168.6	
西帯広 にしおびひろ	173.4	
柏林台 はくりんだい	176.6	
帯広 おびひろ	180.1	
札内 さつない	184.9	
稲士別 いなしべつ	188.5	
幕別 まくべつ	194.3	
利別 としべつ	200.8	
池田 いけだ	204.3	
十弗 とおふつ	212.8	
豊頃 とよころ	218.2	
新吉野 しんよしの	225.3	
浦幌 うらほろ	231.7	
上厚内 かみあつない	243.5	現信
厚内 あつない	250.1	
直別 ちょくべつ	257.3	現信
尺別 しゃくべつ	261.3	現信
音別 おんべつ	265.1	
古瀬 ふるせ	274.8	
白糠 しらぬか	281.1	
西庶路 にししょろ	286.5	
庶路 しょろ	288.6	
大楽毛 おたのしけ	299.0	
新大楽毛 しんおたのしけ	300.8	
新富士 しんふじ	305.7	
釧路 くしろ	308.4	
東釧路 ひがしくしろ	311.3	
武佐 むさ	312.5	
別保 べっぽ	317.0	
上尾幌 かみおぼろ	331.7	
尾幌 おぼろ	340.9	
門静 もんしず	350.1	
厚岸 あっけし	355.0	
糸魚沢 いといざわ	365.6	
茶内 ちゃない	375.2	
浜中 はまなか	382.2	
姉別 あねべつ	392.3	
厚床 あっとこ	398.9	
初田牛 はったうし	406.0	
別当賀 べっとが	414.5	
落石 おちいし	424.8	
昆布盛 こんぶもり	428.8	
西和田 にしわだ	433.6	
花咲 はなさき	438.2	
東根室 ひがしねむろ	442.3	
根室 ねむろ	443.8	

□ 北海道ちほく高原鉄道 ふるさと銀河線

年 月 日全線乗車
（2006年4月20日限り廃止）

駅名	営業キロ	
池田 いけだ	0.0	
様舞 さままい	5.7	
高島 たかしま	11.5	
大森 おおもり	16.5	
勇足 ゆうたり	20.8	
南本別 みなみほんべつ	23.5	
岡女堂 おかめどう	27.3	
本別 ほんべつ	29.8	
仙美里 せんびり	36.2	
足寄 あしょろ	44.6	
愛冠 あいかっぷ	50.7	
西一線 にしいっせん	54.0	
塩幌 しおほろ	55.9	
上利別 かみりべつ	58.4	
笹森 ささもり	62.2	
大誉地 およち	66.5	
薫別 くんべつ	70.7	
陸別 りくべつ	77.4	
分線 ぶんせん	83.1	
川上 かわかみ	87.2	
小利別 しょうとしべつ	93.5	
置戸 おけと	109.4	
豊住 とよずみ	113.8	
境野 さかいの	116.6	
西訓子府 にしくんねっぷ	118.4	
西富 にしとみ	121.4	
訓子府 くんねっぷ	123.5	
穂波 ほなみ	125.3	
日ノ出 ひので	127.4	
広郷 ひろさと	129.4	
上常呂 かみところ	132.2	
北光社 ほっこうしゃ	135.5	
北見 きたみ	140.0	

□ 釧網本線 せんもう

駅名	営業キロ	年 月 日全線乗車
東釧路 ひがしくしろ	0.0	
遠矢 とおや	7.4	
谷地坊主村園	—	やちぼうずむら
釧路湿原 くしろしつげん	14.7	
細岡 ほそおか	17.1	
塘路 とうろ	24.3	
茅沼 かやぬま	31.3	
五十石 ごとおく	36.7	
標茶 しべちゃ	45.2	
磯分内 いそぶんない	55.8	
南弟子屈	62.3	みなみてしかが
摩周 ましゅう	70.5	
美留和 びるわ	79.2	
川湯温泉 かわゆおんせん	86.4	
緑 みどり	100.9	
札弦 さっつる	109.2	
清里町 きよさとちょう	117.0	
南斜里 みなみしゃり	122.1	
中斜里 なかしゃり	124.3	
知床斜里 しれとこしゃり	128.9	
止別 やむべつ	140.4	
浜小清水 はまこしみず	146.1	
原生花園園	149.3	げんせいかえん
北浜 きたはま	154.7	
藻琴 もこと	157.5	
鱒浦 ますうら	160.0	
桂台 かつらだい	164.8	
網走 あばしり	166.2	

□ 白糠線 しらぬか

年 月 日全線乗車
（1983年10月22日限り廃止）

駅名	営業キロ	
白糠 しらぬか	0.0	
上白糠 かみしらぬか	6.0	
共栄園 きょうえい	—	
茶路 ちゃろ	11.8	
縫別 ぬいべつ	19.3	
上茶路 かみちゃろ	25.2	
下北進 しもほくしん	30.7	
北進 ほくしん	33.1	

□ 標津線

年　月　日全線乗車
（1989年4月29日限り廃止）

駅名	営業キロ	
標茶 しべちゃ	0.0	
多和 たわ	—	
泉川 いずみかわ	12.7	
光進 こうしん	17.3	
西春別 にししゅんべつ	22.5	
上春別 かみしゅんべつ	27.7	
計根別 けねべつ	31.9	
開栄 かいえい	—	
当幌 とうほろ	40.7	
中標津 なかしべつ	47.1	
上武佐 かみむさ	55.2	
川北 かわきた	60.1	
根室標津 ねむろしべつ	69.4	

□ 同線（中標津〜厚床）

年　月　日全線乗車
（1989年4月29日限り廃止）

駅名	営業キロ	
中標津 なかしべつ	0.0	
協和 きょうわ	5.4	
春別 しゅんべつ	12.1	
平糸 ひらいと	18.2	
別海 べっかい	23.7	
奥行臼 おくゆきうす	36.0	
厚床 あっとこ	47.5	

□ 士幌線

年　月　日全線乗車
（1987年3月22日限り廃止）

駅名	営業キロ	
帯広 おびひろ	0.0	
木野 きの	4.4	
音更 おとふけ	10.0	
駒場 こまば	15.6	
武儀 むぎ	18.4	
中士幌 なかしほろ	22.5	
新士幌園 しんしほろえん	—	
士幌 しほろ	30.1	
北平和 きたへいわ	34.4	
上士幌 かみしほろ	38.4	
萩ケ岡 はぎがおか	43.5	
清水谷 しみずたに	48.8	
黒石平 くろいしだいら	53.6	
電力所前園 でんりょくしょまえ	—	
糠平 ぬかびら	59.7	
幌加 ほろか	71.3	
十勝三股 とかちみつまた	78.3	

□ 日高本線

年　月　日全線乗車

駅名	営業キロ	
苫小牧 とまこまい	0.0	
勇払 ゆうふつ	13.1	
浜厚真 はまあつま	22.7	
浜田浦 はまたうら	27.0	
鵡川 むかわ	30.5	

□ 同線（廃止区間）

年　月　日全線乗車
（2021年3月31日限り廃止）

駅名	営業キロ	
鵡川 むかわ	0.0	
汐見 しおみ	4.0	
フイハップ浜園	— はま	
富川 とみかわ	13.1	
日高門別 ひだかもんべつ	20.8	
豊郷 とよさと	25.8	
清畠 きよはた	30.6	
厚賀 あつが	35.1	
大狩部 おおかりべ	40.6	
節婦 せっぷ	42.6	
新冠 にいかっぷ	46.7	
静内 しずない	51.6	
静内海水浴場園 しずないかいすいよくじょう	—	
東静内 ひがししずない	60.4	
春立 はるたち	66.5	
日高東別 ひだかとうべつ	68.9	
日高三石 ひだかみついし	75.3	
蓬栄 ほうえい	79.3	
本桐 ほんきり	82.5	
荻伏 おぎふし	89.7	
絵笛 えふえ	94.6	
浦河 うらかわ	99.8	
東町 ひがしちょう	101.9	
日高幌別 ひだかほろべつ	106.4	
鵜苫 うとま	110.6	
西様似 にしさまに	113.1	
様似 さまに	116.0	

【旅のメモ】

□ 広尾線

年　月　日全線乗車
（1987年2月1日限り廃止）

駅名	営業キロ	
帯広 おびひろ	0.0	
依田 よだ	4.1	
北愛国 きたあいこく	6.7	
愛国 あいこく	11.0	
大正 たいしょう	16.7	
幸福 こうふく	22.0	
中札内 なかさつない	28.1	
更別 さらべつ	35.4	
上更別 かみさらべつ	42.0	
忠類 ちゅうるい	50.0	
十勝東和 とかちとうわ	54.4	
大樹 たいき	60.6	
石坂 いしざか	64.9	
豊似 とよに	71.2	
野塚 のつか	76.3	
新生 しんせい	79.1	
広尾 ひろお	84.0	

□ 富内線

年　月　日全線乗車
（1986年10月31日限り廃止）

駅名	営業キロ	
鵡川 むかわ	0.0	
豊城 とよしろ	3.6	
春日 かすが	7.8	
旭岡 あさひおか	15.8	
栄 さかえ	22.4	
豊田 とよた	31.0	
穂別 ほべつ	37.3	
富内 とみうち	45.5	
幌毛志 ほろけし	55.0	
振内 ふれない	58.4	
仁世宇 にせう	61.2	
岩知志 いわちし	68.6	
日高岩内 ひだかいわない	73.4	
日高三岡 ひだかみつおか	78.1	
日高町 ひだかちょう	82.5	

【旅のメモ】

札幌・道央①

函館本線（札幌〜旭川）・札沼線

石勝線・根室本線（滝川〜新得）・富良野

函館本線（砂川〜上砂川）・幌内線

歌志内線・万字線・三菱石炭鉱業大夕張鉄道線

1:770,000
0　　　　　　　　20km
N

増毛

留萌本線

P12

石狩沼田

妹背牛

暑寒別岳
1491▲

空知総合振興局

江部乙

滝川

新十津川　　　　　　　焼山

中徳富　　　　　　砂川

下徳富　　　　　　豊沼

南下徳富　　　　　　下鶉

於札内　　　　　奈井江

鶴沼　　浦臼

石狩振興局

札的　　　　　　茶志内

豊ヶ丘　　　　美唄

石狩月形　　晩生内

知来乙　　　　札比内

月ケ岡　　　札比内

北海道医療大学　　光珠内　　唐松

中小屋　　　　峰延　　　　弥生

本中小屋　　　　萱野　　　美流渡

石狩金沢　　　　　三笠　　万字

当別　　　岩見沢　　幌内線

ロイズタウン　　上幌向　栄町　上志文

あいの里教育大　　　　朝日

太美　　　　志文　　万字線

篠路　　　幌向　　　　夕張

拓北　　　　　　上志文

あいの里公園　江別

太平　　百合が原　　野幌

新川　　新琴似　　大麻

八軒　　　　高砂　　室蘭本線

桑園　札幌　苗穂　森林公園

小樽　　　厚別

函館本線　P31

札幌市交通局
（地下鉄）
札幌市交通事業振興公社
（市電）
P35

石狩振興局

石狩湾

平和

千歳線

P31

川端　滝ノ下

追分　東追分（現）

西早来（臨）

南千歳　駒里（臨）

新千歳空港

胆振線　P30

支笏湖

P31

石狩　札幌　苗穂　白石

江別

高砂

清水沢
南清水沢

鹿ノ谷

28

宗谷本線 P13

深名線 P13

祠居トンネル

納内

伊納

近文

新旭川

旭川
神楽岡
緑が丘
西御料
西瑞穂
西神楽

西聖和
千代ケ岡
北美瑛

富良野線

美瑛

美馬牛

上川総合振興局

茂尻
歌志内
歌神

平岸
芦別
野花南

歌志内線

高根圏

根室本線

上芦別

幌内山地

滝里
西中

上富良野

鹿討
ラベンダー畑圏
中富良野

島ノ下(現圏)
学田
富良野

2077 十勝岳

布部

山部

下金山
鹿越圏
東鹿越

金山
幾寅
落合

新狩勝トンネル(狩勝峠)

西新得圏

串内圏
上落合圏
新狩勝圏

新得

石勝線

ホロカ圏
滝ノ沢圏
東占冠圏
占冠
トマム

広内圏

根室本線 P22

菱夕 **石張** **炭鉄** **鉱道** **業線**

南大夕張

幌
尺
楓

登川

楓(現圏)

東オサワ圏
オサワ圏

鬼峠圏

清風山圏

日高町

富内線

道内最高所の
旅客駅。標高
537m

P24

室蘭・道央②

函館本線（長万部～札幌）・室蘭本線・千歳線

岩内線・胆振線

オタモイ峠
小樽
塩谷
南小樽
小樽築港
蘭島
余市
仁木
然別

積丹半島
後志総合振興局

銀山
稲穂峠
西前田
前田
幌似
国富
小沢

岩内線
岩内

六郷
参寒別
北岡

倶知安峠
倶知安
京極
東京極
南京極
喜茂別

ニセコアンヌプリ
1308▲

比羅夫
1898▲
羊蹄山
留産

函館本線
蘭越
ニセコ
昆布

胆振線

目名
上目名
目名峠

北鈴川
鶉

黒松内
熱郛

1045▲
昆布岳

尾路遠
新大
優徳

蕨岱
二股
静狩
小幌
大岸
北湯沢

檜山振興局

旭浜
礼文華山トンネル
（礼文華峠）
礼文

洞爺湖
久保内

長万部
豊浦
洞爺
北入江信号場
有珠山
733▲

有珠
壮瞥
上長和
伊達紋別

国縫
長和
北舟岡
稀府

内浦湾
（噴火湾）

黄金
崎守
本輪西
東室蘭
御崎
鷲別
輪西

室蘭
母恋

瀬棚線

P36

P36

函館本線

室蘭・道央

北海道医療大学

銭函
星置
手稲
稲穂
発寒
ほしみ
発寒中央
稲積公園
琴似
桑園
苗穂
札幌
白石
平和
新札幌
上野幌
北広島

札幌市交通局
（地下鉄）
札幌市交通事業振興公社
（市電）

石狩振興局

西の里信
北海道ボール
パーク（仮称）

千歳線

島松
恵み野
恵庭

サッポロビール庭園
長都
千歳
南千歳
新千歳空港
美々（現信）

支笏湖

胆振総合振興局

苫小牧
青葉
糸井
錦岡

社台

白老
萩野
北吉原
竹浦
虎杖浜

登別

室蘭本線

白老～沼ノ端間は直線
区間が28.7kmも続き、
日本一（線路の測量中
心線において。駅付近
の分岐器等は除く）

沼ノ端

植苗
遠浅

函館本線

幾春別

岩見沢

志文
栗沢

幌内線

万字線
万字炭山

栗丘
栗山
由仁
古山
三川

室蘭本線

夕張
南大夕張
清水沢
新夕張（旧・紅葉山）
登川

石勝線

追分
安平
早来

鵡川

日高本線

富内線

N
1:770,000
0   20km

33

札幌・道央①

□ 函館本線（長万部〜旭川）

年 月 日全線乗車

駅名	営業キロ	
長万部 おしゃまんべ	112.3	
二股 ふたまた	120.9	
蕨岱 わらびたい	126.9	
黒松内 くろまつない	132.3	
熱郛 ねっぷ	140.4	
上目名 かみめな	147.6	
目名 めな	155.8	
蘭越 らんこし	163.4	
昆布 こんぶ	170.3	
ニセコ	179.6	
比羅夫 ひらふ	186.6	
倶知安 くっちゃん	193.3	
小沢 こざわ	203.6	
銀山 ぎんざん	213.4	
然別 しかりべつ	224.1	
仁木 にき	228.2	
余市 よいち	232.6	
蘭島 らんしま	237.9	
塩谷 しおや	244.8	
小樽 おたる	252.5	
南小樽 みなみおたる	254.1	
小樽築港 おたるちっこう	256.2	
朝里 あさり	259.3	
張碓 はりうす	262.9	
銭函 ぜにばこ	268.1	
ほしみ	271.0	
星置 ほしおき	272.6	
稲穂 いなほ	273.7	
手稲 ていね	275.7	
稲積公園 いなづみこうえん	277.0	
発寒 はっさむ	279.2	
発寒中央 はっさむちゅうおう	281.0	
琴似 ことに	282.5	
桑園 そうえん	284.7	
札幌 さっぽろ	286.3	
苗穂 なえぼ	288.2	
白石 しろいし	292.1	
厚別 あつべつ	296.5	
森林公園 しんりんこうえん	298.5	
大麻 おおあさ	300.8	
野幌 のっぽろ	304.2	
高砂 たかさご	305.5	
江別 えべつ	307.3	
豊幌 とよほろ	313.5	
幌向 ほろむい	316.7	
上幌向 かみほろむい	322.6	
岩見沢 いわみざわ	326.9	
峰延 みねのぶ	335.3	
光珠内 こうしゅない	339.8	
美唄 びばい	343.7	
茶志内 ちゃしない	348.1	
奈井江 ないえ	354.3	
豊沼 とよぬま	359.0	
砂川 すながわ	362.2	
滝川 たきかわ	369.8	
江部乙 えべおつ	378.2	
妹背牛 もせうし	385.7	
深川 ふかがわ	392.9	
納内 おさむない	400.3	
伊納 いのう	413.0	
近文 ちかぶみ	419.1	
旭川 あさひかわ	423.1	

□ 同線（砂川〜上砂川）

年 月 日全線乗車

（1994年5月15日限り廃止）

駅名	営業キロ
砂川 すながわ	0.0
下鶉 しもうずら	3.7
鶉 うずら	4.5
東鶉 ひがしうずら	5.8
上砂川 かみすながわ	7.3

□ 歌志内線 うたしない

年 月 日全線乗車

（1988年4月24日限り廃止）

駅名	営業キロ
砂川 すながわ	0.0
焼山 やけやま	3.9
文珠 もんじゅ	8.3
西歌 にしうた	9.6
神威 かもい	11.8
歌神 かしん	13.4
歌志内 うたしない	14.5

□ 幌内線 ほろない

年 月 日全線乗車

（1987年7月12日限り廃止）

駅名	営業キロ
岩見沢 いわみざわ	0.0
栄町 さかえまち	—
萱野 かやの	6.3
三笠 みかさ	10.9
唐松 とうまつ	14.8
弥生 やよい	16.8
幾春別 いくしゅんべつ	18.1

□ 札沼線 さっしょう

年 月 日全線乗車

駅名	営業キロ	
桑園 そうえん	0.0	
八軒 はちけん	2.2	
新川 しんかわ	3.7	
新琴似 しんことに	5.6	
太平 たいへい	7.3	
百合が原 ゆりがはら	8.6	
篠路 しのろ	10.2	
拓北 たくほく	12.2	
あいの里教育大	13.6	←さときょういくだい
あいの里公園	15.1	←さとこうえん
ロイズタウン	19.5	
太美 ふとみ	19.3	
当別 とうべつ	25.9	
北海道医療大学	28.9	ほっかいどういりょうだいがく

□ 同線（廃止区間）

年 月 日全線乗車

（2020年4月17日限り運行休止、5月6日限り廃止）

駅名	営業キロ	
北海道医療大学	0.0	ほっかいどういりょうだいがく
石狩金沢 いしかりかなざわ	2.2	
本中小屋 ほんなかごや	6.7	
中小屋 なかごや	9.9	
月ケ岡 つきがおか	12.7	
知来乙 ちらいおつ	15.3	
石狩月形 いしかりつきがた	17.4	
豊ケ丘 とよがおか	22.1	
札比内 さっぴない	24.6	
晩生内 おそきない	29.1	
札的 さってき	32.0	
浦臼 うらうす	33.8	
鶴沼 つるぬま	37.2	
於札内 おさつない	39.0	
南下徳富 みなみしもとっぷ	40.5	
下徳富 しもとっぷ	42.6	
中徳富 なかとっぷ	45.0	
新十津川 しんとつかわ	47.6	

□ 万字線 まんじ

年 月 日全線乗車

（1985年3月31日限り廃止）

駅名	営業キロ
志文 しぶん	0.0
上志文 かみしぶん	6.6
朝日 あさひ	12.2
美流渡 みると	15.9
万字 まんじ	22.3
万字炭山 まんじたんざん	23.8

廃止線を含む総距離　822.7 km
現存線の距離　663.2 km

□ 根室本線（滝川〜新得）

年　月　日全線乗車

駅名	営業キロ	日全線乗車
滝川 たきかわ	0.0	
東滝川 ひがしたきかわ	7.2	
赤平 あかびら	13.7	
茂尻 もしり	17.2	
平岸 ひらぎし	20.7	
芦別 あしべつ	26.6	
上芦別 かみあしべつ	30.5	
野花南 のかなん	35.2	
島ノ下 しまのした	49.1	現 圓
富良野 ふらの	54.6	
布部 ぬのべ	60.9	
山部 やまべ	66.7	
下金山 しもかなやま	74.7	
金山 かなやま	81.6	
鹿越 圓 しかごえ	—	
東鹿越 ひがししかごえ	94.8	
幾寅 いくとら	98.8	
落合 おちあい	108.2	
新得 しんとく	136.3	

※東鹿越〜新得間は災害の影響
のため不通

□ 同線（旧ルート）

年　月　日全線乗車

（1991年10月21日限り廃止）

駅名	営業キロ	
野花南 のかなん	0.0	
滝里 たきさと	7.4	
島ノ下 しまのした	16.9	

□ 石勝線

年　月　日全線乗車

駅名	営業キロ	
南千歳 みなみちとせ	0.0	
追分 おいわけ	17.6	
東追分 ひがしおいわけ	21.6	現 圓
川端 かわばた	27.0	
滝ノ上 たきのうえ	35.8	
十三里 とみさと	40.2	現 圓
新夕張 しんゆうばり	43.0	
楓 かえで	48.7	現 圓
占冠 しむかっぷ	77.3	
トマム	98.6	
新得 しんとく	132.4	

□ 同線（新夕張〜夕張）

年　月　日全線乗車

（2019年3月31日限り廃止）

駅名	営業キロ	
新夕張 しんゆうばり	0.0	
沼ノ沢 ぬまのさわ	2.7	
南清水沢 みなみしみずさわ	6.7	
清水沢 しみずさわ	8.2	
鹿ノ谷 しかのたに	14.8	
夕張 ゆうばり	16.1	

□ 夕張線（登川支線）

年　月　日全線乗車

（1981年6月30日限り廃止）

駅名	営業キロ	
紅葉山 もみじやま	0.0	現・新夕張
楓 かえで	4.5	
登川 のぼりかわ	7.6	

□ 富良野線

年　月　日全線乗車

駅名	営業キロ	
旭川 あさひかわ	0.0	
神楽岡 かぐらおか	2.4	
緑が丘 みどりがおか	4.0	
西御料 にしごりょう	5.2	
西瑞穂 にしみずほ	7.4	
西神楽 にしかぐら	9.9	
西聖和 にしせいわ	12.3	
千代ケ岡 ちよがおか	16.6	
北美瑛 きたびえい	20.3	
美瑛 びえい	23.8	
美馬牛 びばうし	30.6	
上富良野 かみふらの	39.7	
西中 にしなか	44.2	
ラベンダー畑 圓	45.8	—ばたけ
中富良野 なかふらの	47.3	
鹿討 しかうち	49.7	
学田 がくでん	52.5	
富良野 ふらの	54.8	

□ 三菱石炭鉱業大夕張鉄道線

年　月　日全線乗車

（1987年7月21日限り廃止）

駅名	営業キロ	
清水沢 しみず	0.0	
遠幌 えんほろ	4.1	
南大夕張	7.6	みなみおおゆうばり

【旅のメモ】

....
....
....
....
....
....
....
....
....
....

□ 室蘭本線（むろらん）

年　月　日全線乗車

駅名	営業キロ	
長万部 おしゃまんべ	0.0	
旭浜 あさひはま	5.3	
静狩 しずかり	10.6	
小幌 こぼろ	17.5	
礼文 れぶん	23.6	
大岸 おおきし	27.7	
豊浦 とようら	36.1	
洞爺 とうや	41.5	
有珠 うす	46.6	
長和 ながわ	51.5	
伊達紋別 だてもんべつ	54.5	
北舟岡 きたふなおか	57.4	
稀府 まれっぷ	60.6	
黄金 こがね	65.1	
崎守 さきもり	67.3	
本輪西 もとわにし	72.7	
東室蘭	77.2	ひがしむろらん
鷲別 わしべつ	79.1	
幌別 ほろべつ	86.8	
富浦 とみうら	92.3	
登別 のぼりべつ	94.7	
虎杖浜 こじょうはま	98.1	
竹浦 たけうら	102.9	
北吉原 きたよしはら	105.7	
萩野 はぎの	107.8	
白老 しらおい	113.6	
社台 しゃだい	119.1	
錦岡 にしきおか	125.4	
糸井 いとい	130.6	
青葉 あおば	132.8	
苫小牧	135.2	とまこまい
沼ノ端 ぬまのはた	144.0	
遠浅 とおあさ	152.9	
早来 はやきた	158.3	
安平 あびら	164.0	
追分 おいわけ	170.8	
三川 みかわ	178.8	
古山 ふるさん	182.2	
由仁 ゆに	186.4	
栗山 くりやま	191.5	
栗丘 くりおか	195.7	
栗沢 くりさわ	199.6	
志文 しぶん	203.9	
岩見沢 いわみざわ	211.0	

□ 同線（東室蘭～室蘭）

年　月　日全線乗車

駅名	営業キロ	
東室蘭	0.0	ひがしむろらん
輪西 わにし	2.3	
御崎 みさき	4.2	
母恋 ぼこい	5.9	
室蘭 むろらん	7.0	

□ 同線（廃止区間）

年　月　日全線乗車
（1994年10月31日限り廃止）

駅名	営業キロ
志文 しぶん	0.0
岩見沢 いわみざわ	5.4

□ 千歳線（ちとせ）

年　月　日全線乗車

駅名	営業キロ	
沼ノ端 ぬまのはた	0.0	
植苗 うえなえ	6.4	
美々 びび	13.9	現圓
南千歳 みなみちとせ	18.4	
千歳 ちとせ	21.4	
長都 おさつ	24.9	
サッポロビール庭園	27.1	ーていえん
恵庭 えにわ	29.4	
恵み野 めぐみの	31.9	
島松 しままつ	34.1	
北広島 きたひろしま	40.6	
北海道ボールパーク（仮称）		
上野幌 かみのっぽろ	48.6	
新札幌 しんさっぽろ	51.5	
平和 へいわ	54.4	
白石 しろいし	56.6	

□ 同線（南千歳～新千歳空港）

年　月　日全線乗車

駅名	営業キロ	
南千歳 みなみちとせ	0.0	
新千歳空港	2.6	しんちとせくうこう

札幌市交通局（さっぽろしこうつうきょく）（地下鉄）

線名	区間	営業キロ	全線乗車
□南北線 なんぼく	麻生～真駒内	14.3	年　月　日
□東西線 とうざい	宮の沢～新さっぽろ	20.1	年　月　日
□東豊線 とうほう	栄町～福住	13.6	年　月　日

札幌市交通事業振興公社（さっぽろしこうつうじぎょうしんこうこうしゃ）（市電）

線名	区間	営業キロ	全線乗車
□一条線 いちじょう	西4丁目～西15丁目	1.4	年　月　日
□山鼻西線 やまはなにし	西15丁目～中央図書館前	3.2	年　月　日
□山鼻線 やまはな	すすきの～中央図書館前	3.9	年　月　日
□都心線 としん	すすきの～西4丁目	0.4	年　月　日

【旅のメモ】

....

....

....

....

....

廃止線を含む総距離　437.4 km
現存線の距離　　　　334.1 km

□ 岩内線 (いわない)

年　月　日全線乗車

（1985年6月30日限り廃止）

駅名	営業キロ	
小沢 (こざわ)	0.0	
国富 (くにとみ)	2.5	
幌似 (ほろに)	6.0	
前田 (まえだ)	9.0	
西前田 (にしまえだ)	12.1	
岩内 (いわない)	14.9	

□ 胆振線 (いぶり)

年　月　日全線乗車

（1986年10月31日限り廃止）

駅名	営業キロ	
伊達紋別 (だてもんべつ)	0.0	
上長和 (かみながわ)	5.1	
壮瞥 (そうべつ)	10.3	
久保内 (くぼない)	17.1	
蟠渓 (ばんけい)	23.1	
北湯沢 (きたゆざわ)	27.5	
優徳 (ゆうとく)	30.3	
新大滝 (しんおおたき)	35.0	
尾路遠 (びろお)	—	
御園 (みその)	48.4	
北鈴川 (きたすずかわ)	53.5	
喜茂別 (きもべつ)	59.2	
留産 (るさん)	62.9	
南京極 (みなみきょうごく)	65.0	
東京極 (ひがしきょうごく)	68.4	
京極 (きょうごく)	69.6	
北岡 (きたおか)	72.6	
寒別 (かんべつ)	74.9	
参郷 (さんごう)	78.4	
六郷 (ろくごう)	80.4	
倶知安 (くっちゃん)	83.0	

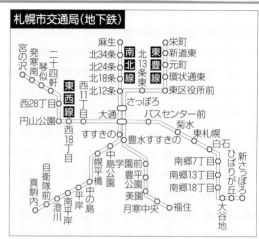

札幌市交通局（地下鉄）

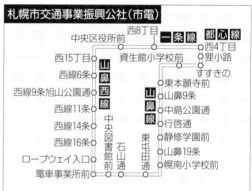

札幌市交通事業振興公社（市電）

【旅のメモ】

瀬棚線
瀬棚
北檜山
丹羽
神丘
今金
種川
北住吉
花石
美利河
茶屋川
国縫
北豊津（現圍）
黒岩
山崎
鷲ノ巣（現圍）
八雲
山越
野田生
落部
石倉
本石倉
石谷
桂川
森
姫川（現圍）
東森
掛澗
尾白内
渡島砂原
渡島沼尻
鹿部
銚子口
流山温泉
池田園
赤井川
大沼公園
大沼
駒ケ岳
東山
【砂原線】
長万部
中ノ沢

内 浦 湾
（噴 火 湾）

檜山振興局

渡島総合振興局

檜山振興局

駒ケ岳

仁山
新函館北斗
七飯
大中山
久根別
桔梗
清川口
東久根別
七重浜
五稜郭
上磯
函館
矢不来
茂辺地
渡島当別
釜谷
渡島知内
森越
木古内
泉沢
札苅
重内
知内（現・湯の里知内圍）
湯ノ里
吉堀
千軒
稲穂トンネル
湯ノ岱
神明
宮越
佳岡
中須田
上ノ国
江差

江差線

北海道新幹線

函館市
企業局交通

道南いさりび鉄道

津 軽 海 峡

松前線
松前
及部
渡島大沢
渡島吉岡
白符
吉岡海底圍※
渡島福島

※ 現・「吉岡定点」。

海峡線 **P40**

36

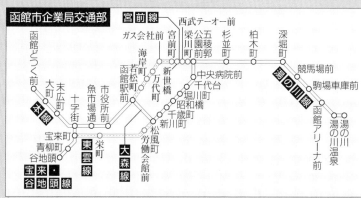

函館市企業局交通部

宮前線 ── 西武テーオー前

ガス会社前
宮前町
梁川町
公園前
五稜郭
杉並町
柏木町
深堀町
競馬場前
駒場車庫前

海岸町
新世橋
中央病院前
千代台
湯の川線
函館アリーナ
湯の川
湯の川温泉

函館どつく前
若松町
万代町
堀川町
昭和橋
千歳町
新川町

函館駅前
本線
市役所前
魚市場通

大町
末広町

十字街
松風町
大森線
労働会館前

宝来町
栄町
東雲線

青柳町
谷地頭

宝来・
谷地頭線

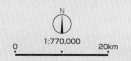

N

0 ── 1:770,000 ── 20km

函館・道南

函館本線（函館〜長万部）
海峡線・道南いさりび鉄道・函館市企業局交通部
瀬棚線・松前線・江差線

函館・道南

□ 函館本線（函館～長万部）
年　月　日全線乗車

駅名	営業キロ	
函館 はこだて	0.0	
五稜郭 ごりょう	3.4	
桔梗 ききょう	8.3	
大中山 おおなかやま	10.4	
七飯 ななえ	13.8	
新函館北斗 しんはこだてほくと	17.9	
仁山 にやま	21.2	
大沼 おおぬま	27.0	
大沼公園 おおぬまこうえん	28.0	おおぬまこうえん
赤井川 あかいがわ	31.7	
駒ケ岳 こまがたけ	36.5	
東山 ひがしやま	40.1	
姫川 ひめかわ	44.2	現圈
森 もり	49.5	
桂川 かつらがわ	52.2	
石谷 いしや	56.1	
本石倉 ほんいしくら	60.0	
石倉 いしくら	62.1	
落部 おとしべ	66.1	
野田生 のだおい	71.4	
山越 やまこし	76.0	
八雲 やくも	81.1	
鷲ノ巣 わしのす	84.2	現圈
山崎 やまさき	88.3	
黒岩 くろいわ	94.4	
北豊津 きたとよつ	98.2	現圈
国縫 くんぬい	102.8	
中ノ沢 なかのさわ	107.7	
長万部 おしゃまんべ	112.3	

□ 同線（通称藤城線）
年　月　日全線乗車

駅名	営業キロ	
七飯 ななえ	0.0	
大沼 おおぬま	13.2	

□ 同線（通称砂原線）
年　月　日全線乗車

駅名	営業キロ	
大沼 おおぬま	0.0	
池田園 いけだえん	3.4	
流山温泉 ながれやまおんせん	5.6	ながれやまおんせん
銚子口 ちょうしぐち	6.8	
鹿部 しかべ	14.6	
渡島沼尻 おしまぬまじり	20.0	おしまぬまじり
渡島砂原 おしまさわら	25.3	おしまさわら
掛澗 かかりま	29.0	

	尾白内 おじろない	31.9	
	東森 ひがしもり	33.5	
	森 もり	35.3	

□ 松前線
年　月　日全線乗車
（1988年1月31日限り廃止）

駅名	営業キロ	
木古内 きこない	0.0	
森越 もりこし	5.2	
渡島知内 おしましりうち	8.2	おしましりうち
重内 おもない	11.3	
湯ノ里 ゆのさと	17.0	
千軒 せんけん	24.2	
渡島福島 おしまふくしま	33.2	おしまふくしま
白符 しらふ	35.9	
渡島吉岡 おしまよしおか	38.7	おしまよしおか
渡島大沢 おしまおおさわ	45.2	おしまおおさわ
及部 およべ	48.0	
松前 まつまえ	50.8	

□ 瀬棚線
年　月　日全線乗車
（1987年3月15日限り廃止）

駅名	営業キロ	
国縫 くんぬい	0.0	
茶屋川 ちゃや	5.6	
美利河 ぴりか	12.2	
花石 はないし	16.6	
北住吉 きたすみよし	22.7	
種川 たねかわ	25.8	
今金 いまがね	30.6	
神丘 かみおか	33.9	
丹羽 にわ	37.4	
北檜山 きたひやま	43.0	
瀬棚 せたな	48.4	

函館市企業局交通部

線名	区間	営業キロ	全線乗車
□本線 ほん	函館どつく前～函館駅前	2.9	年　月　日
□同線	函館駅前～ガス会社前（1993年3月31日限り廃止）	1.8	年　月　日
□宮前線 みやまえ	ガス会社前～五稜郭公園前（1993年3月31日限り廃止）	1.8	年　月　日
□大森線 おおもり	松風町～函館駅前	0.5	年　月　日
□湯の川線	松風町～湯の川	6.1	年　月　日
□宝来・谷地頭線	十字街～谷地頭	1.4	年　月　日
□東雲線 しののめ	松風町～宝来町（1992年3月31日限り廃止）	1.6	年　月　日

□ 海峡線
年　月　日全線乗車

駅名	営業キロ	
中小国 なかおぐに	0.0	
奥津軽いまべつ	13.0	おくつがる～
竜飛海底 たっぴかいてい	32.5	たっぴかいてい
吉岡海底 圈	55.5	よしおかかいてい
知内 しりうち	76.0	現・湯の里知内 圈
木古内 きこない	87.8	

□ 道南いさりび鉄道
年　月　日全線乗車

駅名	営業キロ	
五稜郭 ごりょうかく	0.0	
七重浜 ななえはま	2.7	
東久根別 ひがしくねべつ	5.3	ひがしくねべつ
久根別 くねべつ	6.5	
清川口 きよかわぐち	7.6	
上磯 かみいそ	8.8	
茂辺地 もへじ	17.6	
渡島当別 おしまとうべつ	22.6	おしまとうべつ
釜谷 かまや	27.5	
泉沢 いずみさわ	30.6	
札苅 さつかり	34.0	
木古内 きこない	37.8	

□ 江差線
年　月　日乗車
（2014年5月11日限り廃止）

駅名	営業キロ	
木古内 きこない	0.0	
渡島鶴岡 おしまつるおか	2.3	おしまつるおか
吉堀 よしぼり	5.4	
神明 しんめい	18.6	
湯ノ岱 ゆのたい	21.4	
宮越 みやこし	28.5	
桂岡 かつらおか	30.7	
中須田 なかすだ	32.8	
上ノ国 かみのくに	36.0	
江差 えさし	42.1	

【旅のメモ】

津軽海峡

P36

※吉岡海底駅は
　現・「吉岡定点」
　竜飛海底駅は
　現・「竜飛定点」

松前線
松前

吉岡海底圏※

海峡線

竜飛崎　竜飛海底圏※

龍飛崎

三厩　津軽浜名
今別
大川平
津軽二股　奥津軽いまべつ

津軽半島

奥羽本線

弘南鉄道
黒石線

藤崎
川部

黒石
黒石
境松
田舎館
前田屋敷

撫牛子

田んぼアート

運動公園前
尾上高校前
東高前

津軽尾上
柏農高校前

弘前

中央弘前
弘高下

館田

弘前学院大学前
聖愛中高前

新里

千年

石川

平賀

弘南鉄道
弘南線

小栗山

石川

松木平
義塾高校前
津軽大沢

石川プール前
鯖石
宿川原

弘南鉄道
大鰐線

大鰐

大鰐温泉

十三湖

津軽線

津軽中里
大沢内
川倉
芦野公園
金木
嘉瀬
毘沙門

深郷田

津軽鉄道

津軽五所川原
十川

津軽飯詰

五所川原

津軽新城

大平

新中小国圏
中小国
蟹田
瀬辺地
郷沢
蓬田
中沢
後潟
左堰
奥内
油川

新油川圏
青森

滝内圏

青森

新青森

津軽宮田

五農校前

鶴ケ坂

鰺ケ沢

陸奥赤石

越水
中田
木造
五所川原

大釈迦

浪岡
北常盤

新青森

奥羽本線

千畳敷
北金ケ沢

大戸瀬

鳴沢

板柳
林崎

陸奥森田
陸奥鶴田
鶴泊

風合瀬
驫木

五能線

陸奥柳田

藤崎
川部

撫牛子
弘前

石川

追良瀬
深浦
広戸

横磯
鱸作
ウェスパ椿山
陸奥岩崎

岩木山
▲1625

陸奥沢辺
十二湖
松神
白神岳登山口
大間越

大鰐温泉

奥羽本線

P44　白　神　山　地　　　P44

40

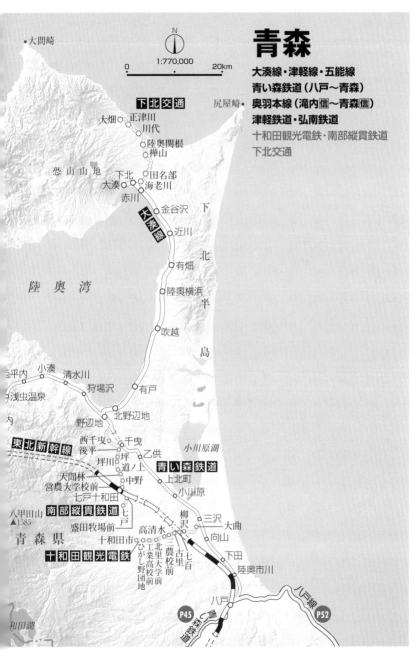

青森

青森

大湊線・津軽線・五能線
青い森鉄道（八戸〜青森）
奥羽本線（滝内信〜青森信）
津軽鉄道・弘南鉄道
十和田観光電鉄・南部縦貫鉄道
下北交通

N
1:770,000
0　　　　　20km

・大間崎

尻屋崎・

下北交通
大畑　正津川
　　　川代
　　　陸奥関根
　　　　樺山

恐山山地
　　　下北　田名部
大湊　　海老川
　赤川
　　　金谷沢
大湊線　近川

有畑
陸奥横浜

下北半島

吹越

陸奥湾

平内　小湊　清水川
浅虫温泉　狩場沢　有戸
為　　北野辺地
　　　野辺地
小川原湖

東北新幹線
西千曳
後平　千曳
　　　坪　乙供
坪川　道ノ上　青い森鉄道
天間林　中野　上北町
営農大学校前　　小川原
七戸十和田
八甲田山　南部縦貫鉄道　七戸　柳沢　三沢　大曲
▲1585　盛田牧場前　　高清水　　向山
青森県　　十和田市　三　下田
十和田観光電鉄　三里工業高校前　七百　陸奥市川
和田湖　　ひがし野団地　八戸

P45　P52

八戸線

41

青森

□青い森鉄道（八戸〜青森）

年　月　日全線乗車

駅名	営業キロ	
八戸 はちのへ	25.9	
陸奥市川	32.8	むついちかわ
下田 しもだ	37.0	
向山 むかいやま	42.2	
三沢 みさわ	46.9	
小川原 こがわら	53.5	
上北町 かみきたちょう	57.4	
乙供 おっとも	64.3	
千曳 ちびき	70.9	
野辺地 のへじ	77.3	
狩場沢 かりばさわ	83.8	
清水川 しみずがわ	88.5	
小湊 こみなと	94.5	
西平内 にしひらない	98.3	
浅虫温泉	104.7	あさむしおんせん
野内 のない	111.2	
矢田前 やだまえ	112.7	
小柳 こやなぎ	114.7	
東青森 ひがしあおもり	116.1	
筒井 つつい	117.5	
青森 あおもり	121.9	

□奥羽本線

年　月　日全線乗車

駅名	営業キロ	
滝内 圓 たきうち	0.0	
青森 圓 あおもり	2.0	

□大湊線

年　月　日全線乗車

駅名	営業キロ	
野辺地 のへじ	0.0	
北野辺地	2.8	きたのへじ
有戸 ありと	9.6	
吹越 ふっこし	23.0	
陸奥横浜	30.1	むつよこはま
有畑 ありはた	36.0	
近川 ちかがわ	42.7	
金谷沢 かなやさわ	47.7	
赤川 あかがわ	53.2	
下北 しもきた	55.5	
大湊 おおみなと	58.4	

□下北交通大畑線

年　月　日全線乗車

（2001年3月31日限り廃止）

駅名	営業キロ	
下北 しもきた	0.0	
海老川 えびかわ	1.4	
田名部 たなぶ	3.1	
樺山 かばやま	7.9	
陸奥関根 むつせきね	10.6	
川代 かわだい	13.2	
正津川 しょうづがわ	15.5	
大畑 おおはた	18.0	

□十和田観光電鉄

年　月　日全線乗車

（2012年3月31日限り廃止）

駅名	営業キロ	
三沢 みさわ	0.0	
大曲 おおまがり	2.7	
柳沢 やなぎさわ	5.1	
七百 しちひゃく	6.4	
古里 ふるさと	8.4	
三農校前	9.9	さんのうこうまえ
高清水 たかしみず	10.6	
北里大学前	12.7	きたざとだいがくまえ
工業高校前	13.3	こうぎょうこうこうまえ
ひがし野団地	13.7	—のだんち
十和田市 とわだし	14.7	

□南部縦貫鉄道

年　月　日全線乗車

（1997年5月5日限り休止のち廃止）

駅名	営業キロ	
野辺地 のへじ	0.0	
西千曳 にしちびき	5.6	
後平 うしろたい	9.0	
坪 つぼ	10.5	
坪川 つぼかわ	11.6	
道ノ上 みちのかみ	13.5	
天間林 てんましばやし	14.5	
中野 なかの	15.6	
営農大学校前	17.2	えいのうだいがっこうまえ
盛田牧場前	18.4	もりたぼくじょうまえ
七戸 しちのへ	20.9	

【旅のメモ】

私が乗車した距離 ___ km

廃止線を含む総距離　470.6 km
現存線の距離　410.8 km

□ 五能線（ごのうせん）

年　月　日全線乗車

駅名	営業キロ	
東能代（ひがしのしろ）	0.0	
能代（のしろ）	3.9	
向能代（むかいのしろ）	6.1	
北能代（きたのしろ）	9.3	
鳥形（とりがた）	11.2	
沢目（さわめ）	14.1	
東八森（ひがしはちもり）	18.0	
八森（はちもり）	22.7	
滝ノ間（たきのま）	24.5	
あきた白神	26.1	－しらかみ
岩館（いわだて）	29.1	
大間越（おおまごし）	39.9	
白神岳登山口	42.3	しらかみだけとざんぐち
松神（まつかみ）	44.7	
十二湖（じゅうにこ）	46.6	
陸奥岩崎（むついわさき）	50.9	
陸奥沢辺（むつさわべ）	53.6	
ウェスパ椿山	56.0	－つばきやま
艫作（へなし）	57.9	
横磯（よこいそ）	61.4	
深浦（ふかうら）	66.9	
広戸（ひろと）	70.8	
追良瀬（おいらせ）	72.9	
轟木（とどろき）	76.0	
風合瀬（かそせ）	79.0	
大戸瀬（おおどせ）	83.9	
千畳敷（せんじょうじき）	86.0	
北金ケ沢（きたかねがさわ）	90.6	きたかねがさわ
陸奥柳田（むつやなぎた）	93.3	
陸奥赤石（むつあかいし）	97.4	
鰺ケ沢（あじがさわ）	103.8	
鳴沢（なるさわ）	108.3	
越水（こしみず）	111.0	
陸奥森田（むつもりた）	114.5	
中田（なかた）	116.9	
木造（きづくり）	119.5	
五所川原（ごしょがわら）	125.7	ごしょがわら
陸奥鶴田（むつつるだ）	131.7	
鶴泊（つるどまり）	134.1	
板柳（いたやなぎ）	138.9	
林崎（はやしざき）	141.9	
藤崎（ふじさき）	144.7	
川部（かわべ）	147.2	

□ 津軽線（つがるせん）

年　月　日全線乗車

駅名	営業キロ	
青森（あおもり）	0.0	
油川（あぶらかわ）	6.0	
津軽宮田（つがるみやた）	9.7	
奥内（おくない）	11.5	
左堰（ひだりせき）	13.1	
後潟（うしろがた）	14.7	
中沢（なかさわ）	16.8	
蓬田（よもぎた）	19.1	
郷沢（ごうさわ）	21.1	
瀬辺地（せへじ）	23.4	
蟹田（かにた）	27.0	
中小国（なかおぐに）	31.4	
大平（おおだい）	35.0	
津軽二股（つがるふたまた）	46.6	つがるふたまた
大川平（おおかわだい）	48.6	
今別（いまべつ）	51.0	
津軽浜名（つがるはまな）	52.7	
三厩（みんまや）	55.8	

※蟹田〜三厩間は災害の影響により不通。

□ 津軽鉄道（つがるてつどう）

年　月　日全線乗車

駅名	営業キロ	
津軽五所川原	0.0	つがるごしょがわら
十川（とがわ）	1.3	
五農校前	3.2	このうこうまえ
津軽飯詰	4.2	つがるいいづめ
毘沙門（びしゃもん）	7.4	
嘉瀬（かせ）	10.1	
金木（かなぎ）	12.8	
芦野公園	14.3	あしのこうえん
川倉（かわくら）	16.0	
大沢内（おおさわない）	17.7	
深郷田（ふこうだ）	19.0	
津軽中里	20.7	つがるなかさと

□ 弘南鉄道弘南線（こうなんてつどうこうなんせん）

年　月　日全線乗車

駅名	営業キロ	
弘前（ひろさき）	0.0	
弘前東高前	0.9	ひろさきひがしこうまえ
運動公園前	2.1	うんどうこうえんまえ
新里（にさと）	3.6	
館田（たちた）	5.2	
平賀（ひらか）	7.5	
柏農高校前	9.5	はくのうこうまえ
津軽尾上	11.1	つがるおのえ
尾上高校前	12.5	おのえこうこうまえ
田んぼアート	13.4	た－
田舎館（いなかだて）	13.8	
境松（さかいまつ）	15.3	
黒石（くろいし）	16.8	

□ 弘南鉄道大鰐線（おおわにせん）

年　月　日全線乗車

駅名	営業キロ	
大鰐（おおわに）	0.0	
宿川原（しゅくがわら）	0.9	
鯖石（さばいし）	2.2	
石川プール前	3.0	いしかわ－まえ
石川（いしかわ）	4.4	
義塾高校前	5.7	ぎじゅくこうこうまえ
津軽大沢	6.7	つがるおおさわ
松木平（まつきたい）	8.4	
小栗山（こぐりやま）	9.3	
千年（ちとせ）	10.0	
聖愛中高前	11.3	せいあいちゅうこうまえ
弘前学院大前	12.0	ひろさきがくいんだいがくまえ
弘高下（ひろこうした）	13.1	
中央弘前	13.9	ちゅうおうひろさき

□ 弘南鉄道黒石線（くろいしせん）

年　月　日全線乗車
（1998年3月31日限り廃止）

駅名	営業キロ	
川部（かわべ）	0.0	
前田屋敷（まえだやしき）	2.9	
黒石（くろいし）	6.2	

【旅のメモ】

....

....

....

P40 ↑ 陸奥沢辺
P40

陸奥岩崎
十二湖
松神
白神岳登山口
大間越
五能線
岩館
あきた白神
滝ノ間
八森
東八森
沢目
鳥形
北能代
向能代
能代
鶴形
富根
東能代
南能代圖
北金岡
森岳
鹿渡
鯉川
八郎潟
井川さくら
羽後飯塚
大久保
天王
二田
船越
脇本
羽立
男鹿
上二田
出戸浜
追分
上飯島
土崎
秋田総合車セ
泉外旭川
羽後牛島
新屋
桂根
下浜
道川
岩城みなと
羽後亀田
折渡
二古圖
羽後岩谷

男鹿線

男鹿半島

秋田県

大鰐温泉
弘南鉄道
大鰐線
長峰
碇ケ関
津軽湯の沢
奥羽本線
陣場
同和鉱業花岡線
花岡
鉱業花岡線
鷹ノ巣(鷹巣)
前山
西鷹巣
縄文小ケ田
大野台
合川
上杉
米内沢
桂瀬
阿仁前田温泉
前田南
小渕
阿仁合
荒瀬
菅草
笑内
奥阿仁
比立内
岩野目
秋田内陸縦貫鉄道
早口
下川沿
糠沢
東大館
扇田
大館
松峯

森吉山
▲1454
阿仁マタギ
戸沢
上桧木内
左
一(一段トンネル)
(二段峠)
羽後中里
羽後長戸呂
松葉
八津
西明寺
羽後太田
角館
生田
鶯野
羽後長戸
鍵見内
羽後四ツ
北大曲

羽越本線
四ツ小屋
和田
大張野
羽後境
峰吉川
刈和野
神宮寺
大曲

P48
P48 ↓

青森県

十和田湖

小坂製錬
小坂線

○小坂

竃谷

十和田南
柴平

深井
花輪
中大里
八幡平

湯瀬温泉

田山

兄畑

花輪線

横間

荒屋新町

小屋の畑
奥中山高原

赤坂田

安比高原

八幡平▲1613

松尾八幡平
北森
平舘

大更

東大更

岩手山
▲2038

好摩

渋民

滝沢

巣子

八戸

北高岩

苫米地

剣吉

青い森鉄道

諏訪ノ平

三戸

目時

金田一温泉

斗米

二戸

一戸

小鳥谷

小繋

中山トンネル（十三本木峠）

岩手県

IGRいわて銀河鉄道

御堂

いわて沼宮内

岩手
川口

八戸線

P41

P52

岩手・秋田 北部

奥羽本線（秋田～青森）・男鹿線・花輪線
田沢湖線（秋田新幹線）
IGRいわて銀河鉄道
青い森鉄道（目時～八戸）
秋田内陸縦貫鉄道

小坂製錬小坂線・同和鉱業花岡線

沢湖線（秋田新幹線）

仙岩トンネル

志度内圃

大地沢圃

雫石

赤渕

春木場

小岩井

厨川

青山

盛岡

前潟

大釜

仙北町

岩手飯岡

矢幅

古館

紫波中央

日詰

東北本線

石鳥谷

P49
花巻空港

N

1:770,000

0   20km

岩手・秋田北部

P50

□ 奥羽本線（秋田～青森）

年　月　日全線乗車

駅名	営業キロ	
秋田 あきた	298.7	
泉外旭川 いずみそとあさひかわ	301.8	
土崎 つちざき	305.8	
上飯島 かみいいじま	308.3	
追分 おいわけ	311.7	
大久保 おおくぼ	318.9	
羽後飯塚 うごいいづか	322.2	
井川さくら いかわさくら	323.6	
八郎潟 はちろうがた	327.5	
鯉川 こいかわ	333.0	
鹿渡 かど	338.4	
森岳 もりたけ	345.1	
北金岡 きたかなおか	349.4	
東能代 ひがしのしろ	355.4	
鶴形 つるがた	360.3	
富根 とみね	365.5	
二ツ井 ふたつい	372.2	
前山 まえやま	379.5	
鷹ノ巣 たかのす	384.9	
糠沢 ぬかざわ	388.1	
早口 はやぐち	393.5	
下川沿 しもかわぞい	397.7	
大館 おおだて	402.9	
白沢 しらさわ	409.4	
陣場 じんば	416.5	
津軽湯の沢 つがるゆのさわ	422.3	
碇ケ関 いかりがせき	427.2	
長峰 ながみね	432.0	
大鰐温泉 おおわにおんせん	435.3	
石川 いしかわ	440.7	
弘前 ひろさき	447.1	
撫牛子 ないじょうし	449.8	
川部 かわべ	453.4	
北常盤 きたときわ	456.6	
浪岡 なみおか	462.1	
大釈迦 だいしゃか	467.2	
鶴ケ坂 つるがさか	473.4	
津軽新城 つがるしんじょう	478.8	
新青森 しんあおもり	480.6	
青森 あおもり	484.5	

□ 男鹿線

年　月　日全線乗車

駅名	営業キロ	
追分 おいわけ	0.0	
出戸浜 でとはま	5.1	
上二田 かみふただ	8.3	
二田 ふただ	10.4	
天王 てんのう	13.2	
船越 ふなこし	14.9	
脇本 わきもと	18.9	
羽立 はだち	23.7	
男鹿 おが	26.4	

□ 小坂製錬小坂線

年　月　日全線乗車

（1994年9月30日限り旅客営業廃止）

駅名	営業キロ	
大館 おおだて	0.0	
岱野 たいの	2.9	
東岱野 ひがしだいの	4.2	
雪沢温泉 ゆきさわおんせん	8.5	
新沢 しんさわ	10.4	
深沢 ふかさわ	12.7	
茂内 しげない	13.9	
篭谷 かごや	15.7	
古館 ふるだて	21.5	
小坂 こさか	22.3	

□ 同和鉱業花岡線（どうわこうぎょうはなおかせん）

年　月　日全線乗車

（1985年3月31日限り廃止）

駅名	営業キロ	
大館 おおだて	0.0	
松峰 まつみね	3.2	
花岡 はなおか	4.8	

□ 秋田内陸縦貫鉄道秋田内陸線（あきたないりくじゅうかん／あきたないりく）

年　月　日全線乗車

駅名	営業キロ	
鷹巣 たかのす	0.0	
西鷹巣 にしたかのす	1.3	
縄文小ケ田 じょうもんおがた	3.7	
大野台 おおだい	6.1	
合川 あいかわ	9.7	
上杉 かみすぎ	12.1	
米内沢 よないざわ	15.0	
桂瀬 かつらせ	20.5	
阿仁前田温泉 あにまえだおんせん	25.2	
前田南 まえだみなみ	27.1	
小渕 こぶち	29.1	
阿仁合 あにあい	33.0	
荒瀬 あらせ	35.4	
萱草 かやくさ	38.1	
笑内 おかしない	40.9	
岩野目 いわのめ	43.3	
比立内 ひたちない	46.0	
奥阿仁 おくあに	49.7	
阿仁マタギ あにまたぎ	52.3	
戸沢 とざわ	61.2	
上桧木内 かみひのきない	65.9	
左通 さどおり	67.7	
羽後中里 うごなかざと	71.7	
松葉 まつば	75.0	
羽後長戸呂 うごながとろ	77.9	
八津 やつ	82.9	
西明寺 さいみょうじ	86.9	
羽後太田 うごおおた	89.9	
角館 かくのだて	94.2	

【旅のメモ】

□ 花輪線 はなわせん

年　月　日全線乗車

駅名	営業キロ	
好摩 こうま	0.0	
東大更 ひがしおおぶけ	4.9	
大更 おおぶけ	9.0	
平館 たいらだて	13.7	
北森 きたもり	15.0	
松尾八幡平 まつおはちまんたい	17.8	
安比高原 あっぴこうげん	25.0	
赤坂田 あかさかた	30.0	
小屋の畑 こやのはた	33.6	
荒屋新町 あらやしんまち	37.6	
横間 よこま	40.3	
田山 たやま	49.1	
兄畑 あにはた	55.8	
湯瀬温泉 ゆぜおんせん	59.9	
八幡平 はちまんたい	64.2	
陸中大里 りくちゅうおおさと	66.1	
鹿角花輪 かづのはなわ	69.7	
柴平 しばひら	74.4	
十和田南 とわだみなみ	77.7	
末広 すえひろ	82.2	
土深井 どぶかい	84.6	
沢尻 さわじり	86.6	
十二所 じゅうにしょ	89.6	
大滝温泉 おおたきおんせん	92.1	
扇田 おうぎた	98.6	
東大館 ひがしおおだて	103.3	
大館 おおだて	106.9	

□ 田沢湖線（秋田新幹線）たざわこせん

年　月　日全線乗車

駅名	営業キロ	
盛岡 もりおか	0.0	
前潟 まえがた	3.4	
大釜 おおかま	6.0	
小岩井 こいわい	10.5	
雫石 しずくいし	16.0	
春木場 はるきば	18.7	
赤渕 あかぶち	22.0	
田沢湖 たざわこ	40.1	
刺巻 さしまき	44.4	
神代 じんだい	52.8	
生田 しょうでん	55.3	
角館 かくのだて	58.8	
鶯野 うぐいすの	61.6	
羽後長野 うごながの	64.6	
鑓見内 やりみない	67.9	
羽後四ツ屋 うごよつや	70.2	
北大曲 きたおおまがり	72.0	
大曲 おおまがり	75.6	

□ ＩＧＲいわて銀河鉄道

年　月　日全線乗車

駅名	営業キロ	
盛岡 もりおか	0.0	
青山 あおやま	3.2	
厨川 くりやがわ	5.6	
巣子 すこ	10.2	
滝沢 たきざわ	12.2	
渋民 しぶたみ	16.6	
好摩 こうま	21.3	
岩手川口 いわてかわぐち	26.9	
いわて沼宮内 ―ぬまくない	32.0	
御堂 みどう	37.3	
奥中山高原 おくなかやまこうげん	44.4	
小繋 こつなぎ	52.2	
小鳥谷 こずや	59.8	
一戸 いちのへ	64.5	
二戸 にのへ	70.8	
斗米 とまい	73.7	
金田一温泉 きんたいちおんせん	78.4	
目時 めとき	82.0	

□ 青い森鉄道 あおもり

年　月　日全線乗車

駅名	営業キロ	
目時 めとき	0.0	
三戸 さんのへ	5.5	
諏訪ノ平 すわのたいら	9.5	
剣吉 けんよし	14.8	
苫米地 とまべち	18.2	
北高岩 きたたかいわ	21.0	
八戸 はちのへ	25.9	

P42

【旅のメモ】

折渡

奥羽本線

大曲

羽後岩谷

飯詰

薬師堂　羽後本荘

後三年

横

矢美津

西目　子吉

由利高原鉄道

手

横手

小松川

出戸囲　黒沢
仁賀保　曲沢
鮎川

前郷

盆

柳田

平石
相野々

金浦　久保田　川辺
西滝沢　矢島
吉沢

地

醍醐

十文字

象潟

秋田県

湯沢

下湯沢

上浜

上湯沢
三関

小砂川

女鹿

横堀

2236 ▲
鳥海山

院内

院内トンネル(雄勝峠)

吹浦

及位

遊佐
南鳥海

奥羽本線

大滝

本楯

金淵

酒田　東酒田

出

真室川

砂越

羽前豊里

新庄盆地

北余目

泉田

余目　南野

羽

升形

陸羽東線

庄内平野

高屋

羽前前波
津谷

新庄

立小路
最上

鳴子御

P56

狩川
清川

古口

南新庄
鳥越囲

長沢

瀬見温泉
鵜杉

大堀

赤倉温泉

堺田

中山平温泉

羽越本線

陸羽西線

東長沢

山

大石田

山形県

地

金谷囲

岩手・秋田 南部

羽越本線（余目〜秋田）・奥羽本線（新庄〜秋田）
東北本線（小牛田〜盛岡）・石巻線・北上線・
陸羽東線・陸羽西線・由利高原鉄道
くりはら田園鉄道

P57

村山

奥羽本線

さくらんぼ東根

P56　山形盆地

左沢

山

天童

石鳥谷

↑P45

花巻空港

新花巻

花巻

釜石線　P54

村崎野

江釣子

立川目

横川目

藤根

和賀仙人

岩沢

ゆだ錦秋湖

柳原

北上

北上線

岩手県

六原

金ケ崎

水沢

水沢江刺

陸中折居

東北本線

岩手石橋　P54

前沢

岩手開発鉄道
日頃市線

盛

平泉

山ノ目

一ノ関

大船渡線

気仙沼

P54

細倉マインパーク前

有壁

鶯沢工業高校前

清水原

尾松

鶯沢

栗駒

杉橋

鳥矢崎

花泉

大岡

谷地畑

若柳

荒町

油島

栗原田町

津久毛

沢辺

大岡小前

石越

くりはら
田園鉄道

くりこま高原

東北新幹線

池月

新田

上野目

梅ケ沢

P54

i備館

瀬峰

気仙沼線

岩出山

西大崎

陸前谷地

田尻

北浦

柳津

東大崎

宮城県

西古川

古川

上涌谷

涌谷

塚目

小牛田

佳景山

鹿又

石巻線

前谷地

鹿島台

万石浦

女川

東北本線

P57

曽波神

沢田

浦宿

陸前稲井

渡波

石巻

仙石線

P57

N

1:770,000

0　　　　　　20km

49

岩手・秋田 南部

□ 羽越本線（余目〜秋田）

P58

年　月　日全線乗車

駅名	営業キロ	
余目 あまるめ	154.7	
北余目 きたあまるめ	157.4	
砂越 さごし	160.4	
東酒田 ひがしさかた	163.7	
酒田 さかた	166.9	
本楯 もとたて	173.3	
南鳥海 みなみちょうかい	175.9	
遊佐 ゆざ	179.1	
吹浦 ふくら	186.1	
女鹿 めが	189.7	
小砂川 こさがわ	194.8	
上浜 かみはま	198.5	
象潟 きさかた	203.4	
金浦 このうら	209.2	
仁賀保 にかほ	214.7	
西目 にしめ	223.1	
羽後本荘 うごほんじょう	228.9	うごほんじょう
羽後岩谷 うごいわや	236.0	
折渡 おりわたり	240.7	
羽後亀田 うごかめだ	243.7	
岩城みなと いわきみなと	250.2	
道川 みちかわ	251.8	
下浜 しもはま	258.4	
桂根 かつらね	261.7	
新屋 あらや	265.7	
羽後牛島 うごうしじま	269.0	
秋田 あきた	271.7	

□ 奥羽本線（新庄〜秋田）

P58

年　月　日全線乗車

駅名	営業キロ	
新庄 しんじょう	148.6	
泉田 いずみた	154.2	
羽前豊里 うぜんとよさと	161.3	うぜんとよさと
真室川 まむろがわ	164.0	
釜淵 かまぶち	173.2	
大滝 おおたき	180.3	
及位 のぞき	185.8	
院内 いんない	194.4	
横堀 よこぼり	198.4	
三関 みつせき	204.4	
上湯沢 かみゆざわ	207.1	
湯沢 ゆざわ	210.4	
下湯沢 しもゆざわ	214.5	
十文字 じゅうもんじ	217.8	
醍醐 だいご	221.2	
柳田 やなぎた	224.4	
横手 よこて	228.3	
後三年 ごさんねん	234.7	
飯詰 いいづめ	239.8	
大曲 おおまがり	247.0	
神宮寺 じんぐうじ	253.0	
刈和野 かりわの	260.6	
峰吉川 みねよしかわ	265.4	
羽後境 うござかい	271.9	
大張野 おおばりの	280.0	
和田 わだ	285.4	
四ツ小屋 よつごや	292.3	
秋田 あきた	298.7	

P46

□ 石巻線

年　月　日全線乗車

駅名	営業キロ	
小牛田 こごた	0.0	
上涌谷 かみわくや	3.5	
涌谷 わくや	6.2	
前谷地 まえやち	12.8	
佳景山 かけいやま	17.1	
鹿又 かのまた	21.2	
曽波神 そばのかみ	23.7	
石巻 いしのまき	27.9	
陸前稲井 りくぜんいない	30.9	りくぜんいない
渡波 わたのは	35.9	
万石浦 まんごくうら	37.0	
沢田 さわだ	38.3	
浦宿 うらしゅく	42.4	
女川 おながわ	44.7	

□ 東北本線（小牛田〜盛岡）

年　月　日全線乗車

駅名	営業キロ	
小牛田 こごた	395.0	
田尻 たじり	401.1	
瀬峰 せみね	407.8	
梅ケ沢 うめがさわ	411.5	
新田 にった	416.2	
石越 いしこし	423.5	
油島 ゆしま	427.0	
花泉 はないずみ	431.2	
清水原 しみずはら	434.4	
有壁 ありかべ	437.8	
一ノ関 いちのせき	445.1	
山ノ目 やまのめ	448.0	
平泉 ひらいずみ	452.3	
前沢 まえさわ	459.9	
陸中折居 りくちゅうおりい	465.1	りくちゅうおりい
水沢 みずさわ	470.1	
金ケ崎 かねがさき	477.7	
六原 ろくはら	481.1	
北上 きたかみ	487.5	
村崎野 むらさきの	492.2	
花巻 はなまき	500.0	
花巻空港 はなまきくうこう	505.7	はなまきくうこう
石鳥谷 いしどりや	511.4	
日詰 ひづめ	516.8	
紫波中央 しわちゅうおう	518.6	しわちゅうおう
古館 ふるだて	521.5	
矢幅 やはば	525.1	
岩手飯岡 いわていいおか	529.6	いわていいおか
仙北町 せんぼくちょう	533.5	
盛岡 もりおか	535.3	

□ 由利高原鉄道鳥海山ろく線

年　月　日全線乗車

駅名	営業キロ	
羽後本荘 うごほんじょう	0.0	うごほんじょう
薬師堂 やくし	2.2	
子吉 こよし	4.5	
鮎川 あゆかわ	7.4	
黒沢 くろさわ	9.5	
曲沢 まがりさわ	10.3	
前郷 まえごう	11.7	
久保田 くぼた	13.6	
西滝沢 にしたきさわ	15.7	
吉沢 よしざわ	17.1	
川辺 かわべ	20.1	
矢島 やしま	23.0	

【旅のメモ】

私が乗車した距離　　　km

□ 陸羽東線
りくうとう

年　月　日全線乗車

駅名	営業キロ	
小牛田 こごた	0.0	
北浦 きたうら	4.5	
陸前谷地 りくぜんやち	6.6	
古川 ふるかわ	9.4	
塚目 つかのめ	12.1	
西古川 にしふるかわ	15.9	
東大崎 ひがしおおさき	19.1	
西大崎 にしおおさき	21.9	
岩出山 いわでやま	24.8	
有備館 ゆうびかん	25.8	
上野目 かみのめ	28.6	
池月 いけづき	32.4	
川渡温泉 かわたびおんせん	38.8	
鳴子御殿湯 なるこごてんゆ	42.7	
鳴子温泉 なるこおんせん	44.9	
中山平温泉 なかやまだいらおんせん	50.0	
堺田 さかいだ	55.3	
赤倉温泉 あかくらおんせん	61.1	
立小路 たてこうじ	62.8	
最上 もがみ	65.6	
大堀 おおほり	69.5	
鵜杉 うすぎ	71.5	
瀬見温泉 せみおんせん	75.0	
東長沢 ひがしながさわ	81.0	
長沢 ながさわ	82.8	
南新庄 みなみしんじょう	89.2	
新庄 しんじょう	94.1	

□ 陸羽西線
りくうさい

年　月　日全線乗車

駅名	営業キロ	
新庄 しんじょう	0.0	
升形 ますかた	7.5	
羽前前波 うぜんぜんなみ	10.6	
津谷 つや	12.9	
古口 ふるくち	17.0	
高屋 たかや	24.8	
清川 きよかわ	31.1	
狩川 かりかわ	34.9	
南野 みなみの	38.9	
余目 あまるめ	43.0	

※工事のため、2024年度中まで
全線運休。バス代行。

□ 北上線
きたかみ

年　月　日全線乗車

駅名	営業キロ	
北上 きたかみ	0.0	
柳原 やなぎ	2.1	
江釣子 えづりこ	5.2	
藤根 ふじね	8.4	
立川目 たちかわめ	12.1	
横川目 よこかわめ	14.3	
岩沢 いわさわ	18.1	
和賀仙人 わがせんにん	20.3	
ゆだ錦秋湖 ゆだきんしゅうこ	28.8	さんしゅうこ
ほっとゆだ	35.2	
ゆだ高原 ゆだこうげん	39.1	
黒沢 くろさわ	44.3	
小松川 こまつがわ	49.6	
平石 ひらいし	51.6	
相野々 あいいの	53.4	
矢美津 やびつ	56.6	
横手 よこて	61.1	

【旅のメモ】

....
....
....
....
....
....
....
....
....
....
....
....
....

□ くりはら田園鉄道
でんえん

年　月　日全線乗車

（2007年3月31日限り廃止）

駅名	営業キロ	
石越 いしこし	0.0	
荒町 あらまち	1.6	
若柳 わかやなぎ	3.1	
谷地畑 やちはた	4.6	
大岡小前	5.7	おおおかしょうまえ
大岡 おおおか	7.2	
沢辺 さわべ	9.3	
津久毛 つくも	12.8	
杉橋 すぎはし	14.4	
鳥矢崎 とやさき	15.4	
栗駒 くりこま	17.1	
栗原田町	17.9	くりはらたまち
尾松 おまつ	19.1	
鶯沢 うぐいすざわ	21.6	
鶯沢工業高校前	23.8	うぐいすざわこうぎょうこうこうまえ
細倉マインパーク前	25.7	ほそくら－まえ

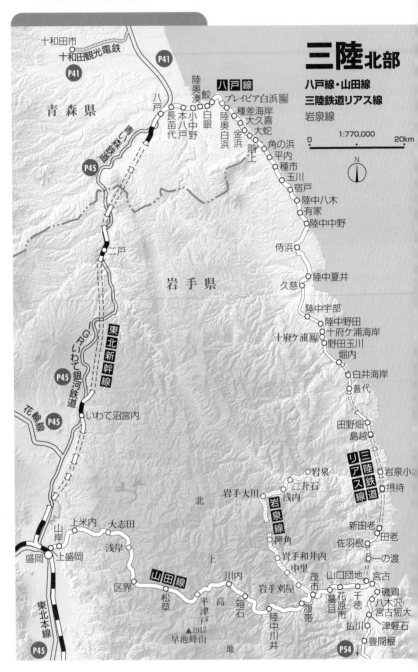

三陸 北部

八戸線・山田線
三陸鉄道リアス線
岩泉線

1:770,000
0　　　　　　　20km

P41

十和田市
十和田観光電鉄
P41

青森県

八戸線

陸奥湊
鮫
プレイピア白浜　圏
種差海岸
大久喜
大蛇
角の浜
平内
種市
玉川
宿戸
陸中八木
有家
陸中中野

八戸
長苗代
本八戸
小中野
白銀
陸奥白浜
金浜
階上

P45

二戸

岩手県

侍浜

陸中夏井

久慈

陸中宇部
陸中野田
十府ケ浦海岸
十府ケ浦　圏
野田玉川
堀内
白井海岸
普代

田野畑
島越

東北新幹線

P45

いわて銀河鉄道

いわて沼宮内

花輪線
P45

岩泉
二升石
浅内
押角
岩手和井内
中里
茂市

岩泉小
摂待

岩手大川

岩泉線

北

新田老
佐羽根
田老
一の渡

山岸
上米内
大志田
浅岸
区界
松草
平津戸
川内
箱石
陸中川井
岩手刈屋
腹帯

上盛岡
盛岡

山田線

▲1917
早池峰山

上
川内
高
地

山口団地
花原市
千徳
八木沢・
宮古短大
払川
津軽石

宮古
磯鶏

墓目

豊間根

東北本線

P45

P54

N

52

私が乗車した距離　　km

廃止線を含む総距離	368.4 km
現存線の距離	330.0 km

□ 八戸線 はちのへ

年　月　日全線乗車

駅名	営業キロ	
八戸 はちのへ	0.0	
長苗代 ながなわしろ	3.4	
本八戸 ほんはちのへ	5.5	
小中野 こなかの	7.3	
陸奥湊 むつみなと	9.0	
白銀 しろがね	10.3	
鮫 さめ	11.8	
プレイピア白浜 圖	16.2	しらはま
陸奥白浜 むつしらはま	17.5	
種差海岸 たねさしかいがん	19.6	
大久喜 おおくき	21.8	
金浜 かなはま	24.3	
大蛇 おおじゃ	25.8	
階上 はしかみ	27.5	
角の浜 かどのはま	29.5	
平内 ひらない	32.1	
種市 たねいち	34.2	
玉川 たまがわ	38.1	
宿戸 しゅくのへ	40.0	
陸中八木 りくちゅうやぎ	43.1	
有家 うげ	45.8	
陸中中野 りくちゅうなかの	48.4	
侍浜 さむらいはま	54.4	
陸中夏井 りくちゅうなつい	61.7	
久慈 くじ	64.9	

□ 三陸鉄道リアス線 さんりく

年　月　日全線乗車

駅名	営業キロ	
盛 さかり	0.0	
陸前赤崎 りくぜんあかさき	3.7	
綾里 りょうり	9.1	
白浜海岸 圖	—	しらはまかいがん
恋し浜 こいしはま	12.0	
甫嶺 ほれい	14.3	
三陸 さんりく	17.0	
吉浜 よしはま	21.6	
唐丹 とうに	27.7	
平田 へいた	33.1	
釜石 かまいし	36.6	
両石 りょういし	42.7	
鵜住居 うのすまい	44.9	
大槌 おおつち	48.9	
吉里吉里 きりきり	52.3	
浪板海岸 なみいたかいがん	54.1	
岩手船越 いわてふなこし	60.5	

駅名	営業キロ	
織笠 おりかさ	64.3	
陸中山田 りくちゅうやまだ	65.5	
豊間根 とよまね	76.6	
払川 はらいかわ	80.7	
津軽石 つがるいし	82.8	
八木沢・宮古短大 やぎさわみやこたんだい	88.2	
磯鶏 そけい	90.0	
宮古 みやこ	92.0	
山口団地 やまぐちだんち	93.6	
一の渡 いちのわたり	98.2	
佐羽根 さばね	101.1	
田老 たろう	104.7	
新田老 しんたろう	105.2	
摂待 せったい	113.5	
岩泉小本 いわいずみおもと	117.1	
島越 しまのこし	125.6	
田野畑 たのはた	127.6	
普代 ふだい	136.9	
白井海岸 しらいかいがん	140.3	
堀内 ほりない	143.4	
野田玉川 のだたまがわ	147.9	
十府ケ浦 圖	—	とふがうら
十府ケ浦海岸 とふがうらかいがん	149.6	
陸中野田 りくちゅうのだ	151.9	
陸中宇部 りくちゅううべ	155.3	
久慈 くじ	163.0	

□ 山田線 やまだ

年　月　日全線乗車

駅名	営業キロ	
盛岡 もりおか	0.0	
上盛岡 かみもりおか	2.8	
山岸 やまぎし	4.9	
上米内 かみよない	9.9	
大志田 おおしだ	19.2	
浅岸 あさぎし	27.6	
区界 くざかい	35.6	
松草 まつくさ	43.6	
平津戸 ひらつと	52.2	
川内 かわうち	61.5	
箱石 はこいし	65.7	
陸中川井 りくちゅうかわい	73.5	
腹帯 はらたい	82.6	
茂市 もいち	87.0	
蟇目 ひきめ	91.5	
花原市 けばらいち	94.2	
千徳 せんとく	98.8	
宮古 みやこ	102.1	

□ 岩泉線 いわいずみ

年　月　日全線乗車

（2010年7月31日より休止、
2014年3月31日限り廃止）

駅名	営業キロ	
茂市 もいち	0.0	
岩手刈屋 いわていかりや	4.3	
中里 なかさと	7.2	
岩手和井内 いわてわいない	10.0	
押角 おしかど	15.8	
岩手大川 いわておおかわ	25.3	
浅内 あさない	31.0	
二升石 にしょういし	33.8	
岩泉 いわいずみ	38.4	

【旅のメモ】
....
....
....
....
....
....
....
....
....

【旅のメモ】
....
....
....
....
....

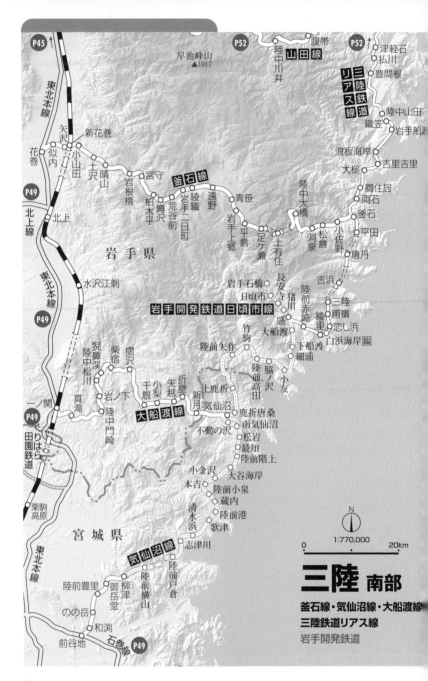

早池峰山
▲1917

腹帯
陸中川井　山田線
津軽石
払川
豊間根

三陸鉄道リアス線

陸中山田
織笠
岩手船越

東北本線

矢沢　新花巻
花巻　似内　小山田
土沢　晴山
宮守
岩根橋
柏木平　鱒沢
綾織　遠野
岩手二日町
荒谷前
青笹
岩手上郷
平倉
足ケ瀬
上有住
陸中大橋

北上線
P49
北上

岩手県

浪板海岸
吉里吉里
大槌
鵜住居
両石
釜石
平田
洞泉
松倉
小佐野
唐丹

水沢江刺

長安寺
岩手石橋
日頃市
猪川
陸前赤崎
盛
竹駒
大船渡
下船渡
細浦

吉浜
三陸
甫嶺
綾里
恋し浜
白浜海岸圖

東北本線
P49

岩手開発鉄道日頃市線

陸前矢作

陸中松川
猿ケ石
柴宿
摺沢
岩ノ下
千厩
小梨
矢越
折壁
新月
上鹿折
陸前高田
脇ノ沢
小友
気仙沼

一ノ関
P49
りはら
田園鉄道

真滝
陸中門崎

大船渡線

鹿折唐桑
南気仙沼
鹿折
不動の沢
松岩
最知
陸前階上

栗駒
高原

宮城県

小金沢
大谷海岸
本吉
陸前小泉
蔵内
陸前港
清水浜
歌津
志津川

東北本線

気仙沼線

陸前豊里
御岳堂
柳津
陸前横山
陸前戸倉

のの岳
和渕
前谷地
石巻線
P49

N
1:770,000
0　　　　　　　　20km

三陸　南部

釜石線・気仙沼線・大船渡線
三陸鉄道リアス線
岩手開発鉄道

三陸南部

□ 釜石線 (かまいしせん)

年　月　日全線乗車

駅名	営業キロ	
花巻 はなまき	0.0	
似内 にたない	3.5	
矢沢 やさわ	6.0	
新花巻 しんはなまき	6.4	
小山田 おやまだ	8.3	
土沢 つちざわ	12.7	
晴山 はるやま	15.9	
岩根橋 いわねばし	21.7	
宮守 みやもり	25.1	
柏木平 かしわぎだいら	31.2	
鱒沢 ますざわ	33.6	
荒谷前 あらやまえ	36.4	
岩手二日町 いわてふつかまち	39.3	
綾織 あやおり	41.1	
遠野 とおの	46.0	
青笹 あおざさ	50.3	
岩手上郷 いわてかみごう	53.8	
平倉 ひらくら	56.6	
足ケ瀬 あしがせ	61.2	
上有住 かみありす	65.4	
陸中大橋 りくちゅうおおはし	73.7	
洞泉 どうせん	79.6	
松倉 まつくら	83.2	
小佐野 こさの	86.5	
釜石 かまいし	90.2	

□ 岩手開発鉄道日頃市線 (いわて かいはつ てつどう ひごろいち せん)

年　月　日全線乗車

(1992年3月31日限り旅客営業廃止)

駅名	営業キロ	
盛 さかり	0.0	
猪川 いかわ	1.0	
長安寺 ちょうあんじ	3.3	
日頃市 ひごろいち	6.4	
岩手石橋 いわていしばし	9.5	

□ 気仙沼線 (けせんぬません)

年　月　日全線乗車

駅名	営業キロ	
前谷地 まえやち	0.0	
和渕 わぶち	3.2	
のの岳 だけ	6.2	
陸前豊里 りくぜんとよさと	10.3	
御岳堂 みたけどう	13.6	
柳津 やないづ	17.5	

□ 同線 (廃止区間)

年　月　日全線乗車

(2011年3月11日東日本大震災で不通、2020年3月31日限り廃止)

駅名	営業キロ	
柳津 やないづ	0.0	
陸前横山 りくぜんよこやま	4.8	
陸前戸倉 りくぜんとぐら	12.0	
志津川 しづがわ	16.2	
清水浜 しずはま	20.7	
歌津 うたつ	24.8	
陸前港 りくぜんみなと	27.4	
蔵内 くらうち	29.2	
陸前小泉 りくぜんこいずみ	31.2	
本吉 もとよし	34.6	
小金沢 こがねざわ	37.1	
大谷海岸 おおやかいがん	40.8	
陸前階上 りくぜんはしかみ	44.1	
最知 さいち	45.8	
松岩 まついわ	48.1	
南気仙沼 みなみけせんぬま	50.8	
不動の沢 ふどうのさわ	52.1	
気仙沼 けせんぬま	55.3	

□ 大船渡線 (おおふなとせん)

年　月　日全線乗車

駅名	営業キロ	
一ノ関 いちのせき	0.0	
真滝 またき	5.7	
陸中門崎 りくちゅうかんざき	13.7	
岩ノ下 いわのした	17.5	
陸中松川 りくちゅうまつかわ	21.3	
猊鼻渓 げいびけい	23.3	
柴宿 しばじゅく	26.1	
摺沢 すりさわ	30.6	
千厩 せんまや	39.8	
小梨 こなし	43.4	
矢越 やごし	47.6	
折壁 おりかべ	49.7	
新月 にいつき	55.3	
気仙沼 けせんぬま	62.0	

□ 同線 (廃止区間)

年　月　日全線乗車

(2011年3月11日東日本大震災で不通、2020年3月31日限り廃止)

駅名	営業キロ	
気仙沼 けせんぬま	0.0	
鹿折唐桑 ししおりからくわ	2.2	
上鹿折 かみしおり	7.5	
陸前矢作 りくぜんやはぎ	17.5	
竹駒 たけこま	20.5	
陸前高田 りくぜんたかた	23.4	
脇ノ沢 わきのさわ	26.3	
小友 おとも	30.8	
細浦 ほそうら	35.1	
下船渡 しもふなと	38.2	
大船渡 おおふなと	41.1	
盛 さかり	43.7	

【旅のメモ】

....
....
....
....
....
....
....
....
....
....
....
....
....
....
....

【旅のメモ】

....
....
....
....

余目 P48

西袋
藤島
庄内平野
幕ノ内圖

三瀬
小波渡
鶴岡
西鶴岡圖
羽前大山
羽前水沢

五十川
あつみ温泉
小岩川
鼠ケ関

府屋
勝木

越後寒川
今川
桑川
羽越本線

越後早川
間島

交直流切替点
村上
岩船町
平林
坂町
平木田
中条
金塚
新発田
加治
東中学校前圖
五十公野
新江口
米倉
新山内
赤谷
東赤谷

花立
越後大島
越後下関
玉川口
越後金丸
越後片貝
小国
羽前松岡
伊佐領
手ノ子

出羽山地

陸羽西線 P48
鳥越

山形県

朝日山地

大朝日岳
▲1870

新潟県

山形鉄道
フラワー長井線

四季の郷
荒砥
蚕桑
鮎貝
白兎

羽前成田
あやめ公園
長井
南長井
時庭
西大塚
おりはた
宮内
梨郷
今泉
白川圖
羽前椿
萩生
羽前沼沢
宇津峠
犬川
羽前
小松

中郡
置賜
成島
西米沢
米沢
南米沢
関根

羽前高松
柴橋
左沢
寒河江
南寒河江
羽前長崎
羽前金沢
羽前山辺
東金

蔵

かみのやま温泉
羽前中山
中川

茂吉記念館

南陽市役所
高畠

米沢盆地

奥羽本線

板谷トンネル
（板谷峠）

大沢
峠

米坂線

P62
中浦

飯豊山
▲2105

赤谷線

仙台・山形

東北本線（福島〜小牛田　利府支線）・奥羽本線（福島〜新庄）
羽越本線（新津〜余目）・仙石線・仙山線・米坂線・左沢線
仙台市交通局・仙台空港鉄道・山形鉄道・赤谷線

石巻
陸前山下
蛇田
陸前赤井
東矢本
野蒜
矢本
鹿妻
東名
石巻あゆみ野
松島
陸前富山
手樽
高城町
松島海岸
陸前浜田
陸前大塚
東名
野蒜
陸前原ノ町
宮城野原
榴ケ岡
あおば通
中野栄
陸前高砂
苦竹
小鶴新田
福田町
多賀城
下馬
西塩釜
本塩釜
東塩釜
仙台

仙石線

気仙沼線 **P54**

P49

石巻線

仙石線

古川

小牛田

松山町

鹿島台

品井沼

愛宕

松島

利府

高城町

東北福祉大前
北仙台
東照宮
岩切
新利府
塩釜
国府多賀城
陸前山王

西仙台ハイランド 圏

仙山線

作並

面白山 圏
面白山高原

奥新川

八ツ森 圏

熊ケ根

陸前白沢

陸前落合

愛子

国見

葛岡

仙台

長町

太子堂

南仙台

名取

仙台湾

山寺

南出羽

羽前千歳

高瀬

山形

北山形

奥

羽

山

脈

宮城県

館腰

岩沼

槻木

杜せきのした

仙台空港

美田園

仙台空港鉄道
仙台空港線

船岡

大石田

金谷圏

村山

さくらんぼ東根

乱川

天童

天童南

楯山

北山形

山形

東白石

白石

北白川

白石蔵王

越河

貝田

藤田

桑折

伊達

東福島

福島交通

P60

庭坂

笹木野

福島

南福島

P63

矢野目圏

飯坂温泉

P60

大河原

常磐線
P60

阿武隈急行 圏

N

1:770,000

0   20km

仙台市交通局

泉中央
八乙女
黒松
旭ケ丘
台原
北仙台
北四番丁
勾当台公園
広瀬通
仙台
青葉通
一番町
大町西公園
国際センター
川内
青葉山
動物公園

南北線

荒井
六丁の目
卸町
薬師堂
連坊

東西線

宮城野通
仙台
五橋
愛宕橋
河原町
長町一丁目
長町
長町南
富沢

57

仙台・山形

□ 東北本線（福島〜小牛田）

駅名	営業キロ	年 月 日全線乗車
P68 福島 ふくしま	272.8	
東福島 ひがしふくしま	278.8	
伊達 だて	281.9	
桑折 こおり	285.9	
藤田 ふじた	289.3	
貝田 かいだ	294.9	
越河 こすごう	298.6	
白石 しろいし	306.8	
東白石 ひがししろいし	311.0	
北白川 きたしらかわ	315.3	
大河原 おおがわら	320.1	
船岡 ふなおか	323.1	
槻木 つきのき	327.7	
岩沼 いわぬま	334.2	
館腰 たてこし	337.9	
名取 なとり	341.4	
南仙台 みなみせんだい	344.1	
太子堂 たいしどう	346.3	
長町 ながまち	347.3	
仙台 せんだい	351.8	
東仙台 ひがしせんだい	355.8	
岩切 いわきり	359.9	
陸前山王 りくぜんさんのう	362.2	
国府多賀城 こくふたがじょう	363.5	
塩釜 しおがま	365.2	
松島 まつしま	375.2	
愛宕 あたご	377.2	
品井沼 しないぬま	381.6	
鹿島台 かしまだい	386.6	
松山町 まつやままち	391.5	
P50 小牛田 こごた	395.0	

□ 同線（利府支線）

駅名	営業キロ	年 月 日全線乗車
岩切 いわきり	0.0	
新利府 しんりふ	2.5	
利府 りふ	4.2	

□ 同線（仙石東北ライン）

駅名	営業キロ	年 月 日全線乗車
松島 まつしま	0.0	
高城町 たかぎまち	0.3	

□ 奥羽本線（山形新幹線）（福島〜新庄）

駅名	営業キロ	年 月 日全線乗車
福島 ふくしま	0.0	
笹木野 ささきの	3.8	
庭坂 にわさか	6.9	
赤岩 あかいわ	14.6	
板谷 いたや	21.2	
峠 とうげ	24.5	
大沢 おおさわ	28.8	
関根 せきね	34.8	
米沢 よねざわ	40.1	
置賜 おいたま	45.6	
高畠 たかはた	49.9	
赤湯 あかゆ	56.1	
中川 なかがわ	64.4	
羽前中山 うぜんなかやま	68.3	
かみのやま温泉 -おんせん	75.0	
茂吉記念館前 もきちきねんかんまえ	77.8	
蔵王 ざおう	81.8	
山形 やまがた	87.1	
北山形 きたやまがた	89.0	
羽前千歳 うぜんちとせ	91.9	
南出羽 みなみでわ	93.6	
漆山 うるしやま	94.9	
高擶 たかだま	97.0	
天童南 てんどうみなみ	98.3	
天童 てんどう	100.4	
乱川 みだれがわ	103.4	
神町 じんまち	106.3	
さくらんぼ東根 -ひがしね	108.1	
東根 ひがしね	110.6	
村山 むらやま	113.5	
袖崎 そでさき	121.5	
大石田 おおいしだ	126.9	
北大石田 きたおおいしだ	130.8	
芦沢 あしさわ	133.7	
舟形 ふながた	140.3	
P50 新庄 しんじょう	148.6	

仙台市交通局（せんだいしこうつうきょく）

線名	区間	営業キロ	全線乗車
□南北線 なんぼく	泉中央〜富沢	14.8	年 月 日
□東西線 とうざい	八木山動物公園〜荒井	13.9	年 月 日

□ 羽越本線（新津〜余目）

駅名	営業キロ	年 月 日全線乗車
新津 にいつ	0.0	
京ケ瀬 きょうがせ	6.1	
水原 すいばら	10.2	
神山 かみやま	13.9	
月岡 つきおか	17.8	
中浦 なかうら	21.5	
新発田 しばた	26.0	
加治 かじ	30.3	
金塚 かなづか	35.3	
中条 なかじょう	39.1	
平木田 ひらきだ	44.7	
坂町 さかまち	48.0	
平林 ひらばやし	51.6	
岩船町 いわふねまち	55.2	
村上 むらかみ	59.4	
間島 まじま	66.5	
越後早川 えちごはやかわ	71.4	
桑川 くわがわ	78.3	
今川 いまがわ	82.6	
越後寒川 えちごかんがわ	87.5	
勝木 がつぎ	92.8	
府屋 ふや	95.9	
鼠ケ関 ねずがせき	101.0	
小岩川 こいわがわ	105.4	
あつみ温泉 -おんせん	109.8	
五十川 いらがわ	115.7	
小波渡 こばと	120.1	
三瀬 さんぜ	123.2	
羽前水沢 うぜんみずさわ	128.9	
羽前大山 うぜんおおやま	133.4	
鶴岡 つるおか	139.4	
藤島 ふじしま	146.0	
西袋 にしぶくろ	151.1	
P50 余目 あまるめ	154.7	

【旅のメモ】

	廃止線を含む総距離	743.6 km
	現存線の距離	718.3 km

□ 左沢線 (あてらざわせん)

駅名	営業キロ	年 月 日 全線乗車
北山形 (きたやまがた)	0.0	
東金井 (ひがしかない)	3.1	
羽前山辺 (うぜんやまのべ)	6.5	
羽前金沢 (うぜんかねざわ)	9.5	
羽前長崎 (うぜんながさき)	11.0	
南寒河江 (みなみさがえ)	13.5	
寒河江 (さがえ)	15.3	
西寒河江 (にしさがえ)	16.4	
羽前高松 (うぜんたかまつ)	19.3	
柴橋 (しばはし)	22.3	
左沢 (あてらざわ)	24.3	

□ 仙石線 (せんせき)

駅名	営業キロ	年 月 日 全線乗車
あおば通 (どおり)	0.0	
仙台 (せんだい)	0.5	
榴ケ岡 (つつじがおか)	1.3	
宮城野原 (みやぎのはら)	2.4	
陸前原ノ町 (りくぜんはらのまち)	3.2	
苦竹 (にがたけ)	4.0	
小鶴新田 (こづるしんでん)	5.6	
福田町 (ふくだまち)	7.7	
陸前高砂 (りくぜんたかさご)	8.6	
中野栄 (なかのさかえ)	10.3	
多賀城 (たがじょう)	12.6	
下馬 (げば)	14.4	
西塩釜 (にししおがま)	15.2	
本塩釜 (もとしおがま)	16.0	
東塩釜 (ひがししおがま)	17.2	
陸前浜田 (りくぜんはまだ)	20.3	
松島海岸 (まつしまかいがん)	23.2	
高城町 (たかぎまち)	25.5	
手樽 (てたる)	27.3	
陸前富山 (りくぜんとみやま)	28.6	
陸前大塚 (りくぜんおおつか)	30.8	
東名 (とうな)	32.2	
野蒜 (のびる)	33.4	
陸前小野 (りくぜんおの)	36.0	
鹿妻 (かづま)	37.6	
矢本 (やもと)	40.2	
東矢本 (ひがしやもと)	41.6	
陸前赤井 (りくぜんあかい)	43.1	
石巻あゆみ野 (いしのまきあゆみの)	45.2	
蛇田 (へびた)	46.6	
陸前山下 (りくぜんやました)	47.6	
石巻 (いしのまき)	49.0	

□ 仙石線（旧ルート） (せんせき)

(2015年5月29日限り廃止)

駅名	営業キロ	年 月 日 全線乗車
陸前大塚 (りくぜんおおつか)	0.0	
東名 (とうな)	1.6	
野蒜 (のびる)	3.2	
陸前小野 (りくぜんおの)	6.4	

□ 仙山線 (せんざん)

駅名	営業キロ	年 月 日 全線乗車
仙台 (せんだい)	0.0	
東照宮 (とうしょうぐう)	3.2	
北仙台 (きたせんだい)	4.8	
北山 (きたやま)	6.5	
東北福祉大前 (とうほくふくしだいまえ)	7.5	
国見 (くにみ)	8.6	
葛岡 (くずおか)	10.1	
陸前落合 (りくぜんおちあい)	12.7	
愛子 (あやし)	15.2	
陸前白沢 (りくぜんしらさわ)	20.6	
熊ケ根 (くまがね)	23.7	
西仙台ハイランド圏 (にしせんだい)	25.3	
作並 (さくなみ)	28.7	
八ツ森圏 (やつもり)	30.8	
奥新川 (おくにっかわ)	33.8	
面白山高原 (おもしろやまこうげん)	42.5	
山寺 (やまでら)	48.7	
高瀬 (たかせ)	52.4	
楯山 (たてやま)	54.9	
羽前千歳 (うぜんちとせ)	58.0	

□ 赤谷線 (あかたに)

(1984年3月31日限り廃止)

駅名	営業キロ	年 月 日 全線乗車
新発田 (しばた)	0.0	
東中学校前圏 (ひがしちゅうがっこうまえ)	—	
五十公野 (いじみの)	4.1	
新江口 (しんえぐち)	6.5	
米倉 (よねくら)	8.5	
新山内 (しんやまうち)	11.2	
赤谷 (あかたに)	14.1	
東赤谷 (ひがしあかたに)	18.9	

【旅のメモ】

....

....

....

□ 米坂線 (よねさか)

駅名	営業キロ	年 月 日 全線乗車
米沢 (よねざわ)	0.0	
南米沢 (みなみよねざわ)	3.1	
西米沢 (にしよねざわ)	6.5	
成島 (なるしま)	9.6	
中郡 (ちゅうぐん)	12.5	
羽前小松 (うぜんこまつ)	16.9	
犬川 (いぬかわ)	19.4	
今泉 (いまいずみ)	23.0	
萩生 (はぎゅう)	27.3	
羽前椿 (うぜんつばき)	30.1	
手ノ子 (てのこ)	34.7	
羽前沼沢 (うぜんぬまざわ)	43.9	
伊佐領 (いさりょう)	50.0	
羽前松岡 (うぜんまつおか)	54.7	
小国 (おぐに)	58.3	
玉川口 (たまがわぐち)	63.6	
越後金丸 (えちごかなまる)	67.8	
越後片貝 (えちごかたかい)	73.1	
越後下関 (えちごしもせき)	79.7	
越後大島 (えちごおおしま)	83.5	
花立 (はなだて)	86.2	
坂町 (さかまち)	90.7	

※今泉〜坂町間は災害の影響により不通。

□ 山形鉄道フラワー長井線 (やまがた・ながい)

駅名	営業キロ	年 月 日 全線乗車
赤湯 (あかゆ)	0.0	
南陽市役所 (なんようしやくしょ)	0.9	
宮内 (みやうち)	3.0	
おりはた	4.4	
梨郷 (りんごう)	6.8	
西大塚 (にしおおつか)	10.3	
今泉 (いまいずみ)	12.2	
時庭 (ときにわ)	14.9	
南長井 (みなみながい)	17.3	
長井 (ながい)	18.3	
あやめ公園 (あやめこうえん)	19.1	
羽前成田 (うぜんなりた)	21.0	
白兎 (しろうさぎ)	23.2	
蚕桑 (こぐわ)	24.6	
鮎貝 (あゆかい)	27.9	
四季の郷 (しきのさと)	28.6	
荒砥 (あらと)	30.5	

□ 仙台空港鉄道仙台空港線 (せんだいくうこう)

駅名	営業キロ	年 月 日 全線乗車
名取 (なとり)	0.0	
杜せきのした (もり)	1.8	
美田園 (みたぞの)	3.8	
仙台空港 (せんだいくうこう)	7.1	

常磐北部

常磐線（いわき～岩沼）・磐越東線
阿武隈急行・福島交通

P57

福島交通飯坂

花水坂　飯坂温泉
医王寺前　平野
笹谷　桜水
上松川　泉
岩代清水　美術館
図書館
曽根田
福島

宮城県

福島交通飯坂線

奥羽本線
P57

岩沼
槻木　逢隈
東船岡　亘理
岡　浜吉田
横倉　山下
角田　山下
南角田　坂元
北丸森　坂元
富野　丸森
あぶくま　新地　新地
二井田　やながわ希望の森公園前
上保原　梁川
大泉
瀬上　保原
向瀬上　高子
福島学院前
御山
福島

急行阿武隈

駒ケ嶺
相馬

日立木

鹿島

高平

原ノ町

常磐線

磐城太田

小高

桃内

浪江

双葉

大野

夜ノ森

富岡
金山

竜田

木戸

Jヴィレッジ

広野

末続

久ノ浜

福島県

阿

武

隈

高

地

P63
東北本線

P63

磐越西線

三春
船引
要田
磐城常葉

郡山　舞木

安積永盛

大越
菅谷
神俣

磐城守山
谷田川
小塩江
川東

小野新町
夏井

川前

磐越東線

江田

水郡線

泉郷
川辺沖
野木沢
磐城石川

リスト
P69

P63

里白石
磐城浅川

磐城棚倉
中豊
近津

↓P67

小川郷

赤井
内郷　いわき

湯本

四ツ倉

草野

N

1:770,000
0　　　　20km

P67 ↓

	廃止線を含む総距離	302.2 km
	現存線の距離	284.0 km

□ 常磐線（いわき～岩沼）

年　月　日全線乗車

	駅名	営業キロ	
P68	いわき	209.4	
	草野 くさの	214.8	
	四ツ倉 よつくら	219.2	
	久ノ浜 ひさのはま	224.0	
	末続 すえつぎ	227.6	
	広野 ひろの	232.4	
	Jヴィレッジ	235.9	
	木戸 きど	237.8	
	竜田 たつた	240.9	
	富岡 とみおか	247.8	
	夜ノ森 よのもり	253.0	
	大野 おおの	257.9	
	双葉 ふたば	263.7	
	浪江 なみえ	268.6	
	桃内 ももうち	273.5	
	小高 おだか	277.5	
	磐城太田 いわきおおた	282.4	
	原ノ町 はらのまち	286.9	
	鹿島 かしま	294.4	
	日立木 にったき	301.1	
	相馬 そうま	307.0	
	駒ケ嶺 こまがみね	311.4	
	新地 しんち	315.6	
	坂元 さかもと	321.1	
	山下 やました	326.0	
	浜吉田 はまよしだ	330.2	
	亘理 わたり	335.2	
	逢隈 おおくま	338.4	
	岩沼 いわぬま	343.7	

□ 福島交通飯坂線

年　月　日全線乗車

	駅名	営業キロ	
	福島 ふくしま	0.0	
	曽根田 そねだ	0.6	
	美術館図書館前	1.4	びじゅつかんとしょかんまえ
	岩代清水	2.7	いわしろしみず
	泉 いずみ	3.0	
	上松川 かみまつかわ	3.7	
	笹谷 ささや	4.2	
	桜水 さくらみず	5.1	
	平野 ひらの	6.2	
	医王寺前 いおうじまえ	7.4	
	花水坂 はなみずさか	8.7	
	飯坂温泉	9.2	いいざかおんせん

□ 常磐線（旧ルート）

年　月　日全線乗車
（2016年12月9日限り廃止）

	駅名	営業キロ	
	駒ケ嶺 こまがみね	0.0	
	新地 しんち	4.4	
	坂元 さかもと	9.8	
	山下 やました	14.3	
	浜吉田 はまよしだ	18.2	

【旅のメモ】

□ 磐越東線

	駅名	営業キロ	
	いわき	0.0	
	赤井 あかい	4.8	
	小川郷 おがわごう	10.3	
	江田 えだ	18.3	
	川前 かわまえ	26.3	
	夏井 なつい	36.7	
	小野新町 おのにいまち	40.1	
	神俣 かんまた	46.6	
	菅谷 すがや	49.9	
	大越 おおごえ	54.3	
	磐城常葉 いわきときわ	58.7	
	船引 ふねひき	62.5	
	要田 かなめた	69.5	
	三春 みはる	73.7	
	舞木 もうぎ	79.8	
	郡山 こおりやま	85.6	

□ 阿武隈急行

年　月　日全線乗車

	駅名	営業キロ	
	福島 ふくしま	0.0	
	卸町 おろしまち	5.6	
	福島学院前	6.5	ふくしまがくいんまえ
	瀬上 せのうえ	7.5	
	向瀬上 むかいせのうえ	8.6	
	高子 たかこ	10.1	
	上保原 かみほばら	11.5	
	保原 ほばら	12.8	
	大泉 おおいずみ	13.9	
	二井田 にいだ	15.4	
	新田 にった	17.0	
	梁川 やながわ	18.3	
	やながわ希望の森公園前	20.0	きぼうのもりこうえんまえ
	富野 とみの	22.1	
	兒 かぶと	25.2	
	あぶくま	29.4	
	丸森 まるもり	37.5	
	北丸森 きたまるもり	39.2	
	南角田 みなみかくだ	41.6	
	角田 かくだ	43.3	
	横倉 よこくら	45.2	
	岡 おか	47.7	
	東船岡 ひがしふなおか	51.3	
	槻木 つきのき	54.9	

新潟交通

白山前
東青山　東関屋
平島　寺地
ときめき　越後大野
焼鮒　黒埼中学前
木場　新大野
板井
七穂
吉江　味方中学前
味方
白根
千日
曲
月潟
六分
新飯田
小中川
灰方
燕

上所(仮称)　新潟
白山　関屋
青山
小針
内野　寺尾　新潟大学前
内野西が丘
越後赤塚　上沼垂圃
越後曽根　さつき野
巻　新津
弥彦　古津
矢作　東新津
吉田　新関
南吉田　五泉
西燕　猿和田
燕三条　馬下
桐原　東三条　咲花
小島谷　分水　越後長沢
妙法寺　寺泊　三条
　　　　　粟生津
出雲崎　帯織　越後大崎
小木ノ城　見附
石地　押切
礼拝　北長岡
西山
西中通　宮内
東柏崎　前川
鯨波　来迎寺　越後滝谷
柏崎　高梨
安田　片貝　北堀之内
　　　　小栗田　小出
北条　西小千谷
越後広田　小千谷
　　　　　越後川口

白新線　西新発田　佐々木　新発田
黒山　新崎　早通　豊栄
大形　新崎
東新潟
越後石山
亀田
荻川
水原　月岡
京ヶ瀬　神山
北五泉　中浦
今泉　村松
羽生田　西村松　五十島
陣ヶ峰　高松　東下条
大浦　七谷　大蒲原　三川
東加茂　狭口
保内　津川
加茂
上越　駒岡
東光寺
長岡

弥彦線
信越本線
越後線
新潟交通
羽越本線
蒲原鉄道
只見線
魚沼線

新潟県

入広瀬　柿ノ木　会津蒲生
上条　大白川　会津横田
越後須原　会津塩沢　会津大塩
魚沼田中　六十里越トンネル　只見
越後広瀬　田子倉圃
藪神

八海山
(入道岳)
1778▲　中ノ岳
　　　　▲2085

北越急行
ほくほく線
十日町
飯山線
六日町
上越線
越後湯沢

燧ヶ岳
▲2356
尾瀬沼

62

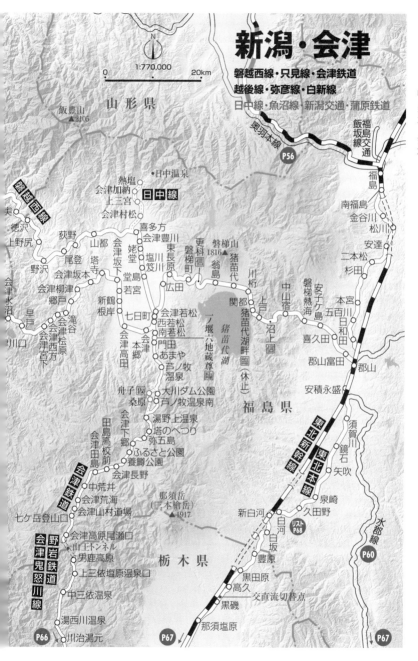

新潟・会津

新潟・会津

磐越西線・只見線・会津鉄道
越後線・弥彦線・白新線
日中線・魚沼線・新潟交通・蒲原鉄道

P56

山形県

飯豊山
▲2105

奥羽本線

福島

福島交通飯坂線

南福島

金谷川

松川

安達

二本松

杉田

本宮

五百川

日和田

郡山富田

郡山

安積永盛

須賀川

鏡石

矢吹

泉崎

久田野

新白河

白河 リストP68

白坂

豊原

水郡線 P60

熱塩

日中温泉

会津加納

上三宮

会津村松

日中線

喜多方

会津豊川

東長原

磐梯町

更科園

磐梯山
1816▲

猪苗代

川桁

中山宿

磐梯熱海

安子ケ島

喜久田

荻野

山都

姥堂

塩川

笹川

翁島

関都

上戸

沼上

尾登

塔寺

会津坂下

堂島

若宮

広田

野沢

会津坂本

会津柳津

郷戸

滝谷

会津檜原

会津西方

会津宮下

早戸

川口

会津水沼

只見線

磐越西線

新鶴

根岸

七日町

西若松

南若松

門田

あまや

芦ノ牧温泉

会津若松

会津本郷

会津高田

一ノ堰六地蔵尊園

猪苗代湖

猪苗代湖畔園（休止）

都

福島県

舟子園

桑原

大川ダム公園

芦ノ牧温泉南

会津下郷

湯野上温泉

塔のへつり

弥五島

田島高校前

会津田島

ふるさと公園

養鱒公園

会津長野

会津鉄道

中荒井

会津荒海

会津山村道場

那須岳
（三本槍岳）
▲1917

七ケ岳登山口

会津高原尾瀬口

山王トンネル

男鹿高原

上三依塩原温泉口

中三依温泉

野岩鉄道

会津鬼怒川線 P66

湯西川温泉

川治湯元

栃木県

東北新幹線

東北本線

黒田原

高久

黒磯

那須塩原

交直流切替点

P67

P67

N

1:770,000
0　　　　20km

新潟・会津

□ 磐越西線

駅名	営業キロ	年 月 日全線乗車
郡山 こおりやま	0.0	
郡山富田 こおりやまとみた	3.4	
喜久田 きくた	7.9	
安子ケ島 あこがしま	11.8	
磐梯熱海 ばんだいあたみ	15.4	
中山宿 なかやまじゅく	20.8	
上戸 じょうこ	27.3	
猪苗代湖畔 いなわしろこはん(臨のみ)	29.3	
関都 せきと	31.0	
川桁 かわげた	33.4	
猪苗代 いなわしろ	36.7	
翁島 おきなしま	41.1	
磐梯町 ばんだいまち	51.2	
東長原 ひがしながはら	57.2	
広田 ひろた	60.0	
会津若松 あいづわかまつ	64.6	
堂島 どうじま	70.1	
笈川 おいかわ	73.2	
塩川 しおかわ	75.1	
姥堂 うばどう	77.5	
会津豊川 あいづとよかわ	79.5	
喜多方 きたかた	81.2	
山都 やまと	91.1	
荻野 おぎの	97.2	
尾登 おのぼり	101.0	
野沢 のざわ	106.2	
上野尻 かみのじり	111.3	
徳沢 とくさわ	118.0	
豊実 とよみ	121.3	
日出谷 ひでや	128.4	
鹿瀬 かのせ	133.6	
津川 つがわ	137.0	
三川 みかわ	144.4	
五十島 いがしま	148.6	
東下条 ひがしげじょう	152.5	
咲花 さきはな	155.6	
馬下 まおろし	158.4	
猿和田 さるわだ	161.9	
五泉 ごせん	165.7	
北五泉 きたごせん	167.5	
新関 しんせき	170.0	
東新津 ひがしにいつ	172.8	
新津 にいつ	175.6	

□ 日中線 (にっちゅう)

（1984年3月31日限り廃止）

駅名	営業キロ	年 月 日全線乗車
喜多方 きたかた	0.0	
会津村松 あいづむらまつ	2.9	
上三宮 かみさんみや	5.0	
会津加納 あいづかのう	8.2	
熱塩 あつしお	11.6	

□ 只見線 (ただみ)

駅名	営業キロ	年 月 日全線乗車
会津若松 あいづわかまつ	0.0	
七日町 なぬかまち	1.3	
西若松 にしわかまつ	3.1	
会津本郷 あいづほんごう	6.5	
会津高田 あいづたかだ	11.3	
根岸 ねぎし	14.8	
新鶴 にいつる	16.8	
若宮 わかみや	18.9	
会津坂下 あいづばんげ	21.6	
塔寺 とうでら	26.0	
会津坂本 あいづさかもと	29.7	
会津柳津 あいづやないづ	33.3	
郷戸 ごうど	36.9	
滝谷 たきや	39.6	
会津桧原 あいづひのはら	41.5	
会津西方 あいづにしかた	43.7	
会津宮下 あいづみやした	45.4	
早戸 はやと	51.2	
会津水沼 あいづみずぬま	55.1	
会津中川 あいづなかがわ	58.3	
会津川口 あいづかわぐち	60.8	
本名 ほんな	63.6	
会津越川 あいづこすがわ	70.0	
会津横田 あいづよこた	73.2	
会津大塩 あいづおおしお	75.4	
会津塩沢 あいづしおざわ	80.9	
会津蒲生 あいづがもう	83.9	
只見 ただみ	88.4	
田子倉 たごくら	95.0	
大白川 おおしらかわ	109.2	
柿ノ木 かきのき	112.4	
入広瀬 いりひろせ	115.6	
上条 かみじょう	118.7	
越後須原 えちごすはら	123.1	
魚沼田中 うおぬまたなか	127.0	
越後広瀬 えちごひろせ	129.5	
藪神 やぶかみ	131.6	
小出 こいで	135.2	

□ 会津鉄道 (あいづ)

駅名	営業キロ	年 月 日全線乗車
西若松 にしわかまつ	0.0	
南若松 みなみわかまつ	3.0	
一ノ堰六地蔵尊 いちのせきろくじぞうそん	4.0	
門田 もんでん	4.9	
あまや	7.8	
芦ノ牧温泉 あしのまきおんせん	10.5	
大川ダム公園 おおかわだむこうえん	16.2	
芦ノ牧温泉南 あしのまきおんせんみなみ	17.7	
湯野上温泉 ゆのかみおんせん	22.7	
塔のへつり とうのへつり	26.5	
弥五島 やごしま	28.0	
会津下郷 あいづしもごう	31.1	
ふるさと公園 ふるさとこうえん	32.5	
養鱒公園 ようそんこうえん	35.1	
会津長野 あいづながの	37.3	
田島高校前 たじまこうこうまえ	39.5	
会津田島 あいづたじま	42.0	
中荒井 なかあらい	45.8	
会津荒海 あいづあらかい	49.2	
会津山村道場 あいづさんそんどうじょう	50.1	
七ケ岳登山口 ななつがたけとざんぐち	53.1	
会津高原尾瀬口 あいづこうげんおぜぐち	57.4	

□ 会津線（旧ルート）

（1980年10月31日限り運休、11月30日限り廃止）

駅名	営業キロ	年 月 日全線乗車
上三寄 かみさんより	0.0	現・芦ノ牧温泉
舟子 ふなこ	—	
桑原 くわはら	7.7	
湯野上 ゆのかみ	12.2	現・湯野上温泉

【旅のメモ】

	廃止線を含む総距離	599.0 km
	現存線の距離	496.7 km

□ 越後線 (えちご)

年　月　日全線乗車

駅名	営業キロ	
柏崎 かしわざき	0.0	
東柏崎 ひがしかしわざき	1.6	
西中通 にしなかどおり	5.0	
荒浜 あらはま	6.6	
刈羽 かりわ	9.9	
西山 にしやま	12.8	
礼拝 らいはい	15.0	
石地 いしじ	18.7	
小木ノ城 おぎのじょう	22.7	
出雲崎 いずもざき	24.8	
妙法寺 みょうほうじ	29.4	
小島谷 おじまや	32.4	
桐原 きりはら	36.2	
寺泊 てらどまり	39.0	
分水 ぶんすい	41.5	
粟生津 あおうづ	45.8	
南吉田 みなみよしだ	47.8	
吉田 よしだ	49.8	
北吉田 きたよしだ	51.7	
岩室 いわむろ	53.8	
巻 まき	57.8	
越後曽根 えちごそね	62.4	
越後赤塚 えちごあかつか	64.9	
内野西が丘 うちののにしがおか	68.7	
内野 うちの	70.3	
新潟大学前 にいがただいがくまえ	72.3	
寺尾 てらお	74.4	
小針 こばり	76.3	
青山 あおやま	77.7	
関屋 せきや	79.2	
白山 はくさん	80.7	
上所 (仮称) かみところ		
新潟 にいがた	83.8	

□ 弥彦線 (やひこ)

年　月　日全線乗車

駅名	営業キロ	
弥彦 やひこ	0.0	
矢作 やはぎ	2.3	
吉田 よしだ	4.9	
西燕 にしつばめ	8.0	
燕 つばめ	10.3	
燕三条 つばめさんじょう	12.9	
北三条 きたさんじょう	15.4	
東三条 ひがしさんじょう	17.4	

□ 同線 (廃止区間)

年　月　日全線乗車

(1985年3月31日限り廃止)

駅名	営業キロ	
東三条 ひがしさんじょう	0.0	
越後大崎 えちごおおさき	2.0	
大浦 おおうら	5.0	
越後長沢 えちごながさわ	7.9	

□ 白新線 (はくしん)

年　月　日全線乗車

駅名	営業キロ	
新潟 にいがた	0.0	
東新潟 ひがしにいがた	5.0	
大形 おおがた	7.0	
新崎 にいざき	9.6	
早通 はやどおり	11.5	
豊栄 とよさか	15.0	
黒山 くろやま	18.0	
佐々木 ささき	21.0	
西新発田 にししばた	24.3	
新発田 しばた	27.3	

□ 魚沼線 (うおぬま)

年　月　日全線乗車

(1984年3月31日限り廃止)

駅名	営業キロ	
来迎寺 らいこうじ	0.0	
片貝 かたかい	3.7	
高梨 たかなし	7.4	
小粟田 こあわだ	9.9	
西小千谷 にしおぢや	12.6	

□ 新潟交通 (にいがたこうつう)

年　月　日全線乗車

(1999年4月4日限り全線廃止)

駅名	営業キロ	
白山前 はくさんまえ	0.0	
東関屋 ひがしせきや	2.6	
東青山 ひがしあおやま	3.6	
平島 へいじま	4.4	
寺地 てらじ	5.4	
ときめき	6.2	
焼鮒 やきふな	6.8	
越後大野 えちごおおの	8.6	
黒埼中学前 くろさきちゅうがくまえ	9.1	
新大野 しんおおの	9.6	
木場 きば	11.5	
板井 いたい	12.8	
七穂 ななほ	14.9	
吉江 よしえ	16.1	
味方中学前 あじかたちゅうがくまえ	17.0	
味方 あじかた	18.1	
白根 しろね	20.0	
千日 せんにち	20.8	
曲 まがり	21.7	
月潟 つきがた	24.2	
六分 ろくぶ	26.9	
新飯田 しんいいだ	29.3	
小中川 こなかがわ	31.2	
灰方 はいかた	33.1	
燕 つばめ	36.1	

【旅のメモ】

....

....

....

....

....

....

....

....

....

....

....

....

....

□ 蒲原鉄道 (かんばら)

年　月　日全線乗車

(1999年10月3日限り全線廃止)

駅名	営業キロ	
加茂 かも	0.0	
陣ケ峰 じんがみね	1.1	
東加茂 ひがしかも	2.5	
駒岡 こまおか	3.4	
狭口 せばぐち	5.0	
七谷 ななたに	6.7	
冬鳥越 ふゆどりごえ	8.9	
土倉 つちくら	9.4	
高松 たかまつ	11.0	
大蒲原 おおかんばら	12.2	
寺田 てらだ	13.8	
西村松 にしむらまつ	16.1	
村松 むらまつ	17.7	
今泉 いまいずみ	20.9	
五泉 ごせん	21.9	

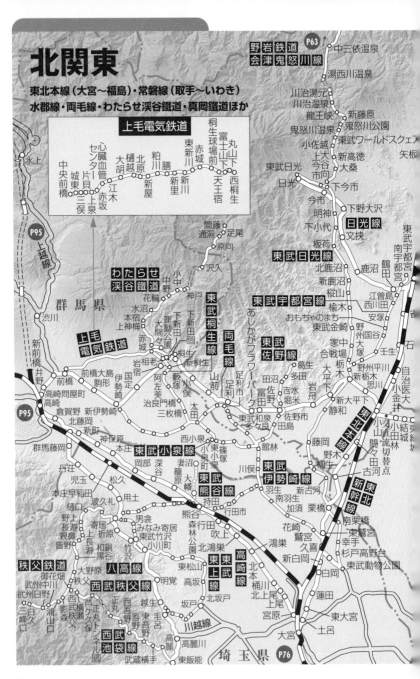

北関東

東北本線（大宮〜福島）・常磐線（取手〜いわき）
水郡線・両毛線・わたらせ渓谷鐵道・真岡鐵道ほか

野岩鉄道
会津鬼怒川線

P63

中三依温泉
湯西川温泉
川治湯元
川治温泉
龍王峡
鬼怒川温泉
小佐越
新藤原
鬼怒川公園
東武ワールドスクウェア
新高徳
矢板
大桑
今市
市向
下今市
下野大沢
今市
明神
下小代
文挟
板荷
北鹿沼
新鹿沼
鹿沼
鶴田
江曽島
西川田
楡木
おもちゃのまち
安塚
野州平川
思川
新大平下
静和
藤岡
野木
間々田
古河点
新古河

上毛電気鉄道

桐生球場前
富士山下
丸山下
赤城
大胡
樋越
粕川
膳
新川
東新川
西桐生
天王宿
新里
江木
新屋
三俣
赤坂
片貝
城東
中央前橋
心臓血管センター
上泉

わたらせ
渓谷鐵道

間藤
通洞
原向
沢入
小中
中野
水沼
本宿
上神梅
神戸
下新田
運動公園
大間々
相老
桐生
赤城
岩宿
藪塚
足利
東武和泉

上毛
電気鉄道

渋川
新前橋
井野
前橋
前橋大島
駒形
伊勢崎
国定
新伊勢崎
北藤岡
新町
高崎問屋町
倉賀野
群馬藤岡
丹荘

日光線
東武日光
日光
東武日光線
東武宇都宮線
東武佐野線
東武小泉
東武熊谷線
東武伊勢崎線
東武伊勢崎線

あしかがフラワーパーク
足利市
富田
佐野
吉水
岩舟
家中
合戦場
多田
田沼
堀米
葛生
栃木
野州大塚
大平下
佐野市
田島
館林
渡瀬
新郷
南羽生
羽生
加須
栗橋
栃木
野州山辺
壬生
国谷
おもちゃのまち
安塚

東武宇都宮
南宇都宮
鶴田
江曽島
栃木
自治医大
小金井
石橋
野崎

新栃木

東北本線

新白岡
白岡
蓮田
東大宮
土呂
大宮

P76

埼玉県

高崎線
東武東上線
秩父鉄道
八高線
西武秩父線
西武池袋線

中央前橋

66

P63　高久
交直流切替点
黒磯
那須塩原
西那須野
崎

P60　近津
磐城塙
磐城石井
南石井
東館
矢奈山
下野宮

1:770,000
0　　　　　　20km
N

湯本
泉　P60
植田
勿来
大津港

栃木県

常陸大子
袋田

上小川
西金
下小川
中舟生
山方宿
野上原
玉川村

水郡線

日立電鉄
常北太田
常陸太田

常陸多賀
磯原
南中郷
高萩
十王
小木津

常磐線

烏山線

滝
大金
小塙
烏山

鴻野山
仁井田
下野花岡
宝積寺
市塙
笹原田
茂木
多羅
北真岡
真岡
寺内
下田
ぐち
本

宇都宮
ライトレール

天矢場
西田井
七井
益子
北山

真岡鐵道

岩瀬
羽黒
福原
稲田
笠間

茨城県

常陸大宮

谷河原
瓜連
南酒出
常陸鴻巣
上菅谷
中菅谷
常陸津田
常陸青柳

小沢
額田
下菅谷
後台
勝田
金上
中根

常陸川田子
河合
佐和
工機前
阿字ケ浦

大甕
久慈浜
南高野
東海

新駅2(仮称)
新駅1(仮称)
磯崎
美乃浜学園
平磯
殿山
那珂湊
高田の鉄橋

ひたちなか
海浜鉄道

鮎川
桜川
河原子
大沼
水木

鹿島

水戸線

友部
岩間
石岡
羽鳥

内原
赤塚
偕楽園園
水戸
東水戸
常澄

大洗

大和
雨引
東飯田
樺穂
真壁
常陸桃山
酒寄

筑波
常陸北条
常陸小田

筑波鉄道
筑波線

鹿島鉄道

常磐線
関東鉄道

研究学園
つくば
田土部
常陸藤沢
北水海道
中妻

万博
記念公園
みどりの

東田中
石岡南台
玉里
高浜

常陸小川
小川高校下
四箇村
新高浜
八木蒔
玉造町

桃浜
浜

石岡旭
鉾田
巴川
徳宿
坂戸
借宿前
榎本

鹿島臨海鉄道
大洗鹿島線

新鉾田
北浦湖畔
大洋

島

灘

荒川沖
万博中央園
ひたち野うしく
牛久

①
みらい平
②
稲戸井
谷井田
新取手
西取手
藤代
龍ケ崎市
入地
佐貫
竜ケ崎
取手
交直流切替点

霞ケ浦

つくば
エクスプレス

鹿島灘
鹿島大野
長者ケ浜潮騒はまなす公園前
荒野台
鹿島サッカースタジアム園
(旧・北鹿島)

鹿島線

潮来
十二橋

延方
鹿島神宮

神栖
鹿島港南

成田線　P73

香取

北関東①

□ 東北本線（大宮～福島）

年　月　日全線乗車

P80	駅名	営業キロ	
	大宮 おおみや	30.3	
	土呂 とろ	33.3	
	東大宮 ひがしおおみや	35.4	
	蓮田 はすだ	39.2	
	白岡 しらおか	43.5	
	新白岡 しんしらおか	45.9	
	久喜 くき	48.9	
	東鷲宮 ひがしわしのみや	51.6	
	栗橋 くりはし	57.2	
	古河 こが	64.7	
	野木 のぎ	69.4	
	間々田 ままだ	73.3	
	小山 おやま	80.6	
	小金井 こがねい	88.1	
	自治医大 じちいだい	90.7	
	石橋 いしばし	95.4	
	雀宮 すずめのみや	101.8	
	宇都宮 うつのみや	109.5	
	岡本 おかもと	115.7	
	宝積寺 ほうしゃくじ	121.2	
	氏家 うじいえ	127.1	
	蒲須坂 かますさか	131.6	
	片岡 かたおか	135.5	
	矢板 やいた	141.8	
	野崎 のざき	146.6	
	西那須野 にしなすの	151.8	
	那須塩原 なすしおばら	157.8	
	黒磯 くろいそ	163.3	
	高久 たかく	167.3	
	黒田原 くろだはら	171.5	
	豊原 とよはら	176.7	
	白坂 しらさか	182.0	
	新白河 しんしらかわ	185.4	
	白河 しらかわ	188.2	
	久田野 くたの	192.9	
	泉崎 いずみざき	197.4	
	矢吹 やぶき	203.4	
	鏡石 かがみいし	208.8	
	須賀川 すかがわ	215.1	
	安積永盛 あさかながもり	221.8	
	郡山 こおりやま	226.7	
	日和田 ひわだ	232.4	
	五百川 ごひゃくがわ	236.9	
	本宮 もとみや	240.7	
	杉田 すぎた	246.6	
	二本松 にほんまつ	250.3	
	安達 あだち	254.5	
	松川 まつかわ	259.5	
	金谷川 かなやがわ	264.0	
	南福島 みなみふくしま	269.4	
P58	福島 ふくしま	272.8	

□ 常磐線（取手～いわき）

年　月　日全線乗車

P81	駅名	営業キロ	
	取手 とりで	37.4	
	藤代 ふじしろ	43.4	
	龍ケ崎市 りゅうがさきし	45.5	
	牛久 うしく	50.6	
	ひたち野うしく	54.5	―の―
	万博中央 園 ばんぱくちゅうおう	54.6	
	荒川沖 あらかわおき	57.2	
	土浦 つちうら	63.8	
	神立 かんだつ	69.9	
	高浜 たかはま	76.4	
	石岡 いしおか	80.0	
	羽鳥 はとり	86.5	
	岩間 いわま	91.9	
	友部 ともべ	98.8	
	内原 うちはら	103.5	
	赤塚 あかつか	109.3	
	偕楽園 園 かいらくえん	―	
	水戸 みと	115.3	
	勝田 かつた	121.1	
	佐和 さわ	125.3	
	東海 とうかい	130.0	
	大甕 おおみか	137.4	
	常陸多賀 ひたちたが	142.0	
	日立 ひたち	146.9	
	小木津 おぎつ	152.4	
	十王 じゅうおう	156.6	
	高萩 たかはぎ	162.5	
	南中郷 みなみなかごう	167.0	
	磯原 いそはら	171.6	
	大津港 おおつこう	178.7	
	勿来 なこそ	183.2	
	植田 うえだ	187.8	
	泉 いずみ	195.0	
	湯本 ゆもと	201.5	
	内郷 うちごう	205.0	
P61	いわき	209.4	

□ 水戸線

年　月　日全線乗車

	駅名	営業キロ	
	小山 おやま	0.0	
	小田林 おだばやし	4.9	
	結城 ゆうき	6.6	
	東結城 ひがしゆうき	8.3	
	川島 かわしま	10.4	
	玉戸 たまど	12.5	
	下館 しもだて	16.2	
	新治 にいはり	22.3	
	大和 やまと	25.9	
	岩瀬 いわせ	29.6	
	羽黒 はぐろ	32.8	
	福原 ふくはら	37.0	
	稲田 いなだ	40.1	
	笠間 かさま	43.3	
	宍戸 ししど	48.5	
	友部 ともべ	50.2	

□ 真岡鐵道

年　月　日全線乗車

	駅名	営業キロ	
	下館 しもだて	0.0	
	下館二高前 しもだてにこうまえ	2.2	
	折本 おりもと	4.6	
	ひぐち	6.6	
	久下田 くげた	8.5	
	寺内 てらうち	12.6	
	真岡 もおか	16.4	
	北真岡 きたもおか	18.0	
	西田井 にしだい	21.2	
	北山 きたやま	22.9	
	益子 ましこ	25.1	
	七井 なない	28.4	
	多田羅 たたら	31.2	
	市塙 いちはな	34.3	
	笹原田 ささはらだ	38.1	
	天矢場 てんやば	39.2	
	茂木 もてぎ	41.9	

□ 日光線

年　月　日全線乗車

	駅名	営業キロ	
	宇都宮 うつのみや	0.0	
	鶴田 つるた	4.8	
	鹿沼 かぬま	14.3	
	文挟 ふばさみ	22.4	
	下野大沢 しもつけおおさわ	28.2	
	今市 いまいち	33.9	
	日光 にっこう	40.5	

□ 烏山線（からすやません）

年　月　日全線乗車

駅名	営業キロ	
宝積寺（ほうしゃくじ）	0.0	
下野花岡（しもつけはなおか）	3.9	しもつけはなおか
仁井田（にいた）	5.9	
鴻野山（こうのやま）	8.3	
大金（おおがね）	12.7	
小塙（こはな）	15.3	
滝（たき）	17.5	
烏山（からすやま）	20.4	

□ 野岩鉄道会津鬼怒川線（やがんてつどうあいづきぬがわせん）

年　月　日全線乗車

駅名	営業キロ	
新藤原（しんふじわら）	0.0	
龍王峡（りゅうおうきょう）	1.7	
川治温泉（かわじおんせん）	4.8	かわじおんせん
川治湯元（かわじゆもと）	6.0	かわじゆもと
湯西川温泉（ゆにしがわおんせん）	10.3	ゆにしがわおんせん
中三依温泉（なかみよりおんせん）	16.8	なかみよりおんせん
上三依塩原温泉口（かみみよりしおばらおんせんぐち）	21.0	かみみよりしおばらおんせんぐち
男鹿高原（おじかこうげん）	25.0	おじかこうげん
会津高原尾瀬口（あいづこうげんおぜぐち）	30.7	あいづこうげんおぜぐち

□ 水郡線（すいぐんせん）

年　月　日全線乗車

駅名	営業キロ	
水戸（みと）	0.0	
常陸青柳（ひたちあおやぎ）	1.9	ひたちあおやぎ
常陸津田（ひたちつだ）	4.1	
後台（ごたい）	6.5	
下菅谷（しもすがや）	7.8	
中菅谷（なかすがや）	9.0	
上菅谷（かみすがや）	10.1	
常陸鴻巣（ひたちこうのす）	13.4	ひたちこうのす
瓜連（うりづら）	16.7	
静（しず）	18.1	
常陸大宮（ひたちおおみや）	23.4	ひたちおおみや
玉川村（たまがわむら）	28.8	
野上原（のがみはら）	32.5	
山方宿（やまがたじゅく）	35.2	
中舟生（なかふにゅう）	37.9	
下小川（しもおがわ）	40.7	
西金（さいがね）	44.1	
上小川（かみおがわ）	47.3	
袋田（ふくろだ）	51.8	
常陸大子（ひたちだいご）	55.6	
下野宮（しものみや）	62.0	
矢祭山（やまつりやま）	66.9	
東館（ひがしだて）	71.0	
南石井（みなみいしい）	73.8	
磐城石井（いわきいしい）	74.9	
磐城塙（いわきはなわ）	81.3	
近津（ちかつ）	86.4	
中豊（なかとよ）	88.8	
磐城棚倉（いわきたなくら）	90.5	いわきたなくら
磐城浅川（いわきあさかわ）	97.0	いわきあさかわ
里白石（さとしろいし）	100.0	
磐城石川（いわきいしかわ）	105.3	いわきいしかわ
野木沢（のぎさわ）	110.1	
川辺沖（かわべおき）	112.6	
泉郷（いずみごう）	115.3	
川東（かわひがし）	122.2	
小塩江（おしおえ）	126.0	
谷田川（やたがわ）	128.9	
磐城守山（いわきもりやま）	132.1	いわきもりやま
安積永盛（あさかながもり）	137.5	あさかながもり

□ 同線（支線）

年　月　日全線乗車

駅名	営業キロ	
上菅谷（かみすがや）	0.0	
南酒出（みなみさかいで）	2.5	
額田（ぬかだ）	3.6	
河合（かわい）	6.7	
谷河原（やがわら）	8.2	
常陸太田（ひたちおおた）	9.5	

東武鉄道（とうぶ）

※＝1983年5月31日限り廃止

線名	区間	営業キロ	全線乗車
□桐生線（きりゅう）	太田〜赤城	20.3	年　月　日
□小泉線（こいずみ）	館林〜西小泉	13.2	年　月　日
□同線	太田〜東小泉	9.1	年　月　日
□佐野線（さの）	館林〜葛生	22.1	年　月　日
□日光線（にっこう）	東武動物公園〜東武日光	94.5	年　月　日
□鬼怒川線（きぬがわ）	下今市〜新藤原	16.2	年　月　日
□宇都宮線（うつのみや）	新栃木〜東武宇都宮	24.3	年　月　日
□熊谷線※（くまがや）	熊谷〜妻沼	10.1	年　月　日

秩父鉄道（ちちぶてつどう）

線名	区間	営業キロ	全線乗車
□秩父本線（ちちぶほん）	羽生〜三峰口	71.7	年　月　日

西武鉄道（せいぶてつどう）

線名	区間	営業キロ	全線乗車
□西武秩父線（せいぶちちぶ）	吾野〜西武秩父	19.0	年　月　日

□ 宇都宮ライトレール

年　月　日全線乗車

駅名	営業キロ	
宇都宮駅東口（うつのみやえきひがしぐち）		うつのみやえきひがしぐち
東宿郷（ひがししゅくごう）		ひがししゅくごう
駅東公園前（えきひがしこうえんまえ）		えきひがしこうえんまえ
峰（みね）		みね
陽東3丁目（ようとうさんちょうめ）		ようとうさんちょうめ
宇都宮大学陽東キャンパス		うつのみやだいがくようとう
平石（ひらいし）		ひらいし
平石中央小学校前（ひらいしちゅうおうしょうがっこうまえ）		ひらいしちゅうおうしょうがっこうまえ
飛山城跡（とびやまじょうあと）		とびやまじょうあと
清陵高校前（せいりょうこうこうまえ）		せいりょうこうこうまえ
清原地区市民センター前（きよはらちくしみんせんまえ）		きよはらちくしみんせんまえ
グリーンスタジアム前		まえ
ゆいの杜西（もりにし）		もりにし
ゆいの杜中央（もりちゅうおう）		もりちゅうおう
ゆいの杜東（もりひがし）		もりひがし
芳賀台（はがだい）		はがだい
鬼怒川電設技術センター前		はがまちこうぎょうだんちきかんいちまえ
かしの森公園前（もりこうえんまえ）		もりこうえんまえ
芳賀・高根沢工業団地（はがたかねざわこうぎょうだんち）		はがたかねざわこうぎょうだんち

※2023年開業予定

69

北関東②

□ 関東鉄道常総線

駅名	営業キロ	年　月　日全線乗車
取手 とりで	0.0	
西取手 にしとりで	1.6	
寺原 てらはら	2.1	
新取手 しんとりで	3.4	
ゆめみ野 の	4.2	−の
稲戸井 いなとい	5.4	
戸頭 とがしら	6.3	
南守谷 みなみもりや	7.4	
守谷 もりや	9.6	
新守谷 しんもりや	11.4	
小絹 こきぬ	13.0	
水海道 みつかいどう	17.5	
北水海道 きたみつかいどう	19.3	
中妻 なかつま	20.9	
三妻 みつま	23.9	
南石下 みなみいしげ	27.2	
石下 いしげ	28.8	
玉村 たまむら	31.0	
宗道 そうどう	33.0	
下妻 しもつま	36.1	
大宝 だいほう	38.7	
騰波ノ江 とばのえ	41.0	
黒子 くろこ	43.6	
大田郷 おおたごう	47.3	
下館 しもだて	51.1	

□ 筑波鉄道 つくば

（1987年3月31日限り廃止）

駅名	営業キロ	年　月　日全線乗車
土浦 つちうら	0.0	
新土浦 しんつちうら	1.7	
虫掛 むしかけ	3.9	
坂田 さかた	5.8	
常陸藤沢 ひたちふじさわ	7.6	
田土部 たどべ	9.7	
常陸小田 ひたちおだ	13.0	
常陸北条 ひたちほうじょう	15.7	
筑波 つくば	20.2	
上大島 かみおおしま	22.9	
酒寄 さかより	23.8	
紫尾 しいお	26.9	
常陸桃山 ひたちももやま	28.2	
真壁 まかべ	30.2	
樺穂 かねほ	32.1	
東飯田 ひがしいいだ	34.4	
雨引 あまびき	35.5	
岩瀬 いわせ	40.1	

□ 関東鉄道竜ケ崎線 りゅうがさき

駅名	営業キロ	年　月　日全線乗車
佐貫 さぬき	0.0	
入地 いれじ	2.2	
竜ケ崎 りゅうがさき	4.5	

□ 鹿島鉄道 かしま

（2007年3月31日限り廃止）

駅名	営業キロ	年　月　日全線乗車
石岡 いしおか	0.0	
石岡南台 いしおかみなみだい	1.5	
東田中 ひがしたなか	2.5	
玉里 たまり	3.6	
新高浜 しんたかはま	4.2	
四箇村 しかむら	5.1	
常陸小川 ひたちおがわ	7.1	
小川高校下 おがわこうこうした	7.8	
桃浦 ももうら	10.7	
八木蒔 やぎまき	12.8	
浜 はま	14.4	
玉造町 たまつくりまち	15.8	
榎本 えのもと	19.5	
借宿前 かりやどまえ	21.4	
巴川 ともえがわ	23.7	
坂戸 さかど	25.0	
鉾田 ほこた	27.2	

□ 日立電鉄 ひたち

（2005年3月31日限り廃止）

駅名	営業キロ	年　月　日全線乗車
鮎川 あゆかわ	0.0	
桜川 さくらがわ	1.5	
河原子 かわらご	2.6	
大沼 おおぬま	3.7	
水木 みずき	5.1	
大甕 おおみか	6.6	
久慈浜 くじはま	8.7	
南高野 みなみたかの	9.7	
茂宮 もみや	10.9	
大橋 おおはし	11.9	
川中子 かわなか	13.8	
常陸岡田 ひたちおかだ	15.6	
小沢 おざわ	16.6	
常北太田 じょうほくおおた	18.1	

□ 鹿島臨海鉄道大洗鹿島線 かしまりんかい　おおあらいかしま

駅名	営業キロ	年　月　日全線乗車
水戸 みと	0.0	
東水戸 ひがしみと	3.8	
常澄 つねずみ	8.3	
大洗 おおあらい	11.6	
涸沼 ひぬま	18.0	
鹿島旭 かしまあさひ	22.8	
徳宿 とくしゅく	26.7	
新鉾田 しんほこた	31.0	
北浦湖畔 きたうらこはん	34.9	
大洋 たいよう	39.0	
鹿島灘 かしまなだ	43.1	
鹿島大野 かしまおおの	46.1	
長者ヶ浜潮騒はまなす公園前 ちょうじゃがはましおさいはまなすこうえんまえ	48.4	
荒野台 こうやだい	50.1	
鹿島サッカースタジアム 臨	53.0	かしま−

□ 鹿島臨海鉄道鹿島臨港線 かしまりんかい

（1983年11月30日限り旅客営業廃止）

駅名	営業キロ	年　月　日全線乗車
北鹿島 きたかしま	0.0	（現・鹿島サッカースタジアム）
神栖 かみす	10.1	
鹿島港南 かしまこうなん	15.4	

□ 鹿島線 かしま

駅名	営業キロ	年　月　日全線乗車
香取 かとり	0.0	
十二橋 じゅうにきょう	3.0	
潮来 いたこ	5.2	
延方 のぶかた	10.4	
鹿島神宮 かしまじんぐう	14.2	
鹿島サッカースタジアム 臨	17.4	かしま−

【旅のメモ】

私が乗車した距離　　　　km　　　廃止線を含む総距離　469.7 km

現存線の距離　368.9 km

□ ひたちなか海浜鉄道湊線

　　　　　　　　年　月　日全線乗車

駅名	営業キロ	
勝田 かつた	0.0	
工機前 こうき	0.6	
金上 かねあげ	1.8	
中根 なかね	4.8	
高田の鉄橋	7.1	たかだのてっきょう
那珂湊 なか	8.2	
殿山 とのやま	9.6	
平磯 ひらいそ	10.8	
美乃浜学園	12.6	みのはまがくえん
磯崎 いそざき	13.3	
阿字ケ浦 あじがうら	14.3	
新駅1 (仮称)		しんえき
新駅2 (仮称)		しんえき

□ 高崎線

　　　　　　　　年　月　日全線乗車

駅名	営業キロ	
大宮 おおみや	0.0	
宮原 みやはら	4.0	
上尾 あげお	8.2	
北上尾 きたあげお	9.9	
桶川 おけがわ	11.8	
北本 きたもと	16.4	
鴻巣 こうのす	20.0	
北鴻巣 きたこうのす	24.3	
吹上 ふきあげ	27.3	
行田 ぎょうだ	29.6	
熊谷 くまがや	34.4	
籠原 かごはら	41.0	
深谷 ふかや	45.8	
岡部 おかべ	50.1	
本庄 ほんじょう	55.7	
神保原 じんぼはら	59.7	
新町 しんまち	64.2	
倉賀野 くらがの	70.3	
高崎 たかさき	74.7	

□ 上毛電気鉄道

　　　　　　　　年　月　日全線乗車

駅名	営業キロ	
中央前橋	0.0	ちゅうおうまえばし
城東 じょうとう	0.8	
三俣 みつまた	1.6	
片貝 かたかい	2.2	
上泉 かみいずみ	3.2	
赤坂 あかさか	4.3	

駅名	営業キロ	
心臓血管センター	5.6	しんぞうけっかん‐
江木 えぎ	6.2	
大胡 おおご	8.3	
樋越 ひごし	9.9	
北原 きたはら	10.9	
新屋 あらや	12.0	
粕川 かすかわ	13.3	
膳 ぜん	14.3	
新里 にいさと	15.8	
新川 にっかわ	17.7	
東新川 ひがしにっかわ	18.7	
赤城 あかぎ	19.6	
桐生球場前	21.8	きりゅうきゅうじょうまえ
天王宿 てんのうじゅく	22.8	
富士山下 ふじやました	23.7	
丸山下 まるやました	24.3	
西桐生 にしきりゅう	25.4	

□ 両毛線

　　　　　　　　年　月　日全線乗車

駅名	営業キロ	
小山 おやま	0.0	
思川 おもいがわ	5.4	
栃木 とちぎ	10.8	
大平下 おおひらした	15.2	
岩舟 いわふね	19.3	
佐野 さの	26.6	
富田 とみた	31.1	
あしかがフラワーパーク	32.0	
足利 あしかが	38.2	
山前 やままえ	42.7	
小俣 おまた	47.3	
桐生 きりゅう	52.9	
岩宿 いわじゅく	56.9	
国定 くにさだ	63.3	
伊勢崎 いせさき	69.1	
駒形 こまがた	74.9	
前橋大島	78.1	まえばしおおしま
前橋 まえばし	81.9	
新前橋 しんまえばし	84.4	

□ わたらせ渓谷鐵道

　　　　　　　　年　月　日全線乗車

駅名	営業キロ	
桐生 きりゅう	0.0	
下新田 しもしんでん	1.9	
相老 あいおい	3.1	
運動公園	4.2	うんどうこうえん
大間々 おおまま	7.3	
上神梅 かみかんばい	12.4	
本宿 もとじゅく	13.8	
水沼 みずぬま	16.9	
花輪 はなわ	21.0	
中野 なかの	22.0	
小中 こなか	24.4	
神戸 ごうど	26.4	
沢入 そうり	33.4	
原向 はらむこう	38.7	
通洞 つうどう	41.9	
足尾 あしお	42.8	
間藤 まとう	44.1	

【旅のメモ】

....

....

....

....

....

....

....

....

....

....

....

....

....

....

....

....

....

71

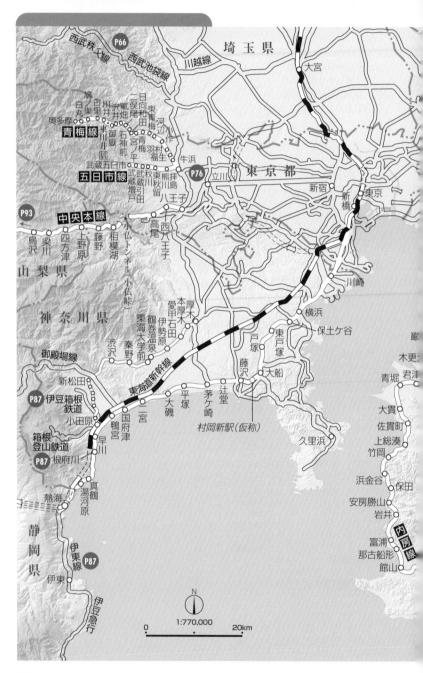

P66
西武秩父線
西武池袋線
川越線

埼玉県

大宮

白丸 鳩ノ巣 古里 川井
奥多摩　　御嶽
青梅線　　石神前
東京都

P76

日向和田
二俣尾 軍畑
宮ノ平
青梅
東青梅
河辺
小作
羽村
福生
牛浜

新宿
新橋
東京

五日市線
武蔵五日市
武蔵引田
武蔵増戸
秋川
東秋留
熊川
拝島
八王子

立川

P93
中央本線
高尾
西八王子

鳥沢 梁川 四方津 上野原 藤野 相模湖 小仏トンネル（小仏峠）

山梨県

神奈川県

本厚木
厚木
愛甲石田
伊勢原
鶴巻温泉
東海大学前
秦野
渋沢

川崎

横浜
保土ケ谷
東戸塚
戸塚
大船

御殿場線

新松田

P87
伊豆箱根鉄道

小田原

箱根登山鉄道

P87
根府川

東海道新幹線

国府津
鴨宮
早川

二宮
大磯
平塚
茅ケ崎
辻堂
藤沢

村岡新駅（仮称）

久里浜

真鶴
湯河原

熱海

静岡県

伊東線

P87

伊東

伊豆急行

巌
木更
君津
青堀

大貫
佐貫町
上総湊
竹岡

浜金谷
保田
安房勝山
岩井
富浦
那古船形
館山

内房線

N
1:770,000
0　　　　　20km

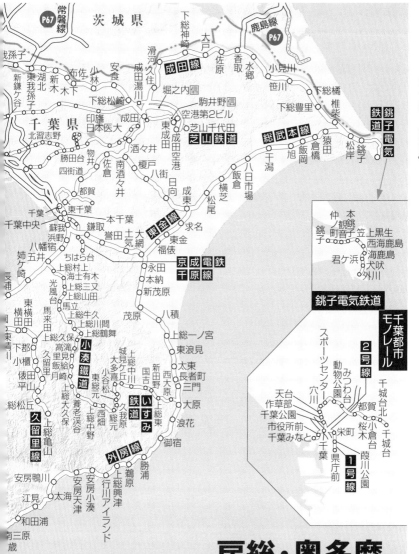

房総・奥多摩

総武本線（千葉〜銚子）・内房線・外房線
久留里線・成田線・青梅線・五日市線
小湊鐵道・いすみ鉄道・銚子電鉄ほか

房総・奥多摩

□ 総武本線（千葉〜銚子）そうぶほんせん

駅名	営業キロ	年	月	日	全線乗車
千葉 ちば	39.2				
東千葉 ひがしちば	40.1				
都賀 つが	43.4				
四街道 よつかいどう	46.9				
物井 ものい	51.1				
佐倉 さくら	55.3				
南酒々井 みなみしすい	59.3				
榎戸 えのきど	62.2				
八街 やちまた	65.9				
日向 ひゅうが	71.7				
成東 なるとう	76.9				
松尾 まつお	82.5				
横芝 よこしば	86.8				
飯倉 いいぐら	90.6				
八日市場 ようかいちば	93.7				
干潟 ひかた	98.8				
旭 あさひ	103.6				
飯岡 いいおか	106.3				
倉橋 くらはし	109.2				
猿田 さるだ	111.8				
松岸 まつぎし	117.3				
銚子 ちょうし	120.5				

□ 外房線（そとぼうせん）

駅名	営業キロ	年	月	日	全線乗車
千葉 ちば	0.0				
本千葉 ほんちば	1.4				
蘇我 そが	3.8				
鎌取 かまとり	8.8				
誉田 ほんだ	12.6				
土気 とけ	18.1				
大網 おおあみ	22.9				
永田 ながた	25.3				
本納 ほんのう	27.7				
新茂原 しんもばら	31.4				
茂原 もばら	34.3				
八積 やつみ	38.9				
上総一ノ宮 かずさいちのみや	43.0				
東浪見 とらみ	46.2				
太東 たいとう	49.3				
長者町 ちょうじゃまち	52.1				
三門 みかど	53.7				
大原 おおはら	57.2				
浪花 なみはな	60.5				
御宿 おんじゅく	65.4				
勝浦 かつうら	70.9				
鵜原 うばら	74.5				
上総興津 かずさおきつ	77.2				
行川アイランド なめがわ	80.5				
安房小湊 あわこみなと	84.3				
安房天津 あわあまつ	87.7				
安房鴨川 あわかもがわ	93.3				

□ 内房線 うちぼうせん

駅名	営業キロ	年	月	日	全線乗車
蘇我 そが	0.0				
浜野 はまの	3.4				
八幡宿 やわたじゅく	5.6				
五井 ごい	9.3				
姉ケ崎 あねがさき	15.1				
長浦 ながうら	20.5				
袖ケ浦 そでがうら	24.4				
巌根 いわね	27.5				
木更津 きさらづ	31.3				
君津 きみつ	38.3				
青堀 あおほり	42.0				
大貫 おおぬき	46.6				
佐貫町 さぬきまち	50.7				
上総湊 かずさみなと	55.1				
竹岡 たけおか	60.2				
浜金谷 はまかなや	64.0				
保田 ほた	67.5				
安房勝山 あわかつやま	70.8				
岩井 いわい	73.7				
富浦 とみうら	79.8				
那古船形 なこふなかた	82.1				
館山 たてやま	85.9				
九重 ここのえ	91.7				
千倉 ちくら	96.6				
千歳 ちとせ	98.6				
南三原 みなみはら	102.2				
和田浦 わだうら	106.8				
江見 えみ	111.4				
太海 ふとみ	116.0				
安房鴨川 あわかもがわ	119.4				

□ 小湊鐵道（こみなとてつどう）

駅名	営業キロ	年	月	日	全線乗車
五井 ごい	0.0				
上総村上 かずさむらかみ	2.5				
海士有木 あまありき	5.4				
上総三又 かずさみつまた	7.2				
上総山田 かずさやまだ	8.6				
光風台 こうふうだい	10.6				
馬立 うまたて	12.4				
上総牛久 かずさうしく	16.4				
上総川間 かずさかわま	18.5				
上総鶴舞 かずさつるまい	20.0				
上総久保 かずさくぼ	22.0				
高滝 たかたき	23.8				
里見 さとみ	25.7				
飯給 いたぶ	27.5				
月崎 つきざき	29.8				
上総大久保 かずさおおくぼ	32.3				
養老渓谷 ようろうけいこく	34.9				
上総中野 かずさなかの	39.1				

□ いすみ鉄道

駅名	営業キロ	年	月	日	全線乗車
大原 おおはら	0.0				
西大原 にしおおはら	1.7				
上総東 かずさあずま	5.2				
新田野 にったの	7.4				
国吉 くによし	8.8				
上総中川 かずさなかがわ	11.9				
城見ケ丘 しろみがおか	14.7				
大多喜 おおたき	15.8				
小谷松 こやまつ	18.2				
東総元 ひがしふさもと	19.6				
久我原 くがはら	20.8				
総元 ふさもと	22.2				
西畑 にしはた	25.1				
上総中野 かずさなかの	26.8				

□ 成田線（なりたせん）

駅名	営業キロ	年	月	日	全線乗車
佐倉 さくら	0.0				
酒々井 しすい	6.4				
成田 なりた	13.1				
久住 くすみ	20.0				
滑河 なめがわ	25.5				
下総神崎 しもうさこうざき	31.6				
大戸 おおと	36.1				
佐原 さわら	40.0				
香取 かとり	43.6				
水郷 すいごう	47.5				
小見川 おみがわ	52.7				
笹川 ささがわ	57.7				
下総橘 しもうさたちばな	62.9				
下総豊里 しもうさとよさと	66.2				
椎柴 しいしば	71.0				
松岸 まつぎし	75.4				

□ 同線（空港支線）

駅名	営業キロ	年	月	日	全線乗車
成田 なりた	0.0				
空港第2ビル くうこうだいに-	9.8				
成田空港 なりたくうこう	10.8				

□ 同線（我孫子支線）

駅名	営業キロ	年	月	日	全線乗車
成田 なりた	0.0				
下総松崎 しもうさまんざき	5.1				
安食 あじき	9.7				
小林 こばやし	14.6				
木下 きおろし	18.9				
布佐 ふさ	20.8				
新木 あらき	24.0				
湖北 こほく	26.6				
東我孫子 ひがしあびこ	29.5				
我孫子 あびこ	32.9				

私が乗車した距離　　　　km　　　現存線の距離　　696.7 km

□ 久留里線 （くるり）

駅名	営業キロ	年 月 日全線乗車
木更津 きさらづ	0.0	
祇園 ぎおん	2.6	
上総清川 かずさきよかわ	4.2	
東清川 ひがしきよかわ	6.1	
横田 よこた	9.3	
東横田 ひがしよこた	10.8	
馬来田 まくた	13.9	
下郡 しもこおり	15.2	
小櫃 おびつ	18.2	
俵田 たわらだ	20.0	
久留里 くるり	22.6	
平山 ひらやま	25.7	
上総松丘 かずさまつおか	28.3	
上総亀山 かずさかめやま	32.2	

京成電鉄 （けいせい）

線名	区間	営業キロ	全線乗車
□ 本線 ほん	京成上野～成田空港	69.3	年 月 日
□ 東成田線 ひがしなりた	京成成田～東成田	7.1	年 月 日
□ 京成田空港線 せんくうせん	印旛日本医大～成田空港※	19.1	年 月 日

※北総鉄道との重複区間（京成高砂～印旛日本医大）を除く

芝山鉄道 （しばやまてつどう）

線名	区間	営業キロ	全線乗車
□ 芝山鉄道線 しばやまてつどうせん	東成田～芝山千代田	2.2	年 月 日

千葉都市モノレール （ちばとしものれーる）

線名	区間	営業キロ	全線乗車
□ 1号線 いちごう	千葉みなと～県庁前	3.2	年 月 日
□ 2号線 にごう	千葉～千城台	12.0	年 月 日

山万 （やままん）

線名	区間	営業キロ	全線乗車
□ ユーカリが丘線 せん・かい	ユーカリが丘～公園	4.1	年 月 日

□ 銚子電気鉄道 （ちょうしでんきてつどう）

駅名	営業キロ	年 月 日全線乗車
銚子 ちょうし	0.0	
仲ノ町 なかのちょう	0.5	
観音 かんのん	1.1	
本銚子 もとちょうし	1.8	
笠上黒生 かさがみくろはえ	2.7	
西海鹿島 にしあしかじま	3.2	
海鹿島 あしかじま	3.6	
君ケ浜 きみがはま	4.7	
犬吠 いぬぼう	5.5	
外川 とかわ	6.4	

□ 東金線 （とうがね）

駅名	営業キロ	年 月 日全線乗車
大網 おおあみ	0.0	
福俵 ふくたわら	3.3	
東金 とうがね	5.8	
求名 ぐみょう	9.6	
成東 なるとう	13.8	

□ 青梅線 （おうめ）

駅名	営業キロ	年 月 日全線乗車
立川 たちかわ	0.0	
西立川 にしたちかわ	1.9	
東中神 ひがしなかがみ	2.7	
中神 なかがみ	3.6	
昭島 あきしま	5.0	
拝島 はいじま	6.9	
牛浜 うしはま	8.6	
福生 ふっさ	9.6	
羽村 はむら	11.7	
小作 おざく	14.1	
河辺 かべ	15.9	
東青梅 ひがしおうめ	17.2	
青梅 おうめ	18.5	
宮ノ平 みやのひら	20.6	
日向和田 ひなたわだ	21.4	
石神前 いしがみまえ	22.4	
二俣尾 ふたまたお	23.6	
軍畑 いくさばた	24.5	
沢井 さわい	25.9	
御嶽 みたけ	27.2	
川井 かわい	30.0	
古里 こり	31.6	
鳩ノ巣 はとのす	33.8	
白丸 しろまる	35.2	
奥多摩 おくたま	37.2	

□ 五日市線 （いつかいち）

駅名	営業キロ	年 月 日全線乗車
拝島 はいじま	0.0	
熊川 くまがわ	1.1	
東秋留 ひがしあきる	3.5	
秋川 あきがわ	5.7	
武蔵引田 むさしひきだ	7.2	
武蔵増戸 むさしますこ	8.5	
武蔵五日市 むさしいつかいち	11.1	

【旅のメモ】

小川町

埼玉県

北鴻巣

P66

鴻巣

北本

内宿

交通 埼玉新都市

森林公園

東松山

武蔵嵐山

つきのわ

高坂

桶川

北上尾

上尾

明覚

北坂戸

高崎線

八高線

越生

武州長瀬

東毛呂

一本松

坂戸

若葉

宮原

西大宮

指扇

日進

武州唐沢

西大家

川角

鶴ケ島

霞ケ関

川越市

本川越

川越

南古谷

鉄道博物館（大成）

大宮

毛呂

川角園

笠幡

的場

西川越

新河岸

東武東上線

東武越生線

川越線

新狭山

東毛野

高麗川

武蔵高萩

南大塚

上福岡

ふじみ野

埼京線

北浦和

中浦和

高麗

稲荷山公園

入間市

狭山市

鶴瀬

みずほ台

柳瀬川

北朝霞

飯能

東飯能

仏子

元加治

西武池袋線

西武新宿線

入曽

新所沢

東所沢

志木

新座

朝霞台

朝霞

金子坂

金子

武蔵藤沢

狭山ケ丘

小手指

航空公園

所沢

秋津

清瀬

ひばりケ丘

保谷

大泉学園

石神井公園

豊

青梅

河辺

小作

箱根ケ崎

西所沢

西武球場前

西武狭山線

新秋津

東久留米

和光市

西武新宿線

上石神井

青梅線

P72

羽村

福生

牛浜

西武多摩湖線

西武国分寺線

小平

東小金井

田無

武蔵境

三鷹

吉祥寺

西荻窪

荻窪

阿佐ケ

五日市線

武蔵引田

秋川

東秋留

東福生

拝島

西武拝島線

昭島

中神

西立川

立川

新小平

国分寺

新小金井

中央本線

京王井の頭線

武蔵小金井

熊川

小宮

北八王子

日野

豊田

西国分寺

国立

谷保

西府

北府中

府中本町

西武多摩川線

八王子

八王子

矢川

高幡不動

分倍河原

稲城長沼

調布

京王線

小田急

都市線

西八王子

京王高尾線

京王相模原線

多摩センター

府中

分倍河原

南多摩

稲城

稲田堤

登戸

向ケ丘

小田急多摩川線

東急

都市線

高尾

八王子みなみ野

片倉

相原

矢野口

中野島

二子玉川

南武線

小田急多摩線

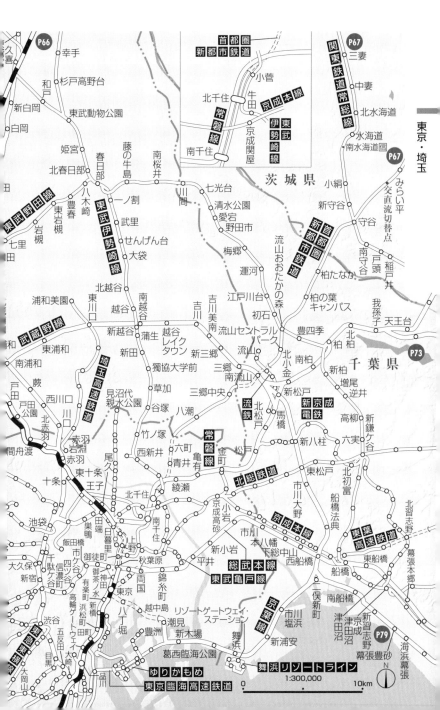

P66
P67
P67
P73
P79

東京・埼玉

首都圏
新都市鉄道

関東鉄道常総線

三妻

中妻

北水海道

水海道

南水海道圖

小菅

牛田

京成本線

東武伊勢崎線

常磐線

京成関屋

南千住

茨城県

小絹

みらい平

交直流切替点

小綬

新守谷

守谷

戸頭

南守谷

稲戸井

幸手

和戸

新白岡

白岡

杉戸高野台

東武動物公園

姫宮

北春日部

春日部

藤の牛島

南桜井

川間

七光台

清水公園

愛宕

野田市

梅郷

運河

流山おおたかの森

柏たなか

柏の葉キャンパス

田

八木崎

豊春

一ノ割

武里

せんげん台

大袋

北越谷

南越谷

越谷

東川口

浦和美園

武蔵野線

東浦和

南浦和

戸田

戸田公園

北赤羽

西川口

川口

蕨

赤羽

岩淵

間舟渡

十条

東十条

王子

池袋

巣鴨

田端

東武野田線

東武伊勢崎線

東岩槻

岩槻

七里

吉川美南

吉川

新越谷

蒲生

新田

獨協大学前

草加

谷塚

越谷レイクタウン

新三郷

三郷

南流山

三郷中央

八潮

竹ノ塚

見沼代親水公園

埼玉高速鉄道

赤羽岩淵

首都圏新都市鉄道

江戸川台

初石

流山セントラルパーク

流山

北小金

南柏

新柏

増尾

逆井

豊四季

柏

北柏

我孫子

天王台

千葉県

流鉄

北松戸

馬橋

松戸

新松戸

新京成電鉄

高柳

新鎌ケ谷

六実

北総鉄道

金町

亀有

六町

新八柱

東松戸

北初富

船橋法典

市川大野

北習志野

東海神

新船橋

京成本線

小岩

京成高砂

市川

本八幡

下総中山

西船橋

船橋

二俣新町

南船橋

東葉高速鉄道

幕張本郷

新津田沼

津田沼

京成津田沼

幕張豊砂

海浜幕張

常磐線

青井

西新井

尾久

御徒町

上野

日暮里

鶯谷

秋葉原

新小岩

平井

総武本線

東武亀戸線

錦糸町

両国

越中島

潮見

新木場

葛西臨海公園

舞浜

京葉線

市川塩浜

南行徳

新浦安

市川塩浜

飯田橋

水道橋

御茶ノ水

神田

東京

八丁堀

豊洲

リゾートゲートウェイ・ステーション

四ツ谷

信濃町

千駄ケ谷

代々木

新宿

大久保

高輪ゲートウェイ

浜松町

新橋

田町

品川

五反田

目黒

大岡山

大井町

渋谷

ゆりかもめ

東京臨海高速鉄道

舞浜リゾートライン

1:300,000

0   10km

N

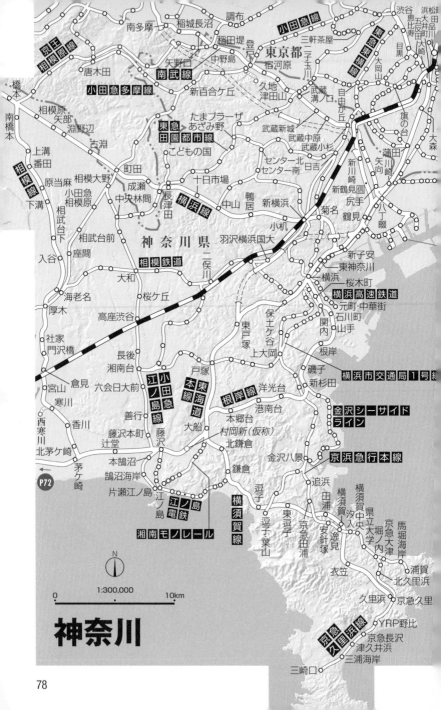

神奈川

神奈川

潮見
豊洲　新木場
葛西臨海公園
舞浜
ゆりかもめ
東京臨海高速鉄道
新浦安
京葉線

幕張　新検見川
稲毛砂園
海浜幕張
検見川浜
稲毛海岸
西千葉
千葉
千葉みなと　本千葉
舞浜リゾートライン
── リゾートゲートウェイ・ステーション

千葉県
蘇我

P77
P73

京浜急行空港線
羽田空港第2ターミナル
元手

東京都交通局

川崎新町
八丁畷　小田栄
浜川崎
安善　昭和
国道　浅野　武蔵　扇町
新芝浦　白石
鶴見　弁天橋
小野　海芝浦　大川
旧武蔵白石
駅ホーム
鶴見線

荒川線
王子駅前
飛鳥山
栄町
滝野川一丁目　梶　荒川　荒川　小宮ノ前
西ケ原四丁目　原　車庫前　遊園地　熊野　東尾久三丁目　町屋駅前
新庚申塚　　　　　　　　前　前　　荒川七丁目
庚申塚　　　　　　　荒川一中前　荒川二丁目
巣鴨新田
大塚駅前　　　　　荒川区役所前
都電　向原
雑司ケ谷　東池袋四丁目　　　三ノ輪橋
鬼子母神前
学習院下
面影橋　早稲田

西高島平 ○○○○○○○○○
和光市
光が丘
荻窪
中野　中井
中野坂上
方南町
代々木上原
丸ノ内線
表参道
赤坂見附
溜池山王
中目黒
日比谷線
目黒
都営三田線
西馬込 ○○○○○

小竹向原
副都心線
高田馬場
新宿
都庁前
新宿
渋谷
南北線
赤羽岩淵
池袋
飯田橋
市ケ谷
九段下
大手町
永田町
日比谷
銀座
新橋
三田

町屋
北千住
南千住
神保町
両国
日本橋
半蔵門線
錦糸町
東西線 西船橋
有楽町線

北綾瀬
千代田線
綾瀬
押上
浅草
都営浅草線
本八幡
都営新宿線
都営大江戸線
銀座線

上野動物園東園
上野動物園
西園
都営上野懸垂線

東京地下鉄・東京都交通局（地下鉄）
※都営上野懸垂線は休止中

※「都営」とないものは
東京地下鉄の路線

79

東京・埼玉・千葉

□ 東北本線（東京～大宮）

年　月　日全線乗車

駅名	営業キロ		
東京 とうきょう	0.0		
神田 かんだ	1.3		
秋葉原 あきはばら	2.0		
御徒町 おかちまち	3.0		
上野 うえの	3.6		
鶯谷 うぐいす	4.7		
日暮里 にっぽり	5.8		
西日暮里 にしにっぽり	6.3		
田端 たばた	7.1		
上中里 かみなかざと	8.8		
王子 おうじ	9.9		
東十条 ひがしじゅうじょう	11.4		
赤羽 あかばね	13.2		
川口 かわぐち	15.8		
西川口 にしかわぐち	17.8		
蕨 わらび	19.7		
南浦和 みなみうらわ	22.5		
浦和 うらわ	24.2		
北浦和 きたうらわ	26.0		
与野 よの	27.6		
さいたま新都心 しんとしん	28.7		
大宮 おおみや	30.3		

□ 同線（尾久経由）

年　月　日全線乗車

駅名	営業キロ		
日暮里 にっぽり	0.0		
尾久 おく	2.6		
赤羽 あかばね	7.6		

□ 赤羽線（あかばねせん）

年　月　日全線乗車

駅名	営業キロ		
池袋 いけぶくろ	0.0		
板橋 いたばし	1.8		
十条 じゅうじょう	3.5		
赤羽 あかばね	5.5		

□ 埼京線（東北本線）（さいきょうせん）

年　月　日全線乗車

駅名	営業キロ		
赤羽 あかばね	0.0		
北赤羽 きたあかばね	1.5		
浮間舟渡 うきまふなど	3.1		
戸田公園 とだこうえん	5.5		
戸田 とだ	6.8		
北戸田 きたとだ	8.2		
武蔵浦和 むさしうらわ	10.6		
中浦和 なかうらわ	11.8		
南与野 みなみよの	13.5		
与野本町 よのほんまち	14.8		
北与野 きたよの	16.2		
大宮 おおみや	18.0		

□ 川越線 （かわごえせん）

年　月　日全線乗車

駅名	営業キロ		
大宮 おおみや	0.0		
日進 にっしん	3.7		
西大宮 にしおおみや	6.3		
指扇 さしおうぎ	7.7		
南古谷 みなみふるや	12.4		
川越 かわごえ	16.1		
西川越 にしかわごえ	18.7		
的場 まとば	20.9		
笠幡 かさはた	23.8		
武蔵高萩 むさしたかはぎ	27.0		
高麗川 こまがわ	30.6		

□ 武蔵野線 （むさしのせん）

年　月　日全線乗車

駅名	営業キロ		
府中本町 ふちゅうほんまち	0.0		
北府中 きたふちゅう	1.7		
西国分寺 にしこくぶんじ	3.9		
新小平 しんこだいら	7.4		
新秋津 しんあきつ	13.0		
東所沢 ひがしところざわ	15.7		
新座 にいざ	19.7		
北朝霞 きたあさか	22.8		

東京臨海高速鉄道（とうきょうりんかいこうそくてつどう）

線名	区間	営業キロ	全線乗車
□りんかい線	新木場～大崎	12.2	年　月　日

埼玉新都市交通（さいたましんとしこうつう）

線名	区間	営業キロ	全線乗車
□伊奈線 いな	大宮～内宿	12.7	年　月　日

西武鉄道（せいぶてつどう）　　※＝1984年5月13日限り休止

線名	区間	営業キロ	全線乗車
□池袋線 いけぶくろ	池袋～吾野	57.8	年　月　日
□西武有楽町線	練馬～小竹向原 せいぶゆうらくちょう	2.6	年　月　日
□豊島線 としま	練馬～豊島園	1.0	年　月　日
□狭山線 さやま	西所沢～西武球場前	4.2	年　月　日
□新宿線 しんじゅく	西武新宿～本川越	47.5	年　月　日
□拝島線 はいじま	小平～拝島	14.3	年　月　日
□国分寺線	東村山～国分寺 こくぶんじ	7.8	年　月　日
□多摩湖線	国分寺～多摩湖 たまこ	9.2	年　月　日
□西武園線	東村山～西武園 せいぶえん	2.4	年　月　日
□多摩川線	武蔵境～是政 たまがわ	8.0	年　月　日
□山口線 やまぐち	西武遊園地～西武球場前	2.8	年　月　日
□山口線※	遊園地前～ユネスコ村	3.7	年　月　日

舞浜リゾートライン（まいはまりぞーとらいん）

線名	区間	営業キロ	全線乗車
□ディズニーリゾートライン	リゾートゲートウェイ・ステーション～同駅	5.0	年　月　日

西浦和 にしうらわ	27.8		
武蔵浦和 むさしうらわ	29.8		
南浦和 みなみうらわ	31.7		
東浦和 ひがしうらわ	35.4		
東川口 ひがしかわぐち	39.2		
南越谷 みなみこしがや	43.5		
越谷レイクタウン こしがや・	46.3		
吉川 よしかわ	48.2		
吉川美南 よしかわみなみ	49.8		
新三郷 しんみさと	51.3		
三郷 みさと	53.4		
南流山 みなみながれやま	55.4		
新松戸 しんまつど	57.5		
新八柱 しんやはしら	61.6		
東松戸 ひがしまつど	64.0		
市川大野 いちかわおおの	65.9		
船橋法典 ふなばしほうてん	68.9		
西船橋 にしふなばし	71.8		

□ 同線（通称武蔵野南線）

年　月　日全線乗車

駅名	営業キロ		
鶴見 つるみ	0.0		
府中本町 ふちゅうほんまち	28.8		

【旅のメモ】

	廃止線を含む総距離	1034.1 km
	現存線の距離	1029.6 km

□八高線（はちこう）

年　月　日全線乗車

駅名	営業キロ	
八王子（はちおうじ）	0.0	
北八王子（きたはちおうじ）	3.1	
小宮（こみや）	5.1	
拝島（はいじま）	9.9	
東福生（ひがしふっさ）	12.7	
箱根ケ崎（はこねがさき）	15.7	
金子（かねこ）	20.5	
東飯能（ひがしはんのう）	25.6	
高麗川（こまがわ）	31.1	
毛呂（もろ）	36.9	
越生（おごせ）	39.6	
明覚（みょうかく）	44.8	
小川町（おがわまち）	52.8	
竹沢（たけざわ）	56.3	
折原（おりはら）	60.3	
寄居（よりい）	63.9	
用土（ようど）	68.4	
松久（まつひさ）	71.1	
児玉（こだま）	75.9	
丹荘（たんしょう）	80.0	
群馬藤岡（ぐんまふじおか）	84.7	
北藤岡（きたふじおか）	88.4	
倉賀野（くらがの）	92.0	

□京葉線（けいよう）

年　月　日全線乗車

駅名	営業キロ	
東京（とうきょう）	0.0	
八丁堀（はっちょうぼり）	1.2	
越中島（えっちゅうじま）	2.8	
潮見（しおみ）	5.4	
新木場（しんきば）	7.4	
葛西臨海公園（かさいりんかいこうえん）	10.6	
舞浜（まいはま）	12.7	
新浦安（しんうらやす）	16.1	
市川塩浜（いちかわしおはま）	18.2	
二俣新町（ふたまたしんまち）	22.6	
南船橋（みなみふなばし）	26.0	
新習志野（しんならしの）	28.3	
幕張豊砂（まくはりとよさ）	30.0	
海浜幕張（かいひんまくはり）	31.7	
検見川浜（けみがわはま）	33.7	
稲毛海岸（いなげかいがん）	35.3	
千葉みなと（ちば みなと）	39.0	
蘇我（そが）	43.0	

□同線（支線）

年　月　日全線乗車

駅名	営業キロ	
市川塩浜（いちかわしおはま）	0.0	
西船橋（にしふなばし）	5.9	
南船橋（みなみふなばし）	11.3	

□総武本線（東京〜千葉）（そうぶ）

年　月　日全線乗車

駅名	営業キロ	
東京（とうきょう）	0.0	
新日本橋（しんにほんばし）	1.2	
馬喰町（ばくろちょう）	2.3	
錦糸町（きんしちょう）	4.8	
亀戸（かめいど）	6.3	
平井（ひらい）	8.2	
新小岩（しんこいわ）	10.0	
小岩（こいわ）	12.8	
市川（いちかわ）	15.4	
本八幡（もとやわた）	17.4	
下総中山（しもうさなかやま）	19.0	
西船橋（にしふなばし）	20.6	
船橋（ふなばし）	23.2	
東船橋（ひがしふなばし）	25.0	
津田沼（つだぬま）	26.7	
幕張本郷（まくはりほんごう）	29.6	
幕張（まくはり）	31.6	
新検見川（しんけみがわ）	33.2	
稲毛（いなげ）	35.9	
西千葉（にしちば）	37.8	
千葉（ちば）	39.2	

P74

□同線（錦糸町〜御茶ノ水）

年　月　日全線乗車

駅名	営業キロ	
錦糸町（きんしちょう）	0.0	
両国（りょうごく）	1.5	
浅草橋（あさくさばし）	2.3	
秋葉原（あきはばら）	3.4	
御茶ノ水（おちゃのみず）	4.3	

□常磐線（日暮里〜取手）（じょうばんせん）

年　月　日全線乗車

駅名	営業キロ	
日暮里（にっぽり）	0.0	
三河島（みかわしま）	1.2	
南千住（みなみせんじゅ）	3.4	
北千住（きたせんじゅ）	5.2	
綾瀬（あやせ）	7.7	
亀有（かめあり）	9.9	
金町（かなまち）	11.8	
松戸（まつど）	15.7	
北松戸（きたまつど）	17.8	
馬橋（まばし）	19.1	
新松戸（しんまつど）	20.7	
北小金（きたこがね）	22.0	
南柏（みなみかしわ）	24.5	
柏（かしわ）	26.9	
北柏（きたかしわ）	29.2	
我孫子（あびこ）	31.3	
天王台（てんのうだい）	34.0	
取手（とりで）	37.4	

東武鉄道（とうぶてつどう）
※＝とうきょうスカイツリー〜曳舟間の複線扱いのため営業キロは参考

線名	区間	営業キロ	全線乗車
□伊勢崎線（いせさき）	浅草〜東武動物公園〜伊勢崎	114.5	年　月　日
□同線	押上〜曳舟（半蔵門線直通区間）	※（1.3）	年　月　日
□亀戸線（かめいど）	曳舟〜亀戸	3.4	年　月　日
□大師線（だいし）	西新井〜大師前	1.0	年　月　日
□野田線（のだ）	大宮〜春日部〜柏〜船橋	62.7	年　月　日
□東上本線（とうじょう）	池袋〜川越〜小川町〜寄居（よりい）	75.0	年　月　日
□越生線（おごせ）	坂戸〜越生	10.9	年　月　日

首都圏新都市鉄道（つくばエクスプレス）（しゅとけんしんとしてつどう）

線名	区間	営業キロ	全線乗車
□常磐新線	秋葉原〜つくば（じょうばんしん）	58.3	年　月　日

流鉄（りゅうてつ）

線名	区間	営業キロ	全線乗車
□流山線（ながれやま）	馬橋〜流山	5.7	年　月　日

京成電鉄（けいせいでんてつ）

線名	区間	営業キロ	全線乗車
□押上線（おしあげ）	押上〜青砥	5.7	年　月　日
□千葉線（ちば）	京成津田沼〜千葉中央	12.9	年　月　日
□千原線（ちはら）	千葉中央〜ちはら台	10.9	年　月　日
□金町線（かなまち）	京成高砂〜京成金町	2.5	年　月　日

新京成電鉄（しんけいせいでんてつ）

線名	区間	営業キロ	全線乗車
□新京成	京成津田沼〜松戸（しんけいせい）	26.5	年　月　日

北総鉄道（ほくそうてつどう）
※＝1992年7月7日限り廃止

線名	区間	営業キロ	全線乗車
□北総線（ほくそう）	京成高砂〜印旛日本医大	32.3	年　月　日
□北総線※	北初富〜新鎌ケ谷	0.8	年　月　日

P68

東京・神奈川①

□ 東海道本線（東京－国府津）

年　月　日全線乗車

駅名	営業キロ	
東京 とうきょう	0.0	
有楽町 ゆうらく	0.8	
新橋 しんばし	1.9	
浜松町 はままつ	3.1	
田町 たまち	4.6	
高輪ゲートウェイ	5.9	たかなわ-
品川 しながわ	6.8	
大井町 おおい	9.2	
大森 おおもり	11.4	
蒲田 かまた	14.4	
川崎 かわさき	18.2	
鶴見 つるみ	21.7	
新子安 しんこやす	24.8	
東神奈川	27.0	ひがしかながわ
横浜 よこはま	28.8	
保土ケ谷 ほどがや	31.8	
東戸塚 ひがしとつか	36.7	
戸塚 とつか	40.9	
大船 おおふな	46.5	
村岡新（仮称）		
藤沢 ふじさわ	51.1	
辻堂 つじどう	54.8	
茅ケ崎 ちがさき	58.6	
平塚 ひらつか	63.8	
大磯 おおいそ	67.8	
二宮 にのみや	73.1	
国府津 こうづ	77.7	

□ 東海道本線（通称品鶴線）

年　月　日全線乗車

駅名	営業キロ	
品川 しながわ	0.0	
西大井 にしおおい	3.6	
武蔵小杉 むさしこすぎ	10.0	
新川崎 しんかわさき	12.7	
鶴見 つるみ	17.8	

□ 東海道本線（鶴見～東戸塚）

年　月　日全線乗車

駅名	営業キロ	
鶴見 つるみ	0.0	
羽沢横浜国大	8.8	はざわよこはまこくだい
東戸塚 ひがしとつか	16.0	

□ 山手線

年　月　日全線乗車

駅名	営業キロ	
品川 しながわ	0.0	
大崎 おおさき	2.0	
五反田 ごたんだ	2.9	
目黒 めぐろ	4.1	
恵比寿 えびす	5.6	
渋谷 しぶや	7.2	
原宿 はらじゅく	8.4	
代々木 よよぎ	9.9	
新宿 しんじゅく	10.6	
新大久保 しんおおくぼ	11.9	
高田馬場 たかだのばば	13.3	
目白 めじろ	14.2	
池袋 いけぶくろ	15.4	
大塚 おおつか	17.2	
巣鴨 すがも	18.3	
駒込 こまごめ	19.0	
田端 たばた	20.6	

東京地下鉄（東京メトロ）

※＝有楽町線との共用区間は除外

線名	区間	営業キロ	全線乗車
□銀座線 ぎんざ	浅草～渋谷	14.2	年　月　日
□丸ノ内線 まるのうち	池袋～荻窪	24.2	年　月　日
□丸ノ内線（分岐線）	中野坂上～方南町	3.2	年　月　日
□東西線 とうざい	中野～西船橋	30.8	年　月　日
□千代田線 ちよだ	綾瀬～代々木上原	21.9	年　月　日
□千代田線（支線）	綾瀬～北綾瀬	2.1	年　月　日
□日比谷線 ひびや	北千住～中目黒	20.3	年　月　日
□半蔵門線 はんぞうもん	渋谷～押上	16.8	年　月　日
□有楽町線 ゆうらくちょう	和光市～新木場	28.3	年　月　日
□副都心線※ ふくとしん	小竹向原～渋谷	11.9	年　月　日
□南北線 なんぼく	目黒～赤羽岩淵	21.3	年　月　日

東京都交通局（とうきょうとこうつうきょく）

※＝東京メトロ南北線との共用区間は除外

線名	区間	営業キロ	全線乗車
□浅草線 あさくさ	西馬込～押上	18.3	年　月　日
□三田線※ みた	白金高輪～西高島平	24.2	年　月　日
□新宿線 しんじゅく	新宿～本八幡	23.5	年　月　日
□大江戸線 おおえど	都庁前～光が丘	40.7	年　月　日
□荒川線 あらかわ	三ノ輪橋～早稲田	12.2	年　月　日
□上野懸垂線 うえのけんすいせん（上野動物園モノレール）	上野動物園東園～上野動物園西園（2019年10月31日限り休止中）	0.3	年　月　日
□日暮里・舎人ライナー	日暮里～見沼代親水公園 にっぽり とぬま だいしんすいこうえん	9.7	年　月　日

埼玉高速鉄道（さいたまこうそくてつどう）

線名	区間	営業キロ	全線乗車
□埼玉高速鉄道線	赤羽岩淵～浦和美園	14.6	年　月　日

東葉高速鉄道（とうようこうそくてつどう）

線名	区間	営業キロ	全線乗車
□東葉高速線	西船橋～東葉勝田台	16.2	年　月　日

ゆりかもめ

線名	区間	営業キロ	全線乗車
□東京臨海新交通臨海線	新橋～豊洲 とうきょうりんかいしんこうつうりんかいせん	14.7	年　月　日

□ 横須賀線

年　月　日全線乗車

駅名	営業キロ	
大船 おおふな	0.0	
北鎌倉 きたかまくら	2.3	
鎌倉 かまくら	4.5	
逗子 ずし	8.4	
東逗子 ひがしずし	10.4	
田浦 たうら	13.8	
横須賀 よこすか	15.9	
衣笠 きぬがさ	19.3	
久里浜 くりはま	23.9	

P88

□ 中央本線 (神田〜代々木・新宿〜甲府)

年　月　日全線乗車

駅名	営業キロ	
神田 (かんだ)	0.0	
御茶ノ水 (おちゃのみず)	1.3	
水道橋 (すいどうばし)	2.1	
飯田橋 (いいだばし)	3.0	
市ケ谷 (いちがや)	4.5	
四ツ谷 (よつや)	5.3	
信濃町 (しなのまち)	6.6	
千駄ケ谷 (せんだがや)	7.3	
代々木 (よよぎ)	8.3	

駅名	営業キロ	
新宿 (しんじゅく)	0.0	
大久保 (おおくぼ)	1.4	
東中野 (ひがしなかの)	2.5	
中野 (なかの)	4.4	
高円寺 (こうえんじ)	5.8	
阿佐ケ谷 (あさがや)	7.0	
荻窪 (おぎくぼ)	8.4	
西荻窪 (にしおぎくぼ)	10.3	
吉祥寺 (きちじょうじ)	12.2	
三鷹 (みたか)	13.8	
武蔵境 (むさしさかい)	15.4	
東小金井 (ひがしこがねい)	17.1	ひがしこがねい
武蔵小金井 (むさしこがねい)	18.8	むさしこがねい
国分寺 (こくぶんじ)	21.1	
西国分寺 (にしこくぶんじ)	22.5	にしこくぶんじ
国立 (くにたち)	24.2	
立川 (たちかわ)	27.2	
日野 (ひの)	30.5	
豊田 (とよだ)	32.8	
八王子 (はちおうじ)	37.1	
西八王子 (にしはちおうじ)	39.5	にしはちおうじ
高尾 (たかお)	42.8	
相模湖 (さがみこ)	52.3	
藤野 (ふじの)	56.0	
上野原 (うえのはら)	59.5	
四方津 (しおつ)	63.7	
梁川 (やながわ)	67.3	
鳥沢 (とりさわ)	70.9	
猿橋 (さるはし)	75.0	
大月 (おおつき)	77.5	
初狩 (はつかり)	83.6	
笹子 (ささご)	90.1	
甲斐大和 (かいやまと)	96.2	
勝沼ぶどう郷 (かつぬま-きょう)	102.2	かつぬま-きょう
塩山 (えんざん)	106.6	
東山梨 (ひがしやまなし)	109.8	
山梨市 (やまなしし)	111.9	
春日居町 (かすがいちょう)	114.7	かすがいちょう
石和温泉 (いさわおんせん)	117.5	いさわおんせん
酒折 (さかおり)	120.9	
甲府 (こうふ)	123.8	

東京モノレール (とうきょうものれーる)　※＝1993年9月26日限り廃止

線名	区間	営業キロ	全線乗車
□ 羽田空港線 (はねだくうこう)	モノレール浜松町〜羽田空港第2ターミナル	17.8	年　月　日
□ 同線 ※	羽田整備場〜羽田	1.2	年　月　日

京王電鉄 (けいおうでんてつ)　※＝京王新線は京王線の複々線扱いのため営業キロは参考

線名	区間	営業キロ	全線乗車
□ 京王線 (けいおう)	新宿〜京王八王子	37.9	年　月　日
□ 京王新線 (けいおうしん)	新宿 (新線) 〜笹塚 ※	(3.6)	年　月　日
□ 相模原線 (さがみはら)	調布〜橋本	22.6	年　月　日
□ 高尾線 (たかお)	北野〜高尾山口	8.6	年　月　日
□ 競馬場線 (けいばじょう)	東府中〜府中競馬正門前	0.9	年　月　日
□ 動物園線 (どうぶつえん)	高幡不動〜多摩動物公園	2.0	年　月　日
□ 井の頭線 (いのかしら)	渋谷〜吉祥寺	12.7	年　月　日

小田急電鉄 (おだきゅうでんてつ)

線名	区間	営業キロ	全線乗車
□ 小田原線 (おだわら)	新宿〜小田原	82.5	年　月　日
□ 江ノ島線 (えのしま)	相模大野〜片瀬江ノ島	27.6	年　月　日
□ 多摩線 (たま)	新百合ケ丘〜唐木田	10.6	年　月　日
□ 向ケ丘遊園モノレール線 (むこうがおかゆうえん)	向ケ丘遊園〜向ケ丘遊園正門 (2000年2月12日限り休止のち廃止)	1.1	年　月　日

東急電鉄 (とうきゅうでんてつ)　※＝2004年1月30日限り廃止

線名	区間	営業キロ	全線乗車
□ 東横線 (とうよこ)	渋谷〜横浜	24.2	年　月　日
□ 東横線 ※	横浜〜桜木町	2.1	年　月　日
□ 目黒線 (めぐろ)	目黒〜田園調布	6.5	年　月　日
□ 東急多摩川線 (とうきゅうたまがわ)	多摩川〜蒲田	5.6	年　月　日
□ こどもの国線 (くに)	長津田〜こどもの国	3.4	年　月　日
□ 田園都市線 (でんえんとし)	渋谷〜中央林間	31.5	年　月　日
□ 大井町線 (おおいまち)	大井町〜二子玉川	10.4	年　月　日
□ 池上線 (いけがみ)	五反田〜蒲田	10.9	年　月　日
□ 世田谷線 (せたがや)	三軒茶屋〜下高井戸	5.0	年　月　日
□ 東急新横浜線 (とうきゅうしんよこはま)	新横浜〜日吉	5.8	年　月　日

横浜高速鉄道 (よこはまこうそくてつどう)

線名	区間	営業キロ	全線乗車
□ みなとみらい21線	横浜〜元町・中華街	4.1	年　月　日

多摩都市モノレール (たまとしものれーる)

線名	区間	営業キロ	全線乗車
□ 多摩都市モノレール線	上北台〜多摩センター (たまとし)	16.0	年　月　日

相模鉄道 (さがみてつどう)

線名	区間	営業キロ	全線乗車
本線 (ほん)	横浜〜海老名	24.6	年　月　日
いずみ野線 (の)	二俣川〜湘南台	11.3	年　月　日
相鉄新横浜線	西谷〜新横浜 (そうてつしんよこはま)	6.3	年　月　日

□ 根岸線 (ねぎし)

年　月　日全線乗車

駅名	営業キロ	
横浜 (よこはま)	0.0	
桜木町 (さくらぎちょう)	2.0	
関内 (かんない)	3.0	
石川町 (いしかわちょう)	3.8	
山手 (やまて)	5.0	
根岸 (ねぎし)	7.1	
磯子 (いそご)	9.5	
新杉田 (しんすぎた)	11.1	
洋光台 (ようこうだい)	14.1	
港南台 (こうなんだい)	16.0	
本郷台 (ほんごうだい)	18.5	
大船 (おおふな)	22.1	

83

神奈川②

□ 鶴見線（つるみ）
年　月　日全線乗車

駅名	営業キロ	
鶴見 つるみ	0.0	
国道 こくどう	0.9	
鶴見小野 つるみおの	1.5	
弁天橋 べんてんばし	2.4	
浅野 あさの	3.0	
安善 あんぜん	3.5	
武蔵白石 むさししらいし	4.1	むさししらいし
浜川崎 はまかわさき	5.7	
昭和 しょうわ	6.4	
扇町 おうぎまち	7.0	

□ 同線（海芝浦支線）（うみしばうら）
年　月　日全線乗車

駅名	営業キロ	
浅野 あさの	0.0	
新芝浦 しんしばうら	0.9	
海芝浦 うみしばうら	1.7	

□ 同線（大川支線）（おおかわ）
年　月　日全線乗車

駅名	営業キロ	
武蔵白石※ むさししらいし	0.0	むさししらいし
大川 おおかわ	1.0	

※列車は安善方面直通で武蔵白石には停車しない

□ 南武線（なんぶ）
年　月　日全線乗車

駅名	営業キロ	
川崎 かさわき	0.0	
尻手 しって	1.7	
矢向 やこう	2.6	
鹿島田 かしまだ	4.1	
平間 ひらま	5.3	
向河原 むかいがわら	6.6	
武蔵小杉 むさしこすぎ	7.5	
武蔵中原 むさしなかはら	9.2	むさしなかはら
武蔵新城 むさししんじょう	10.5	むさししんじょう
武蔵溝ノ口 むさしみぞのくち	12.7	むさしみぞのくち
津田山 つだやま	13.9	
久地 くじ	14.9	
宿河原 しゅくがわら	16.2	
登戸 のぼりと	17.3	
中野島 なかのしま	19.5	
稲田堤 いなだづつみ	20.8	

矢野口 やのくち	22.4	
稲城長沼 いなぎながぬま	24.1	いなぎながぬま
南多摩 みなみたま	25.5	
府中本町 ふちゅうほんまち	27.9	ふちゅうほんまち
分倍河原 ぶばいがわら	28.8	ぶばいがわら
西府 にしふ	30.0	
谷保 やほ	31.6	
矢川 やがわ	33.0	
西国立 にしくにたち	34.3	にしくにたち
立川 たちかわ	35.5	

□ 南武線（支線）
年　月　日全線乗車

駅名	営業キロ	
尻手 しって	0.0	
八丁畷 はっちょうなわて	1.1	はっちょうなわて
川崎新町 かわさきしんまち	2.0	かわさきしんまち
小田栄 おださかえ	2.7	
浜川崎 はまかわさき	4.1	

□ 横浜線（よこはま）
年　月　日全線乗車

駅名	営業キロ	
東神奈川 ひがしかながわ	0.0	ひがしかながわ
大口 おおぐち	2.2	
菊名 きくな	4.8	
新横浜 しんよこはま	6.1	しんよこはま
小机 こづくえ	7.8	
鴨居 かもい	10.9	
中山 なかやま	13.5	
十日市場 とおかいちば	15.9	とおかいちば
長津田 ながつた	17.9	
成瀬 なるせ	20.2	
町田 まちだ	22.9	
古淵 こぶち	25.7	
淵野辺 ふちのべ	28.4	
矢部 やべ	29.2	
相模原 さがみはら	31.0	
橋本 はしもと	33.8	
相原 あいはら	35.7	
八王子みなみ野 はちおうじ-の	38.6	はちおうじ-の
片倉 かたくら	40.0	
八王子 はちおうじ	42.6	

□ 相模線（さがみ）
年　月　日全線乗車

駅名	営業キロ	
茅ケ崎 ちがさき	0.0	
北茅ケ崎 きたちがさき	1.3	
香川 かがわ	3.4	
寒川 さむかわ	5.1	
宮山 みややま	7.2	
倉見 くらみ	8.6	
門沢橋 かどさわばし	10.0	かどさわばし
社家 しゃけ	11.6	
厚木 あつぎ	14.2	
海老名 えびな	15.9	
入谷 いりや	18.9	
相武台下 そうぶだいした	20.6	そうぶだいした
下溝 しもみぞ	23.5	
原当麻 はらたいま	24.8	
番田 ばんだ	26.9	
上溝 かみみぞ	28.4	
南橋本 みなみはしもと	31.3	
橋本 はしもと	33.3	

□ 同線（支線）
年　月　日全線乗車
（1984年3月31日限り廃止）

駅名	営業キロ	
寒川 さむかわ	0.0	
西寒川 にしさむかわ	1.5	

【旅のメモ】

廃止線を含む総距離	295.0 km
現存線の距離	293.0 km

京浜急行電鉄 (けいひんきゅうこうでんてつ)　※＝1993年3月31日限り廃止

線名	区間	営業キロ	全線乗車
□本線(ほん)	泉岳寺～浦賀	56.7	年　月　日
□空港線(くうこう)	京急蒲田～羽田空港第1・第2ターミナル	6.5	年　月　日
□同線※	穴守稲荷～羽田空港	0.5	年　月　日
□大師線(だいし)	京急川崎～小島新田	4.5	年　月　日
□逗子線(ずし)	金沢八景～逗子・葉山	5.9	年　月　日
□久里浜線(くりはま)	堀ノ内～三崎口	13.4	年　月　日

横浜市交通局 (よこはましこうつうきょく)

線名	区間	営業キロ	全線乗車
□1号線(いちごう)	関内～湘南台 (ブルーライン)	19.7	年　月　日
□3号線(さんごう)	関内～あざみ野 (ブルーライン)	20.7	年　月　日
□4号線(よんごう)	中山～日吉 (グリーンライン)	13.0	年　月　日

横浜新都市交通 (よこはましんとしこうつう)

線名	区間	営業キロ	全線乗車
□金沢シーサイドライン	新杉田～金沢八景 (かなざわ…)	10.8	年　月　日

湘南モノレール (しょうなんものれーる)

線名	区間	営業キロ	全線乗車
□江の島線(えのしま)	大船～湘南江の島	6.6	年　月　日

江ノ島電鉄 (えのしまでんてつ)

線名	区間	営業キロ	全線乗車
□江ノ島電鉄線	藤沢～鎌倉 (えのしまでんてつ)	10.0	年　月　日

【旅のメモ】

....

....

....

....

....

....

....

....

....

....

....

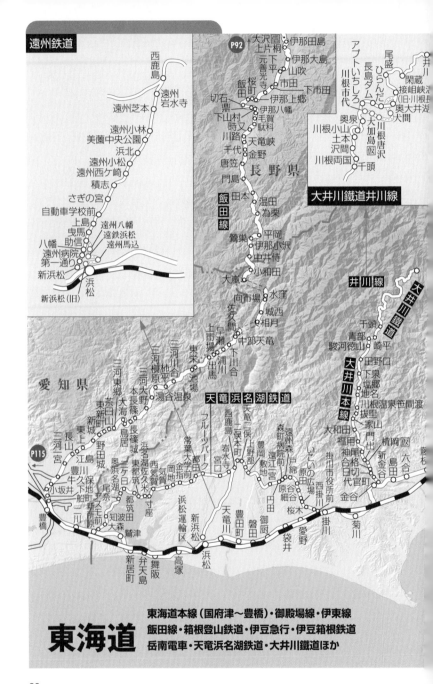

遠州鉄道

西鹿島
遠州岩水寺
遠州芝本
遠州小林
美薗中央公園
浜北
遠州小松
遠州西ケ崎
積志
さぎの宮
自動車学校前
上島
曳馬
遠州八幡
八幡　助信
遠鉄浜松
遠州病院
遠州馬込
第一通り
新浜松
浜松
新浜松(旧)

P92
大沢圓　伊那田島
上片桐
元善光寺　伊那大島
下平　山吹
市田
飯田　下市田
桜町
伊那上郷
切石
鼎　伊那八幡
下山村　毛賀
時又　駄科
川路　天竜峡
千代　金野
唐笠
門島
田本
温田
為栗
鷲巣　平岡
伊那小沢
中井侍
大嵐　小和田
向市場　水窪
佐久間　城西
早瀬　相月
上市場　中部天竜
出馬　下川合
浦川
池場
三河川合
三河槻原
三河大野
本長篠
大海
長篠城
鳥居
茶臼山
東栄
新城
東上
長山
三河東郷

長野県

飯田線

天竜浜名湖鉄道
フルーツパーク
西気賀
都田
岡地
常葉大学前
天竜二俣
二俣本町
西鹿島
遠江一宮
敷地
豊岡
上野部
森町病院前
遠州森
円田
遠江西川
尾奈
気賀
金指
宮口

大井川鐵道井川線

尾盛
接岨峡温泉
ひらんだ
長島ダム
川根市代
奥泉　奥大井湖上
奥泉
川根小山
土本
沢間
川根両国　千頭

井川線
千頭
青部
駿河徳山
田野口
下泉
塩郷
地名
川根温泉笹間渡
家山
抜里
大和田
福用
神尾
合格
代官町
門出
金谷
新金谷
五和
横岡
島田
六合
菊川
掛川
愛野
袋井
磐田
御厨
豊田町
天竜川
浜松
高塚
舞阪
弁天島
新居町
鷲津
新所原
二川
豊橋

愛知県

P115
←

三河宮
長山
江島
野田城
東新町
川合
田口
豊川
牛久保
小坂井
下地
船町
菟足
宇連

大井川鐵道

大井川本線

東海道

東海道本線(国府津〜豊橋)・御殿場線・伊東線
飯田線・箱根登山鉄道・伊豆急行・伊豆箱根鉄道
岳南電車・天竜浜名湖鉄道・大井川鐵道ほか

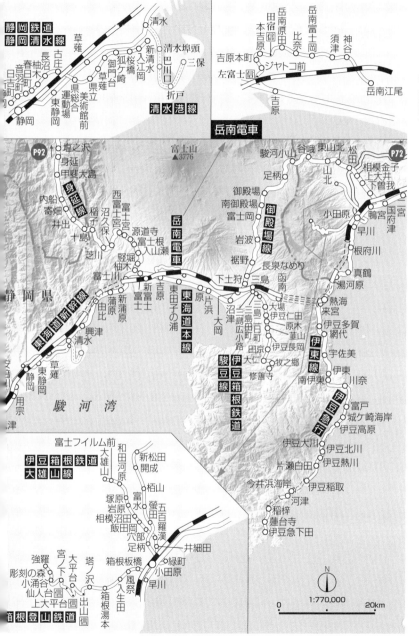

静岡鉄道
静岡清水線

清水
草薙
新清水
清水埠頭
狐ヶ崎
桜橋
県立美術館前
県総合運動場
巴川口
折戸
三保
入江岡
御門台
草薙
東静岡
長沼
古庄
柚木
県総合運動場
春日町
音羽町
日吉町
日出町
静岡

清水港線

岳南原田
岳南富士岡
本吉原
比奈
須津
神谷
吉原本町
ジヤトコ前
左富士圏
吉原
岳南江尾

岳南電車

P92
塩之沢
身延
甲斐大島
内船
寄畑
井出
十島
芝川
稲子
沼久保
西富士宮
富士宮
源道寺
富士根
入山瀬
竪堀
柚木
富士川
新蒲原
蒲原
由比
興津
清水
草薙
東静岡
静岡
用宗

身延線

岳南電車

富士山
▲3776

駿河小山
足柄
谷峨
東山北
山北
相模金子
上大井
下曽我
松田
御殿場
南御殿場
富士岡
岩波
裾野
長泉なめり
下土狩
三島
函南
小田原
鴨宮
早川
根府川
真鶴
湯河原

御殿場線

新富士
吉原
富士
東田子の浦
原
片浜
沼津
大岡
三島
三島二日町
三島広小路
田京
大仁
牧之郷
修善寺
南伊豆
韮山
伊豆仁田
原木
伊豆長岡

東海道本線

駿豆線

伊豆箱根鉄道

熱海
来宮
伊豆多賀
網代
宇佐美
伊東
川奈
富戸
城ヶ崎海岸
伊豆高原

伊東線

伊豆急行

東海道新幹線

静岡県

駿河湾

P72
国府津
二宮

伊豆大川
伊豆北川
片瀬白田
伊豆熱川
伊豆稲取
今井浜海岸
河津
稲梓
蓮台寺
伊豆急下田

富士フイルム前
大雄山
和田河原
新松田
開成
栢山
富水
塚原
岩原
相模沼田
飯田岡
五百羅漢
蛍田
穴部
足柄
井細田
緑町
小田原
早川

伊豆箱根鉄道
大雄山線

強羅
宮ノ下
大平台
塔ノ沢
彫刻の森
小涌谷
仙人台圏
上大平台圏
出山圏
箱根湯本
箱根板橋
風祭
入生田

箱根登山鉄道

N

1:770,000
0   20km

東海道①

□ 東海道本線（国府津〜豊橋）

P82

駅名	営業キロ	年 月 日全線乗車
国府津 こうづ	77.7	
鴨宮 かものみや	80.8	
小田原 おだわら	83.9	
早川 はやかわ	86.0	
根府川 ねぶかわ	90.4	
真鶴 まなづる	95.8	
湯河原 ゆがわら	99.1	
熱海 あたみ	104.6	
函南 かんなみ	114.5	
三島 みしま	120.7	
沼津 ぬまづ	126.2	
片浜 かたはま	130.3	
原 はら	132.8	
東田子の浦 ひがしたごのうら	137.4	
吉原 よしわら	141.3	
富士 ふじ	146.2	
富士川 ふじかわ	149.7	
新蒲原 しんかんばら	152.5	
蒲原 かんばら	154.9	
由比 ゆい	158.4	
興津 おきつ	164.3	
清水 しみず	169.0	
草薙 くさなぎ	174.2	
東静岡 ひがししずおか	177.7	
静岡 しずおか	180.2	
安倍川 あべかわ	184.5	
用宗 もちむね	186.6	
焼津 やいづ	193.7	
西焼津 にしやいづ	197.0	
藤枝 ふじえだ	200.3	
六合 ろくごう	204.9	
島田 しまだ	207.8	
金谷 かなや	212.9	
菊川 きくがわ	222.2	
掛川 かけがわ	229.3	
愛野 あいの	234.6	
袋井 ふくろい	238.1	
御厨 みくりや	242.7	
磐田 いわた	245.9	
豊田町 とよだちょう	248.8	
天竜川 てんりゅうがわ	252.7	
浜松 はままつ	257.1	
高塚 たかつか	262.4	
舞阪 まいさか	267.5	
弁天島 べんてんじま	269.8	
新居町 あらいまち	272.9	
鷲津 わしづ	276.6	
新所原 しんじょはら	282.4	
二川 ふたがわ	286.7	
豊橋 とよはし	293.6	

P116

□ 伊東線

駅名	営業キロ	年 月 日全線乗車
熱海 あたみ	0.0	
来宮 きのみや	1.2	
伊豆多賀 いずたが	6.0	
網代 あじろ	8.7	
宇佐美 うさみ	13.0	
伊東 いとう	16.9	

□ 伊豆急行

駅名	営業キロ	年 月 日全線乗車
伊東 いとう	0.0	
南伊東 みなみいとう	2.0	
川奈 かわな	6.1	
富戸 ふと	11.5	
城ケ崎海岸 じょうがさきかいがん	13.9	
伊豆高原 いずこうげん	15.9	
伊豆大川 いずおおかわ	20.9	
伊豆北川 いずほっかわ	22.9	
伊豆熱川 いずあたがわ	24.3	
片瀬白田 かたせしらた	26.1	
伊豆稲取 いずいなとり	30.3	
今井浜海岸 いまいはまかいがん	34.2	
河津 かわづ	35.3	
稲梓 いなずさ	40.7	
蓮台寺 れんだいじ	43.4	
伊豆急下田 いずきゅうしもだ	45.7	

□ 箱根登山鉄道

駅名	営業キロ	年 月 日全線乗車
小田原 おだわら	0.0	
箱根板橋 はこねいたばし	1.7	
風祭 かざまつり	3.2	
入生田 いりうだ	4.2	
箱根湯本 はこねゆもと	6.1	
塔ノ沢 とうのさわ	7.1	
大平台 おおひらだい	9.9	
宮ノ下 みやのした	12.1	
小涌谷 こわきだに	13.4	
彫刻の森 ちょうこくのもり	14.3	
強羅 ごうら	15.0	

□ 伊豆箱根鉄道大雄山線

駅名	営業キロ	年 月 日全線乗車
小田原 おだわら	0.0	
緑町 みどりちょう	0.4	
井細田 いさいだ	1.4	
五百羅漢 ごひゃくらかん	2.3	
穴部 あなべ	3.1	
飯田岡 いいだおか	4.3	
相模沼田 さがみぬまた	5.0	
岩原 いわはら	6.0	
塚原 つかはら	6.3	
和田河原 わだがはら	8.2	
富士フィルム前 ふじ・まえ	9.1	
大雄山 だいゆうざん	9.6	

□ 伊豆箱根鉄道駿豆線

駅名	営業キロ	年 月 日全線乗車
三島 みしま	0.0	
三島広小路 みしまひろこうじ	1.3	
三島田町 みしまたまち	2.0	
三島二日町 みしまふつかまち	2.9	
大場 だいば	5.5	
伊豆仁田 いずにった	7.0	
原木 ばらき	8.5	
韮山 にらやま	9.8	
伊豆長岡 いずながおか	11.4	
田京 たきょう	14.2	
大仁 おおひと	16.6	
牧之郷 まきのこう	18.6	
修善寺 しゅぜんじ	19.8	

□ 静岡鉄道静岡清水線

駅名	営業キロ	年 月 日全線乗車
新静岡 しんしずおか	0.0	
日吉町 ひよしちょう	0.5	
音羽町 おとわちょう	1.0	
春日町 かすがちょう	1.5	
柚木 ゆのき	2.0	
長沼 ながぬま	3.1	
古庄 ふるしょう	3.8	
県総合運動場 けんそうごううんどうじょう	4.8	
県立美術館前 けんりつびじゅつかんまえ	5.7	
草薙 くさなぎ	6.4	
御門台 みかどだい	7.4	
狐ケ崎 きつねがさき	8.3	
桜橋 さくらばし	10.0	
入江岡 いりえおか	10.3	
新清水 しんしみず	11.0	

私が乗車した距離　　　　　km

廃止線を含む総距離　475.5 km
現存線の距離　459.1 km

□ 御殿場線

年　月　日全線乗車

駅名	営業キロ	
国府津 こうづ	0.0	
下曽我 しもそが	3.8	
上大井 かみおおい	6.5	
相模金子 さがみかねこ	8.3	
松田 まつだ	10.2	
東山北 ひがしやまきた	13.1	
山北 やまきた	15.9	
谷峨 やが	20.0	
駿河小山 するがおやま	24.6	
足柄 あしがら	28.9	
御殿場 ごてんば	35.5	
南御殿場 みなみごてんば	38.2	みなみごてんば
富士岡 ふじおか	40.6	
岩波 いわなみ	45.3	
裾野 すその	50.7	
長泉なめり	53.5	ながいずみ‥
下土狩 しものがり	55.6	
大岡 おおおか	57.8	
沼津 ぬまづ	60.2	

□ 清水港線

年　月　日全線乗車

（1984年3月31日限り廃止）

駅名	営業キロ	
清水 しみず	0.0	
清水埠頭 しみずふとう	2.3	
巴川口 ともえがわぐち	3.3	
折戸 おりど	6.1	
三保 みほ	8.3	

□ 大井川鐵道大井川本線

年　月　日全線乗車

駅名	営業キロ	
金谷 かなや	0.0	
新金谷 しんかなや	2.3	
代官町 だいかんちょう	3.8	
日切 ひぎり	4.3	
合格 ごうかく	5.0	
横岡 図 よこおか	—	
門出 かどで	5.5	
神尾 かみお	9.8	
福用 ふくよう	12.3	
大和田 おおわだ	14.8	
家山 いえやま	17.1	
抜里 ぬくり	18.8	
川根温泉笹間渡 かわねおんせんささまど	20.0	
地名 じな	22.9	
塩郷 しおごう	24.3	
下泉 しもいずみ	27.4	
田野口 たのくち	31.0	
駿河徳山 するがとくやま	34.1	するがとくやま
青部 あおべ	36.1	
崎平 さきだいら	37.2	
千頭 せんず	39.5	

※家山〜千頭間は災害の影響により不通。

□ 大井川鐵道井川線

年　月　日全線乗車

駅名	営業キロ	
千頭 せんず	0.0	
川根両国 かわねりょうごく	1.1	かわねりょうごく
沢間 さわま	2.4	
土本 どもと	3.9	
川根小山 かわねこやま	5.8	
奥泉 おくいずみ	7.5	
アプトいちしろ	9.9	
長島ダム ながしまだむ	11.4	
ひらんだ	12.6	
奥大井湖上 おくおおいこじょう	13.9	おくおおいこじょう
接岨峡温泉 せっそきょうおんせん	15.5	せっそきょうおんせん
尾盛 おもり	17.8	
閑蔵 かんぞう	20.5	
井川 いかわ	25.5	

□ 同線（旧線）

年　月　日全線乗車

（1990年10月1日限り廃止）

駅名	営業キロ	
奥泉 おくいずみ	0.0	
川根市代 かわねいちしろ	2.3	かわねいちしろ
大加島 図 おおかしま	—	おおかしま
川根唐沢 かわねからさわ	4.6	かわねからさわ
犬間 いぬま	5.6	
川根長島 かわねながしま	8.1	かわねながしま 現・接岨峡温泉

【旅のメモ】

....

....

....

....

....

....

....

....

東海道②

□ 岳南電車 (がくなん)

年　月　日全線乗車

駅名	営業キロ	
吉原 よしわら	0.0	
ジヤトコ前	2.3	-まえ
吉原本町 よしわらほんちょう	2.7	
本吉原 ほんよしわら	3.0	
岳南原田 がくなんはらだ	4.4	
比奈 ひな	5.4	
岳南富士岡 がくなんふじおか	6.4	
須津 すど	7.3	
神谷 かみや	8.2	
岳南江尾 がくなんえのお	9.2	

□ 天竜浜名湖鉄道 (てんりゅうはまなこ)

年　月　日全線乗車

駅名	営業キロ	
掛川 かけがわ	0.0	
掛川市役所前 かけがわしやくしょまえ	1.3	
西掛川 にしかけがわ	1.8	
桜木 さくらぎ	4.0	
いこいの広場	5.5	-ひろば
細谷 ほそや	6.0	
原谷 はらのや	7.9	
原田 はらだ	9.4	
戸綿 とわた	12.0	
遠州森 えんしゅう	12.8	
森町病院前 もりまちびょういんまえ	13.6	
円田 えんでん	14.7	

駅名	営業キロ	
遠江一宮	16.4	とおとうみいちのみや
敷地 しきじ	19.9	
豊岡 とよおか	23.0	
上野部 うえのべ	24.4	
天竜二俣 てんりゅうふたまた	26.2	
二俣本町 ふたまたほんまち	26.8	
西鹿島 にしかしま	28.5	
岩水寺 がんすいじ	30.3	
宮口 みやぐち	32.3	
フルーツパーク	36.2	
都田 みやこだ	37.7	
常葉大学前	39.1	とこはだいがくまえ
金指 かなさし	41.9	
岡地 おかじ	43.5	
気賀 きが	44.8	
西気賀 にしきが	47.7	
寸座 すんざ	49.4	
浜名湖佐久米	50.7	はまなこさくめ
東都筑 ひがしつづき	51.9	
都筑 つづき	53.3	
三ケ日 みっかび	55.6	
奥浜名湖 おくはまなこ	56.8	
尾奈 おな	58.1	
知波田 ちばた	62.9	
大森 おおもり	65.0	
アスモ前	66.7	-まえ
新所原 しんじょはら	67.7	

□ 遠州鉄道 (えんしゅう)

年　月　日全線乗車

駅名	営業キロ	
新浜松 しんはままつ	0.0	
第一通り	0.5	だいいちどおり
遠州病院 えんしゅうびょういん	0.8	
八幡 はちまん	1.6	
助信 すけのぶ	2.4	
曳馬 ひくま	3.4	
上島 かみじま	4.5	
自動車学校前 じどうしゃがっこうまえ	5.3	
さぎの宮	6.6	-みや
積志 せきし	7.8	
遠州西ケ崎 えんしゅうにしがさき	9.2	
遠州小松 えんしゅうこまつ	10.2	
浜北 はまきた	11.2	
美薗中央公園 みそのちゅうおうこうえん	12.0	
遠州小林 えんしゅうこばやし	13.3	
遠州芝本	15.0	
遠州岩水寺 えんしゅうがんすいじ	16.3	
西鹿島 にしかじま	17.8	

□ 同（旧線）

年　月　日全線乗車

（1985年11月30日限り廃止）

駅名	営業キロ	
新浜松 しんはままつ	0.0	旧駅
遠州馬込 えんしゅうまごめ	0.7	
遠鉄浜松 えんてつはままつ	1.6	
遠州八幡 えんしゅうはちまん	2.3	
助信 すけのぶ	3.1	

【旅のメモ】

□ 身延線（みのぶ）

年　　月　　日全線乗車

駅名	営業キロ		
富士 ふじ	0.0		
柚木 ゆのき	1.5		
竪堀 たてぼり	2.8		
入山瀬 いりやませ	5.6		
富士根 ふじね	8.0		
源道寺 げんどうじ	9.3		
富士宮 ふじのみや	10.7		
西富士宮 にしふじのみや	11.9		
沼久保 ぬまくぼ	16.9		
芝川 しばかわ	19.2		
稲子 いねこ	24.0		
十島 とおしま	26.3		
井出 いで	29.4		
寄畑 よりはた	31.9		
内船 うつぶな	34.1		
甲斐大島 かいおおしま	39.8		
身延 みのぶ	43.5		
塩之沢 しおのさわ	45.7		
波高島 はだかじま	50.2		
下部温泉 しもべおんせん	51.7		
甲斐常葉 かいときわ	54.1		
市ノ瀬 いちのせ	57.3		
久那土 くなど	58.8		
甲斐岩間 かいいわま	60.3		
落居 おちい	61.8		
鰍沢口 かじかざわぐち	66.8		
市川大門 いちかわだいもん	69.8		
市川本町 いちかわほんまち	70.7		
芦川 あしがわ	71.7		
甲斐上野 かいうえの	72.8		
東花輪 ひがしはなわ	76.3		
小井川 こいかわ	77.5		
常永 じょうえい	78.9		
国母 こくぼ	81.2		
甲斐住吉 かいすみよし	83.1		
南甲府 みなみこうふ	84.0		
善光寺 ぜんこうじ	86.3		
金手 かねんて	87.2		
甲府 こうふ	88.4		

□ 飯田線（いいだ）

年　　月　　日全線乗車

駅名	営業キロ		
豊橋 とよはし	0.0		
船町 ふなまち	1.5		
下地 しもじ	2.2		
小坂井 こざかい	4.4		
牛久保 うしくぼ	6.6		
豊川 とよかわ	8.7		
三河一宮 みかわいちのみや	12.0		
長山 ながやま	14.4		
江島 えじま	15.4		
東上 とうじょう	17.0		
野田城 のだじょう	19.7		
新城 しんしろ	21.6		
東新町 ひがししんまち	22.6		
茶臼山 ちゃうすやま	23.8		
三河東郷 みかわとうごう	25.0		
大海 おおみ	27.9		
鳥居 とりい	29.3		
長篠城 ながしのじょう	30.8		
本長篠 ほんながしの	32.1		
三河大野 みかわおおの	35.6		
湯谷温泉 ゆやおんせん	38.0		
三河槇原 みかわまきはら	40.6		
柿平 かきだいら	42.9		
三河川合 みかわかわい	45.2		
池場 いけば	50.1		
東栄 とうえい	51.2		
出馬 いずんま	55.4		
上市場 かみいちば	56.0		
浦川 うらかわ	57.3		
早瀬 はやせ	58.5		
下川合 しもかわい	59.9		
中部天竜 ちゅうぶてんりゅう	62.4		
佐久間 さくま	63.5		
相月 あいづき	68.5		
城西 しろにし	70.5		
向市場 むかいちば	73.3		
水窪 みさくぼ	74.3		
大嵐 おおぞれ	80.8		
小和田 こわだ	83.8		
中井侍 なかいさむらい	87.8		
伊那小沢 いなこざわ	90.1		
鶯巣 うぐす	91.7		
平岡 ひらおか	93.8		
為栗 してぐり	98.5		
温田 ぬくた	102.2		
田本 たもと	104.2		
門島 かどしま	107.9		

駅名	営業キロ		
唐笠 からかさ	111.3		
金野 きんの	113.6		
千代 ちよ	114.8		
天竜峡 てんりゅうきょう	116.2		
川路 かわじ	117.5		
時又 ときまた	119.3		
駄科 だしな	121.2		
毛賀 けが	122.5		
伊那八幡 いなやわた	123.6		
下山村 しもやまむら	124.7		
鼎 かなえ	125.7		
切石 きりいし	127.7		
飯田 いいだ	129.3		
桜町 さくらまち	130.1		
伊那上郷 いなかみさと	131.1		
元善光寺 もとぜんこうじ	133.8		
下市田 しもいちだ	135.6		
市田 いちだ	136.8		
下平 しもだいら	139.5		
山吹 やまぶき	140.5		
伊那大島 いなおおしま	143.1		
上片桐 かみかたぎり	146.9		
伊那田島 いなたじま	148.2		
高遠原 たかとおばら	150.7		
七久保 ななくぼ	152.3		
伊那本郷 いなほんごう	155.1		
飯島 いいじま	157.9		
田切 たぎり	160.1		
伊那福岡 いなふくおか	162.9		
小町屋 こまちや	164.4		
駒ケ根 こまがね	165.6		
大田切 おおたぎり	167.0		
宮田 みやだ	169.1		
赤木 あかぎ	170.4		
沢渡 さわんど	173.4		
下島 しもじま	174.5		
伊那市 いなし	178.0		
伊那北 いなきた	178.9		
田畑 たばた	181.0		
北殿 きたとの	183.2		
木ノ下 きのした	185.6		
伊那松島 いなまつしま	187.1		
沢 さわ	189.7		
羽場 はば	191.6		
伊那新町 いなしんまち	193.4		
宮木 みやき	194.6		
辰野 たつの	195.7		

91

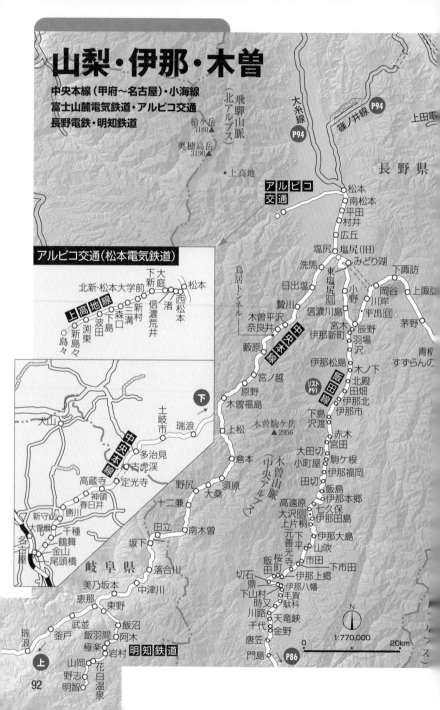

山梨・伊那・木曽

中央本線（甲府～名古屋）・小海線
富士山麓電気鉄道・アルピコ交通
長野電鉄・明知鉄道

飛騨山脈
（北アルプス）

槍ヶ岳
3180▲

奥穂高岳
3190▲

・上高地

大糸線

篠ノ井線 P94

上田駅

P94

長野県

アルピコ交通

松本
南松本
平田
村井
広丘
塩尻 塩尻(旧)
洗馬 みどり湖 下諏訪

アルピコ交通（松本電気鉄道）

大庭
下新
北新・松本大学前
西松本 渚
新村 森口 松本
三溝 波田 信濃荒井
渕東 島々
新島々

上高地線

鳥居トンネル

日出塩 東塩尻駅 岡谷 上諏訪
贄川 小野 川岸
木曽平沢 信濃川島 平出駅 茅野
奈良井 宮木
伊那新町 辰野 青柳
藪原 伊那松島 羽場 すずらんの
木ノ下
宮ノ越 北殿 田畑
原野 伊那北
木曽福島 伊那市
上松 下島 沢渡
倉本 赤木
宮田
大田切 駒ヶ根
野尻 小町屋
須原 伊那福岡
大桑 田切
飯島
十二兼 高遠原 伊那本郷
田立 南木曽 大沢駅 七久保
上片桐 伊那田島
元善光寺 伊那大島
坂下 平 山吹
飯田 市田
落合川 桜町 下市田
中央本線 切石 駄科 伊那上郷
中津川 鼎 伊那八幡
美乃坂本 下山村 毛賀
恵那 東野 時又 駄科
川路 天竜峡
千代 金野
唐笠
門島

中央本線

木曽駒ヶ岳
▲2956

木曽山脈
（中央アルプス）

飯田線

リストP91

土岐市
瑞浪
多治見
古虎渓
高蔵寺 定光寺
神領
春日井
勝川
新守山
大曽根
千種
鶴舞
金山
尾頭橋
名古屋

犬山

岐阜県

武並
金戸 飯沼
飯羽間 阿木
極楽 岩村
山岡 花白温泉
野志
明智

明知鉄道

瑞浪 上

下

P86

N

0　1:770,000　20km

山梨・伊那・木曽

長野電鉄

河東線
信濃安田　木島
田上
柳沢　　信濃竹原　夜間瀬
赤岩　　中野松川　　上条
四ケ郷　　信州中野　湯田中
中野北

長野線
都住　　延徳
信濃吉田　附属中学前　小布施　桜沢
本郷　　柳原　　北須坂
善光寺下　桐原　　村山　　須坂
権堂　　朝陽　　日野
市役所前　北長野　　井上
長野　　　綿内　　屋代線
金井山　　若穂
大室　　信濃川田
松代
岩野　　象山口
屋代　　雨宮　　東屋代

八ヶ岳
(赤岳)
2899▲
フォトデッキ圖
野辺山
土見
信濃境　　清里
JR線最高地点
標高1375m

甲斐大泉
甲斐小泉
淵沢　　長坂
山梨県

P72
青梅線

中央本線
日野春
穴山　　新府
韮崎　　竜王
塩崎　　甲府
酒折
金手
東山梨　　塩山
春日居町
山梨市
石和温泉
勝沼ぶどう郷
甲斐大和

P72
中央本線
笹子トンネル
猿橋　　鳥沢
初狩　　大月　　梁川
笹子　　　　四方津　上野原
田野倉　　禾生　　　藤野　　相模湖
都留市　赤坂
寿　　合村町　　都留文科大学前
河口湖　下吉田　十日市場
富士急　富士山　東桂　　富士山麓電気鉄道
ハイランド　三つ峠　　大月線
河口湖線　富士山　寿池温泉前
都留市　月江寺

常永
小井川
東花輪
市川大門
鰍沢口
落居
甲斐岩間
久那土
甲斐常葉
下部温泉
波高島
塩之沢

甲斐住吉
善光寺
南甲府
国母
甲斐上野
市川本町
芦川
市ノ瀬

身延線
リスト
P91
P87

しなの鉄道
P94
軽井沢
東小諸
小諸
乙女
三岡
美里
中佐都
佐久平
北中込
岩村田
滑津
中込
太田部
龍岡城
臼田
青沼
羽黒下
海瀬
八千穂
高岩
馬流
小海
松原湖
海尻
佐久海ノ口
佐久広瀬
信濃川上

小海線

93

信越本線

えちごトキめき鉄道
日本海ひすいライン

北陸新幹線

えちごトキめき鉄道
妙高はねうまライン

しなの鉄道
北しなの線

大糸線

篠ノ井線

長野電鉄

しなの鉄道

上田電鉄

アルピコ交通

柏崎
青海川
鯨波
笠島
米山
柿崎

柿崎
上下浜
土底浜
潟町
直江津
黒井
犀潟
くびき
大池いこいの森

能生
筒石
名立
有間川
谷浜
春日山
高田
南高田
上越妙高

梶屋敷
浦本
えちご押上ひすい海岸
糸魚川
青海
親不知
市振

姫川
頚城大野
根知
小滝

交直流切替点
北新井
新井
二本木
関山

戸狩野沢温泉
上境
信濃
北飯山
河東線

平岩
北小谷
中土
南小谷
千国
白馬大池
信濃森上
白馬
飯森
神城
南神城
簗場
ヤナバスキー場前圏
海ノ口
稲尾
信濃木崎
北大町
信濃大町
南大町
信濃常盤
安曇沓掛
信濃松川
北細野
細野
安曇追分
有明
穂高
柏矢町
南豊科
中萱
一日市場
梓橋
島高松

白馬岳
▲2932

妙高高原
黒姫
古間
牟礼
信濃浅野
豊野
三才
北長野
安茂里
川中島
今井
篙ノ井
稲荷山
桑原圏

替佐
立ケ花
信濃浅野

長野
松代

屋代高校前
屋代
千曲
姨捨
戸倉
坂城
テクノさかき
西上田
信濃国分寺
上田

冠着
羽尾圏
聖高原
潮沢圏
坂北
西条
明科
田沢
平瀬圏
北松本
松本
南松本
平田
村井
広丘

大屋
田中
滋野
小諸

富山県

黒部宇奈月鉄道

北飛騨アルプス

鹿島槍ケ岳
▲2890

立山
3015▲
黒部湖

飛騨山脈
（北アルプス）

槍ケ岳
3180▲

奥穂高岳
3190▲

上高地

長野県

N

0   20km
1:770,000

94

上信越

信越本線・飯山線・上越線
吾妻線・篠ノ井線・大糸線
しなの鉄道・北越急行
えちごトキめき鉄道ほか

上田電鉄

別所線

赤坂上
上田原
城下
三好町
寺下
神畑
大学前
下之郷
八木沢
別所温泉
舞田
中野
中塩田町
塩田町

P62

只見線

越後川口
内ケ巻
小出
越後岩沢
八色
下条
浦佐
十日町
魚沼中条
五日町
土市
美佐島
赤倉圏
しんざ
魚沼丘陵
六日町
塩沢
上越国際スキー場前
大沢
石打
ガーラ湯沢
岩原スキー場前
越後湯沢
越後中里
土樽
茂倉圏
土合
北湯檜曽圏
湯檜曽
水上
上牧
上毛高原
後閑
沼田
岩本
津久田
敷島
金島
渋川
八木原
群馬総社
中央前橋
桐生
新前橋
新駅(仮称)
井野
高崎問屋町
群馬八幡
安中
北高崎圏
高崎
佐野圏
南高崎
根小屋
佐野のわたし
山名
西山名
馬庭
吉井
高崎商科大学前
上州七日市
上州一ノ宮
東富岡
新屋
千平
上州福島
新屋
西吉井圏
赤津圏
南蛇井
上州富岡
神農原
下仁田
八高線

新潟県
嶺城丘陵
まつだい
薬師峠圏
儀明圏
越後水沢
越後田沢
津南
越後鹿渡
越後田中

北越急行
ほくほく線

飯山線
横倉
平滝

群馬県

万座・鹿沢口
袋倉
大前

吾妻線
群馬大津
長野原草津口
羽根尾
岩島
郷原
矢倉
川原湯温泉
中之条
群馬原町
小野上温泉
小野上
市城
小野
祖母島
安中榛名
西松井田
横川
松井田
磯部

信越本線

中軽井沢
軽井沢
信濃追分

上越線

上信電鉄

P66

高崎線

ほくほく大島○

上越線

上越線

P66

山梨・伊那・木曽・上信越①

□ 中央本線（甲府～名古屋）

年　　月　　日全線乗車

駅名	営業キロ	
甲府こうふ	123.8	
竜王りゅうおう	128.3	
塩崎しおざき	132.4	
韮崎にらさき	136.7	
新府しんぷ	140.9	
穴山あなやま	144.4	
日野春ひのはる	149.8	
長坂ながさか	156.0	
小淵沢こぶちざわ	163.4	
信濃境しなのさかい	167.9	
富士見ふじみ	172.6	
すずらんの里さと	175.8	
青柳あおやぎ	177.7	
茅野ちの	184.9	
上諏訪かみすわ	191.6	
下諏訪しもすわ	196.0	
岡谷おかや	200.1	
みどり湖こ	207.9	
塩尻しおじり	211.8	
洗馬せば	216.0	
日出塩ひでしお	220.7	
贄川にえかわ	225.9	
木曽平沢きそひらさわ	231.1	
奈良井ならい	232.9	
藪原やぶはら	239.5	
宮ノ越みやのこし	245.2	
原野はらの	248.0	
木曽福島きそふくしま	253.5	
上松あげまつ	260.8	
倉本くらもと	267.4	
須原すはら	272.2	
大桑おおくわ	275.5	
野尻のじり	278.5	
十二兼じゅうにかね	282.2	
南木曽なぎそ	287.7	
田立ただち	294.0	
坂下さかした	296.8	
落合川おちあいがわ	302.9	
中津川なかつがわ	306.7	
美乃坂本みのさかもと	313.1	
恵那えな	318.3	
武並たけなみ	323.7	
釜戸かまど	329.1	
瑞浪みずなみ	336.5	
土岐市ときし	343.4	
多治見たじみ	350.4	
古虎渓ここけい	355.0	
定光寺じょうこうじ	358.5	
高蔵寺こうぞうじ	362.6	
神領じんりょう	365.8	

駅名	営業キロ	
春日井かすがい	368.5	
勝川かちがわ	371.6	
新守山しんもりやま	374.3	
大曽根おおぞね	376.8	
千種ちくさ	379.5	
鶴舞つるまい	381.0	
金山かなやま	383.3	
名古屋なごや	386.6	

□ 同線（辰野経由）

年　　月　　日全線乗車

駅名	営業キロ	
岡谷おかや	0.0	
川岸かわぎし	3.5	
辰野たつの	9.5	
信濃川島しなのかわしま	13.8	
小野おの	17.8	
塩尻しおじり	27.7	

□ 篠ノ井線

年　　月　　日全線乗車

駅名	営業キロ	
塩尻しおじり	0.0	
広丘ひろおか	3.8	
村井むらい	6.8	
平田ひらた	8.8	
南松本みなみまつもと	10.9	
松本まつもと	13.3	
田沢たざわ	21.6	
明科あかしな	28.2	
西条にしじょう	37.2	
坂北さかきた	40.9	
聖高原ひじりこうげん	45.0	
冠着かむりき	48.3	
姨捨おばすて	54.2	
稲荷山いなりやま	62.9	
篠ノ井しののい	66.7	

□ 篠ノ井線（旧ルート）

年　　月　　日全線乗車

（1988年９月９日限り廃止）

駅名	営業キロ	
明科あかしな	0.0	
西条にしじょう	9.7	

□ 大糸線

年　　月　　日全線乗車

駅名	営業キロ	
松本まつもと	0.0	
北松本きたまつもと	0.7	
島内しまうち	2.6	
島高松しまたかまつ	3.8	
梓橋あずさばし	5.2	

駅名	営業キロ	
一日市場ひといちば	6.8	
中萱なかがや	8.4	
南豊科みなみとよしな	10.4	
豊科とよしな	11.4	
柏矢町はくやちょう	14.2	
穂高ほたか	16.2	
有明ありあけ	18.4	
安曇追分あずみおいわけ	19.9	あずみおいわけ
細野ほその	22.8	
北細野きたほその	23.8	
信濃松川しなのまつかわ	26.0	しなのまつかわ
安曇沓掛あずみくつかけ	28.6	あずみくつかけ
信濃常盤しなのときわ	30.9	
南大町みなみおおまち	34.0	
信濃大町しなのおおまち	35.1	
北大町きたおおまち	37.2	
信濃木崎しなのきさき	39.4	
稲尾いなお	41.6	
海ノ口うみのくち	42.9	
簗場やなば	46.3	
ヤナバスキー場前じょうまえ	47.9	じょうまえ
南神城みなみかみしろ	52.8	
神城かみしろ	55.2	
飯森いいもり	56.7	
白馬はくば	59.7	
信濃森上しなのもりうえ	61.6	しなのもりうえ
白馬大池はくばおおいけ	65.4	はくばおおいけ
千国ちくに	68.7	
南小谷みなみおたり	70.1	
中土なかつち	74.1	
北小谷きたおたり	78.5	
平岩ひらいわ	85.0	
小滝こたき	91.8	
根知ねち	95.4	
頸城大野くびきおおの	100.3	
姫川ひめかわ	102.2	
糸魚川いといがわ	105.4	

□ 明知鉄道

年　　月　　日全線乗車

駅名	営業キロ	
恵那えな	0.0	
東野ひがしの	2.6	
飯沼いいぬま	7.6	
阿木あぎ	9.9	
飯羽間いいばま	12.7	
極楽ごくらく	13.7	
岩村いわむら	15.0	
花白温泉はなしろおんせん	18.3	はなしろおんせん
山岡やまおか	19.7	
野志のし	23.1	
明智あけち	25.1	

□ 富士山麓電気鉄道大月線

年　月　日全線乗車

駅名	営業キロ	日全線乗車
大月 おおつき	0.0	
上大月 かみおおつき	0.6	
田野倉 たのくら	3.0	
禾生 かせい	5.6	
赤坂 あかさか	7.1	
都留市 つるし	8.6	
谷村町 やむらまち	9.4	
都留文科大学前	10.6	つるぶんかだいがくまえ
十日市場 とおかいちば	11.5	
東桂 ひがしかつら	13.1	
三つ峠 みつとうげ	15.8	
寿 ことぶき	18.8	
葭池温泉前	20.2	よしいけおんせんまえ
下吉田 しもよしだ	21.1	
月江寺 げっこうじ	21.9	
富士山 ふじさん	23.6	

□ 富士山麓電気鉄道河口湖線

年　月　日全線乗車

駅名	営業キロ	日全線乗車
富士山 ふじさん	0.0	
富士急ハイランド ふじきゅう	1.4	
河口湖 かわぐちこ	3.0	

□ アルピコ交通（松本電気鉄道）上高地線

年　月　日全線乗車

駅名	営業キロ	日全線乗車
松本 まつもと	0.0	
西松本 にしまつもと	0.4	
渚 なぎさ	1.1	
信濃荒井 しなのあらい	1.9	
大庭 おおにわ	2.6	
下新 しもにい	4.4	
北新・松本大学前	5.4	きたにい まつもとだいがくまえ
新村 にいむら	6.2	
三溝 さみぞ	7.6	
森口 もりぐち	8.6	
下島 しもじま	9.5	
波田 はた	11.1	
渕東 えんどう	12.7	
新島々 しんしましま	14.4	

□ 同（廃止区間）

年　月　日全線乗車
（1984年12月31日限り廃止）

駅名	営業キロ	
新島々 しんしましま	0.0	
島々 しましま	1.3	

□ 小海線 こうみ

年　月　日全線乗車

駅名	営業キロ	日全線乗車
小淵沢 こぶちざわ	0.0	
甲斐小泉	7.1	かいこいずみ
甲斐大泉	12.2	かいおおいずみ
清里 きよさと	17.5	
フォトデッキ	—	
野辺山 のべやま	23.4	
信濃川上	31.5	しなのかわかみ
佐久広瀬 さくひろせ	34.9	
佐久海ノ口	39.4	さくうみのくち
海尻 うみじり	42.1	
松原湖 まつばら	44.8	
小海 こうみ	48.3	
馬流 まながし	49.9	
高岩 たかいわ	51.7	
八千穂 やちほ	53.9	
海瀬 かいぜ	56.5	
羽黒下 はぐろした	57.8	
青沼 あおぬま	59.5	
臼田 うすだ	60.9	
龍岡城 たつおかじょう	62.1	
太田部 おおたべ	64.1	
中込 なかごみ	65.5	
滑津 なめづ	66.5	
北中込 きたなかごみ	68.4	
岩村田 いわむらだ	70.6	
佐久平 さくだいら	71.5	
中佐都 なかさと	72.4	
美里 みさと	73.8	
三岡 みつおか	75.3	
乙女 おとめ	76.4	
東小諸 ひがしこもろ	77.4	
小諸 こもろ	78.9	

□ 飯山線 いいやま

年　月　日全線乗車

駅名	営業キロ	日全線乗車
豊野 とよの	0.0	
信濃浅野 しなのあさの	2.2	
立ケ花 たてがはな	3.9	
上今井 かみいまい	6.9	
替佐 かえさ	8.8	
蓮 はちす	14.6	
飯山 いいやま	19.2	
北飯山 きたいいやま	20.5	
信濃平 しなのたいら	23.8	
戸狩野沢温泉	27.5	とがりのざわおんせん
上境 かみさかい	31.1	
上桑名川	35.4	かみくわながわ
桑名川 くわながわ	37.6	
西大滝 にしおおたき	39.7	
信濃白鳥	41.8	しなのしらとり
平滝 ひらたき	44.7	
横倉 よこくら	46.6	
森宮野原	49.7	もりみやのはら
足滝 あしたき	52.5	
越後田中	54.9	えちごたなか
津南 つなん	57.9	
越後鹿渡	62.1	えちごかわたり
越後田沢	64.5	えちごたざわ
越後水沢	67.5	えちごみずさわ
土市 どいち	70.4	
十日町 とおかまち	75.3	
魚沼中条	78.4	うおぬまなかじょう
下条 げじょう	82.8	
越後岩沢	88.1	えちごいわさわ
内ケ巻 うちがまき	93.2	
越後川口	96.7	えちごかわぐち

【旅のメモ】

....

....

....

....

....

....

上信越②

□ 信越本線（高崎～横川）

年　月　日全線乗車

駅名	営業キロ	
高崎 たかさき	0.0	
北高崎 きたたかさき	2.4	
新駅（仮称）		
群馬八幡 ぐんまやわた	6.4	
安中 あんなか	10.6	
磯部 いそべ	17.6	
松井田 まついだ	22.7	
西松井田 にしまついだ	23.9	
横川 よこかわ	29.7	

□ 同線（廃止区間）

年　月　日全線乗車
（1997年9月30日限り廃止）

駅名	営業キロ	
横川 よこかわ	0.0	
軽井沢 かるいざわ	11.2	

□ しなの鉄道

年　月　日全線乗車

駅名	営業キロ	
軽井沢 かるいざわ	0.0	
中軽井沢 なかかるいざわ	4.0	
信濃追分 しなのおいわけ	7.2	
御代田 みよた	13.2	
平原 ひらはら	18.3	
小諸 こもろ	22.0	
滋野 しげの	27.9	
田中 たなか	31.3	
大屋 おおや	34.7	
信濃国分寺 しなのこくぶんじ	37.1	
上田 うえだ	40.0	
西上田 にしうえだ	44.4	
テクノさかき	47.9	
坂城 さかき	50.4	
戸倉 とぐら	54.9	
千曲 ちくま	57.1	
屋代 やしろ	59.9	
屋代高校前 やしろこうこうまえ	61.8	
篠ノ井 しののい	65.1	

□ 信越本線（篠ノ井～長野）

年　月　日全線乗車

駅名	営業キロ	
篠ノ井 しののい	0.0	
今井 いまい	2.1	
川中島 かわなかじま	4.3	
安茂里 あもり	6.4	
長野 ながの	9.3	

□ しなの鉄道 北しなの線

年　月　日全線乗車

駅名	営業キロ	
長野 ながの	0.0	
北長野 きたながの	3.9	
三才 さんさい	6.8	
豊野 とよの	10.8	

牟礼 むれ	18.6	
古間 ふるま	25.1	
黒姫 くろひめ	28.9	
妙高高原 みょうこうこうげん	37.3	

□ えちごトキめき鉄道 妙高はねうまライン

年　月　日全線乗車

駅名	営業キロ	
妙高高原 みょうこうこうげん	0.0	
関山 せきやま	6.4	
二本木 にほんぎ	14.7	
新井 あらい	21.0	
北新井 きたあらい	23.9	
上越妙高 じょうえつみょうこう	27.3	
南高田 みなみたかだ	29.0	
高田 たかだ	31.0	
春日山 かすがやま	34.9	
直江津 なおえつ	37.7	

□ 信越本線（直江津～新潟）

年　月　日全線乗車

駅名	営業キロ	
直江津 なおえつ	0.0	
黒井 くろい	2.7	
犀潟 さいがた	7.1	
土底浜 どそこはま	9.4	
潟町 かたまち	11.2	
上下浜 じょうげはま	14.0	
柿崎 かきざき	17.6	
米山 よねやま	23.5	
笠島 かさしま	27.4	
青海川 おうみがわ	29.6	
鯨波 くじらなみ	32.6	
柏崎 かしわざき	36.3	
茨目 いばらめ	39.3	
安田 やすだ	42.2	
北条 きたじょう	44.8	
越後広田 えちごひろた	48.1	
長鳥 ながとり	50.8	
塚山 つかやま	55.8	
越後岩塚 えちごいわつか	60.5	
来迎寺 らいこうじ	63.3	
前川 まえかわ	67.4	
宮内 みやうち	70.0	
長岡 ながおか	73.0	
北長岡 きたながおか	75.5	
押切 おしきり	79.9	
見附 みつけ	84.4	
帯織 おびおり	88.5	
東光寺 とうこうじ	91.1	
三条 さんじょう	94.6	

東三条 ひがしさんじょう	96.2	
保内 ほない	100.0	
加茂 かも	103.8	
羽生田 はにゅうだ	107.9	
田上 たがみ	111.1	
矢代田 やしろだ	114.8	
古津 ふるつ	117.9	
新津 にいつ	121.1	
さつき野 の	122.6	
荻川 おぎかわ	124.9	
亀田 かめだ	129.8	
越後石山 えちごいしやま	132.2	
新潟 にいがた	136.3	

□ 長野電鉄長野線

年　月　日全線乗車

駅名	営業キロ	
長野 ながの	0.0	
市役所前 しやくしょまえ	0.4	
権堂 ごんどう	1.0	
善光寺下 ぜんこうじした	1.6	
本郷 ほんごう	2.7	
桐原 きりはら	3.6	
信濃吉田 しなのよしだ	4.3	
朝陽 あさひ	6.3	
附属中学前 ふぞくちゅうがくまえ	7.0	
柳原 やなぎはら	8.0	
村山 むらやま	10.0	
日野 ひの	11.0	
須坂 すざか	12.5	
北須坂 きたすざか	15.0	
小布施 おぶせ	17.5	
都住 つすみ	18.6	
桜沢 さくらさわ	21.3	
延徳 えんとく	23.3	
信州中野 しんしゅうなかの	25.6	
中野松川 なかのまつかわ	27.0	
信濃竹原 しなのたけはら	29.3	
夜間瀬 よませ	30.4	
上条 かみじょう	31.8	
湯田中 ゆだなか	33.2	

□ 長野電鉄河東線（かとうせん）

年　月　日全線乗車
（2002年3月31日限り廃止）

駅名	営業キロ	
信州中野 しんしゅうなかの	0.0	
中野北 なかのきた	1.6	
四ヶ郷 しかごう	3.6	
赤岩 あかいわ	4.8	
柳沢 やなぎさわ	6.3	
田上 たがみ	8.8	
信濃安田 しなのやすだ	11.4	
木島 きじま	12.9	

		廃止線を含む総距離	790.9 km
		現存線の距離	730.6 km

□ 上越線 (じょうえつせん)

年　月　日全線乗車

駅名	営業キロ	
高崎 たかさき	0.0	
高崎問屋町 たかさきとんやまち	2.8	
井野 いの	4.0	
新前橋 しんまえばし	7.3	
群馬総社 ぐんまそうじゃ	12.1	
八木原 やぎはら	17.7	
渋川 しぶかわ	21.1	
敷島 しきしま	27.5	
津久田 つくだ	30.5	
岩本 いわもと	36.3	
沼田 ぬまた	41.4	
後閑 ごかん	46.6	
上牧 かみもく	53.7	
水上 みなかみ	59.1	
湯檜曽 ゆびそ	62.7	
土合 どあい	69.3	
土樽 つちたる	80.1	
越後中里 えちごなかざと	87.4	
岩原スキー場前 いわっぱら・じょうまえ	91.1	
越後湯沢 えちごゆざわ	94.2	
石打 いしうち	100.6	
大沢 おおさわ	104.6	
上国際スキー場前 じょうこくこくさい・じょうまえ	105.6	
塩沢 しおざわ	107.9	
六日町 むいかまち	111.6	
五日町 いつかまち	118.4	
浦佐 うらさ	123.9	
八色 やいろ	127.0	
小出 こいで	132.2	
越後堀之内 えちごほりのうち	134.7	
北堀之内 きたほりのうち	138.1	
越後川口 えちごかわぐち	142.8	
小千谷 おぢや	149.4	
越後滝谷 えちごたきや	156.6	
宮内 みやうち	162.6	

□ えちごトキめき鉄道
日本海ひすいライン

年　月　日全線乗車

駅名	営業キロ	
市振 いちぶり	0.0	
親不知 おやしらず	8.6	
青海 おうみ	13.9	
糸魚川 いといがわ	20.5	
えちご押上ひすい海岸 おしあげ・かいがん	22.1	
梶屋敷 かじやしき	24.8	
浦本 うらもと	28.3	
能生 のう	33.4	
筒石 つついし	40.9	
名立 なだち	45.1	
有間川 ありまがわ	49.3	
谷浜 たにはま	52.7	
直江津 なおえつ	59.3	

□ 上信電鉄 (じょうしん)

年　月　日全線乗車

駅名	営業キロ	
高崎 たかさき	0.0	
南高崎 みなみたかさき	0.9	
佐野のわたし さの—	2.2	
根小屋 ねごや	3.7	
高崎商科大学前 たかさきしょうかだいがくまえ	5.0	
山名 やまな	6.1	
西山名 にしやまな	7.0	
馬庭 まにわ	9.4	
吉井 よしい	11.7	
西吉井 にしよしい	13.4	
上州新屋 じょうしゅうにいや	14.6	
上州福島 じょうしゅうふくしま	16.6	
東富岡 ひがしとみおか	19.3	
上州富岡 じょうしゅうとみおか	20.2	
西富岡 にしとみおか	21.0	
上州七日市 じょうしゅうなのかいち	21.8	
上州一ノ宮 じょうしゅういちのみや	23.1	
神農原 かのはら	25.4	
南蛇井 なんじゃい	28.2	
千平 せんだいら	29.9	
下仁田 しもにた	33.7	

□ 北越急行ほくほく線
ほくほくせん

年　月　日全線乗車

駅名	営業キロ	
六日町 むいかまち	0.0	
魚沼丘陵 うおぬまきゅうりょう	3.6	
美佐島 みさしま	12.2	
しんざ	14.4	
十日町 とおかまち	15.9	
まつだい	29.2	
ほくほく大島 おおしま	38.6	
虫川大杉 むしかわおおすぎ	44.8	
うらがわら	46.8	
大池いこいの森 おおいけ・もり	51.7	
くびき	53.6	
犀潟 さいがた	59.5	

□ 長野電鉄屋代線 (やしろせん)

年　月　日全線乗車

（2012年3月31日限り廃止）

駅名	営業キロ	
屋代 やしろ	0.0	
東屋代 ひがしやしろ	1.3	
雨宮 あめのみや	2.9	
岩野 いわの	5.0	
象山口 ぞうざんぐち	7.5	
松代 まつしろ	8.6	
金井山 かないやま	11.7	
大室 おおむろ	14.1	
信濃川田 しなのかわだ	15.7	
若穂 わかほ	17.2	
綿内 わたうち	18.9	
井上 いのうえ	21.4	
須坂 すざか	24.4	

□ 吾妻線 (あがつま)

年　月　日全線乗車

駅名	営業キロ	
渋川 しぶかわ	0.0	
金島 かなしま	5.5	
祖母島 うばしま	7.7	
小野上 おのがみ	11.9	
小野上温泉 おのがみおんせん	13.7	
市城 いちしろ	16.4	
中之条 なかのじょう	19.8	
群馬原町 ぐんまはらまち	22.9	
郷原 ごうはら	26.3	
矢倉 やぐら	28.0	
岩島 いわしま	30.5	
川原湯温泉 かわらゆおんせん	37.0	
長野原草津口 ながのはらくさつぐち	42.0	
群馬大津 ぐんまおおつ	44.2	
羽根尾 はねお	46.4	
袋倉 ふくろくら	49.3	
万座・鹿沢口 まんざ・かざわぐち	52.2	
大前 おおまえ	55.3	

□ 吾妻線（旧ルート）

年　月　日全線乗車

（2014年9月24日限り廃止）

駅名	営業キロ	
岩島 いわしま	0.0	
川原湯温泉 かわらゆおんせん	5.9	
長野原草津口 ながのはらくさつぐち	11.8	

□ 上田電鉄別所線 (うえだでんてつべっしょせん)

年　月　日全線乗車

駅名	営業キロ	
上田 うえだ	0.0	
城下 しろした	0.8	
三好町 みよしちょう	1.5	
赤坂上 あかさかうえ	2.2	
上田原 うえだはら	2.9	
寺下 てらした	3.8	
神畑 かばたけ	4.5	
大学前 だいがくまえ	5.2	
下之郷 しものごう	6.1	
中塩田 なかしおだ	7.4	
塩田町 しおだまち	8.0	
中野 なかの	8.5	
舞田 まいた	9.4	
八木沢 やぎさわ	10.1	
別所温泉 べっしょおんせん	11.6	

【旅のメモ】

....
....
....
....

万葉線
高岡軌道線

万葉線
新湊港線

富山地方鉄道射水線

六渡寺
中伏木
米島口
能町口
新能町
吉久
新吉久
荻布
旭ケ丘
市民病院前
志貴野中学校前
広小路
坂下町
片原町
末広町
高岡

庄川口
新湊
東新湊
新町口
中新湊
海王丸
越ノ潟

堀岡
射北中学校前
海老江
練合
新港東口

本江
打出
四方
鯰鉱泉前
布目
八町

八ケ山
新富山

富山北口

市内線

能町
江尻
越中中川
急患医療センター前

浅野川線

内灘
北間
三ツ屋
上諸江
七ツ屋
金沢

栗ケ崎
蚊爪
大河端
三口
割出
磯部

北鉄金沢

北陸鉄道

北陸本線

西金沢

西泉
新西金沢
押野
野々市
野々市工大前
馬替
額住宅前
乙丸

西金沢
野町

石川県

石川線

四十万
陽羽里
曽谷
道法寺
井口
日御子
鶴来
中鶴来
加賀一の宮

能美線

新寺井
寺井西口
末信牛島
本寺井
徳久
加賀佐野
宮竹
辰口温泉
上開発

能美根上
加賀福岡
北陸本線
五間堂
中ノ庄

湯谷石子
火釜
三ツ口
加賀岩内
灯台笹
本鶴来

手取中島

千路
羽咋
南羽咋
敷浪
宝達
免田
高松
横山
宇野気
能瀬
本津幡

七尾線

切り替え
直流
交換点
中津幡
津幡
倶利伽羅

IRいしかわ鉄道

小松線

小松
佐々木
軽海
鵜川遊泉寺

打越
若杉
加賀八幡

金名線

広瀬
瀬木野
加賀河合
大日川
下野
手取温泉
釜清水

下吉谷
西佐良
三ツ屋野
白山下

服部

加賀笠間
美川
小舞子
能美根上
明峰
小松

野々市
西松任
松任

東金沢

北陸本線

金沢
西金沢

北陸本線

北陸鉄道

内灘
森本

石川県

笠師

P102

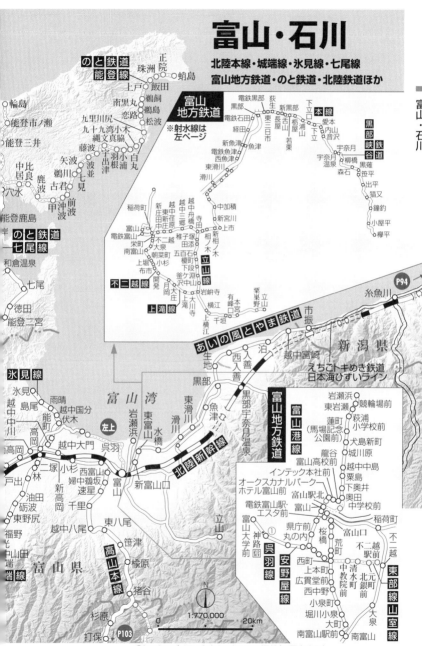

富山・石川

北陸本線・城端線・氷見線・七尾線
富山地方鉄道・のと鉄道・北陸鉄道ほか

のと鉄道
能登線

正院
珠洲
蛸島
飯田
上戸
鵜飼
南黒丸
鵜島
恋路
松波

富山地方鉄道

※射水線は
左ページ

のと鉄道
七尾線

輪島
能登市ノ瀬
能登三井
中比居良
穴水
能登鹿島
和倉温泉
七尾
徳田
能登二宮

九里川尻
九十九湾小木
縄文真脇
藤波
矢波
鵜川
波並
古君
前波
沖波
甲

宇出津
小木
白丸
羽根浦
七見

電鉄黒部
黒部
電鉄石田
経田

荻生
新黒部
長屋
若栗

下立口
栃屋
下立
内山
愛本
音沢

本線

黒部峡谷鉄道

宇奈月
宇奈月温泉
柳橋
森石
黒薙
笹平
出平
猫又
鐘釣
小屋平
欅平

新魚津
電鉄魚津
魚津
東滑川
滑川

稲荷町
富山
電鉄富山
栄町
南富山
上堀
布市
開発

新庄田中
新庄
越中中川
西魚津
中加積
中滑川

寺田
新宮川
上市
相ノ木
稚子塚
新相ノ木
五百石
榎町
下段
釜ヶ淵
沢中山
岩峅寺
横江
有峰口
上滝
本宮
立山
粟巣野
横江
千垣

越中三郷
不二越
大泉
朝菜町
小杉
月岡
大庄
大川寺

越中舟橋

不二越線

立山線

上滝線

市振

糸魚川 P94→

あいの風とやま鉄道

新潟県

えちごトキめき鉄道
日本海ひすいライン

氷見線

氷見
越中中川
島尾
能町
高岡
二塚
戸出
油田
砺波
東野尻
福野
七山田
福光

雨晴
越中国分
伏木
越中大門
越中八尾
笹津
楡原
猪谷
杉原
打保 P103

富山湾

岩瀬浜
東富山
水橋
呉羽

左上

魚津
滑川

黒部
生地
西入善
善

越中宮崎
泊

黒部
東滑川
魚津

富山地方鉄道

北陸新幹線

富山

小杉
西高岡
婦中鵜坂
速星
新高岡
千里

越中大門

新富山口

立山

高山本線

富山県

岩瀬浜
東岩瀬
競輪場前
萩浦
小学校前
蓮町(馬場記念)公園前
犬島新町
城川原
龍谷
富山高校前
インテック本社前
オークスカナルパーク・
ホテル富山前
電鉄富山駅・エスタ前
富山駅北
富山駅

富山港線

奥田中学校前
稲荷町

越中中島
粟島
下奥井
奥田

中学校前

富山地方鉄道

富山大学前
神路
呉羽園

①
県庁前
丸の内

富山口

荒町

不二越駅前

桜橋
西町
上本町
広貫堂前
西中野
小泉町
堀川小泉
富山駅前
南富山駅前
南富山

清水町
北銀前
中教院前

大町

東部線山室線

呉羽線

安野屋線

①トヨタモビリティ富山Gスクエア五福前（五福末広町）

N

1:770,000
0   20km

101

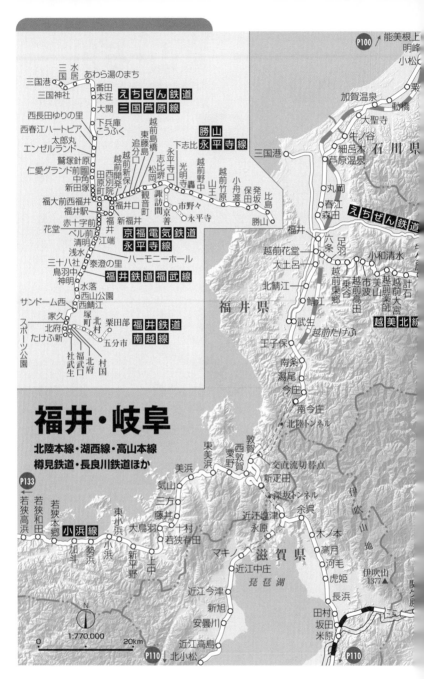

福井・岐阜

北陸本線・湖西線・高山本線
樽見鉄道・長良川鉄道ほか

えちぜん鉄道
三国芦原線

勝山永平寺線

京福電気鉄道
永平寺線

福井鉄道福武線

福井鉄道
南越線

えちぜん鉄道

越美北線

三国港
三国
三国神社
水居
番田
本荘
あわら湯のまち
西長田ゆりの里
大関
下兵庫こうふく
西春江ハートピア
越前島橋
太郎丸エンゼルランド
東藤島
追分口
越前新保
鷲塚針原
越前開発
仁愛グランド前圏
田原町
中角
観音町
新田塚
西別院
松岡
福大前西福井
福井口
福井駅
新福井
赤十字前
福井
花堂
江端
ベル前
清明
ハーモニーホール
浅水
三十八社
泰澄の里
鳥羽中
神明
水落
西山公園
サンドーム西
西鯖江
家久
塚町
北府
北村
たけふ新
栗田部
五分市
スポーツ公園
社武生
福井口
村国
北府

志比堺
永平寺口
志比
光明寺
越前竹原
越前野中
山王
小舟渡
保田
発坂
比島
勝山

下志比
永平寺

諏訪間
京善
市野々
永平寺

三国港
芦原温泉
細呂木
牛ノ谷
大聖寺
加賀温泉
動橋
粟
小松
明峰
上
能美根上

丸岡
春江
森田
福井
越前花堂
大土呂
北鯖江
鯖江
武生
王子保
南条
湯尾
今庄
南今庄
北陸トンネル
敦賀
東美浜
西敦賀
粟野
新疋田
交直流切替点
深坂トンネル
近江塩津
余呉
永原
木ノ本
高月
河毛
虎姫
長浜
田村
坂田
米原

六条
足羽
越前東郷
一乗谷
越前高田
市波
美山
越前薬師
越前大野
計石
石川県
小和清水

福井県

水落

気山
三方
藤井
大鳥羽
十村
若狭有田
上中
新平野
勢浜
小浜
加斗
東小浜

小浜線

若狭本郷
若狭和田
若狭高浜

滋賀県
マキノ
近江中庄
近江今津
新旭
安曇川
近江高島

琵琶湖

伊吹山地
伊吹山
1377▲

N
1:770,000
0　　　　20km

P133
P110 ↓北小松
P110
P100

102

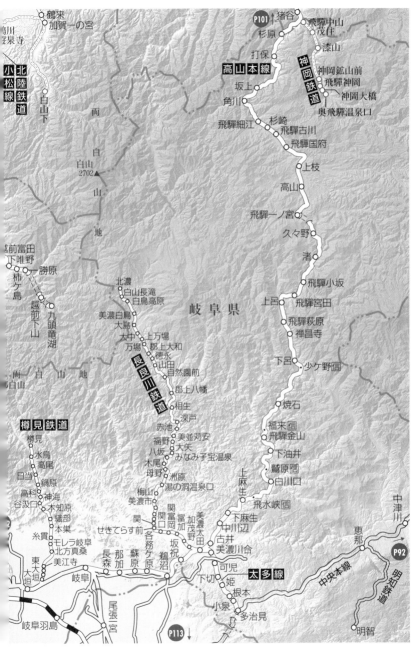

北陸鉄道
石川総線
鶴来
加賀一の宮

小松線
北陸鉄道
白山下

P101
猪谷
杉原
打保
坂上
角川

高山本線
飛騨中山
茂住
漆山

神岡鉄道
神岡鉱山前
飛騨神岡
神岡大橋
奥飛騨温泉口

飛騨細江
杉崎
飛騨古川
飛騨国府
上枝
高山
飛騨一ノ宮
久々野
渚
飛騨小坂
上呂
飛騨宮田
飛騨萩原
禅昌寺
下呂
少ケ野圓
焼石
福来圓
飛騨金山
下油井
鷲原圓
白川口
飛水峡圓

両
白
山
白山 2702▲

岐阜県

白
山
地

越前富田
下唯野
勝原
柿ケ島
越前下山
九頭竜湖
両
白山地

樽見鉄道
樽見
水鳥
高尾
日当
鍋原
高科
神海
谷汲口
木知原
織部
本巣
糸貫
モレラ岐阜
北方真桑
東大垣
大垣
美江寺

北濃
白山長滝
白鳥高原
美濃白鳥
大鷲
大中
万場
上万場
郡上大和
徳永
山田
自然園前
郡上八幡
相生
深戸
赤池
福野
八坂
木尾
母野
洲原
梅山
美濃市

長良川鉄道

美並苅安
大矢
みなみ子宝温泉
湯の洞温泉口

上麻生
下麻生
中川辺
美濃太田
古井
美濃川合

関
せきてらす前
関口
関
富岡口
富加
加茂野
美濃加茂
坂祝
鵜沼

太多線

各務原
坂祝
那加
蘇原
三柿野
長森
岐阜
岐阜羽島
尾張一宮

下切
姫
根本
小泉
多治見

可児
明智

中央本線

恵那
明智

P92
P113
P113

中津川

103

富山・石川・福井・岐阜 ①

□ 北陸本線 (ほくりく)

年　月　日全線乗車

駅名	営業キロ	
米原 まいばら	0.0	
坂田 さかた	2.4	
田村 たむら	4.7	
長浜 ながはま	7.7	
虎姫 とらひめ	12.8	
河毛 かわけ	15.6	
高月 たかつき	18.2	
木ノ本 きのもと	22.4	
余呉 よご	26.5	
近江塩津 おうみしおつ	31.4	
新疋田 しんひきだ	39.2	
敦賀 つるが	45.9	
南今庄 みなみいまじょう	62.5	
今庄 いまじょう	65.1	
湯尾 ゆのお	68.7	
南条 なんじょう	72.2	
王子保 おうしお	76.7	
武生 たけふ	81.0	
鯖江 さばえ	86.2	
北鯖江 きたさばえ	89.4	
大土呂 おおどろ	94.1	
越前花堂 えちぜんはなんどう	97.3	えちぜんはなんどう
福井 ふくい	99.9	
森田 もりた	105.8	
春江 はるえ	108.1	
丸岡 まるおか	111.8	
芦原温泉 あわらおんせん	117.6	あわらおんせん
細呂木 ほそろぎ	121.4	
牛ノ谷 うしのや	124.5	
大聖寺 だいしょうじ	130.2	
加賀温泉 かがおんせん	134.3	
動橋 いぶりはし	137.5	
粟津 あわづ	142.4	
小松 こまつ	148.2	
明峰 めいほう	151.0	
能美根上 のみねあがり	154.0	
小舞子 こまいこ	157.0	
美川 みかわ	158.8	
加賀笹間 かがささづか	162.8	
西松任 にしまっとう		
松任 まっとう	167.2	
野々市 ののいち	170.5	
西金沢 にしかなざわ	172.9	
金沢 かなざわ	176.6	

□ IRいしかわ鉄道

年　月　日全線乗車

駅名	営業キロ	
金沢 かなざわ	0.0	
東金沢 ひがしかなざわ	2.6	
森本 もりもと	5.4	
津幡 つばた	11.5	
倶利伽羅 くりから	17.8	

□ あいの風とやま鉄道

年　月　日全線乗車

駅名	営業キロ	
倶利伽羅 くりから	0.0	
石動 いするぎ	6.8	
福岡 ふくおか	14.0	
西高岡 にしたかおか	17.5	
高岡やぶなみ	20.2	たかおか―
高岡 たかおか	22.8	
越中大門 えっちゅうだいもん	26.5	えっちゅうだいもん
小杉 こすぎ	30.2	
呉羽 くれは	36.8	
富山 とやま	41.6	
新富山口 しんとやまぐち	45.6	しんとやまぐち
東富山 ひがしとやま	48.2	
水橋 みずはし	53.1	
滑川 なめりかわ	58.6	
東滑川 ひがしなめりかわ	62.1	
魚津 うおづ	67.1	
黒部 くろべ	73.4	
生地 いくじ	77.4	
西入 にしにゅうせん	81.6	
入善 にゅうぜん	85.5	
泊 とまり	90.7	
越中宮崎 えっちゅうみやざき	95.4	えっちゅうみやざき
市振 いちぶり	100.1	

□ 湖西線 (こせい)

年　月　日全線乗車

駅名	営業キロ	
山科 やましな	0.0	
大津京 おおつきょう	5.4	
唐崎 からさき	8.5	
比叡山坂本 ひえいざんさかもと	11.1	ひえいざんさかもと
おごと温泉	14.5	おんせん
堅田 かたた	17.7	
小野 おの	19.8	
和邇 わに	22.5	
蓬莱 ほうらい	24.9	
志賀 しが	27.3	
比良 ひら	30.0	
近江舞子 おうみまいこ	32.2	
北小松 きたこまつ	34.5	
近江高島 おうみたかしま	40.9	おうみたかしま
安曇川 あどがわ	45.0	
新旭 しんあさひ	48.3	
近江今津 おうみいまづ	53.2	
近江中庄 おうみなかしょう	58.0	おうみなかしょう
マキノ	61.2	
永原 ながはら	68.3	
近江塩津 おうみしおつ	74.1	

□ 城端線 (じょうはな)

年　月　日全線乗車

駅名	営業キロ	
高岡 たかおか	0.0	
新高岡 しんたかおか	1.8	
二塚 ふたつか	3.3	
林 はやし	4.6	
戸出 といで	7.3	
油田 あぶらでん	10.7	
砺波 となみ	13.3	
東野尻 ひがしのじり	15.5	
高儀 たかぎ	17.0	
福野 ふくの	19.4	
東石黒 ひがしいしぐろ	22.0	
福光 ふくみつ	24.7	
越中山田 えっちゅうやまだ	27.5	えっちゅうやまだ
城端 じょうはな	29.9	

□ 氷見線 (ひみせん)

年　月　日全線乗車

駅名	営業キロ	
高岡 たかおか	0.0	
越中中川 えっちゅうなかがわ	1.7	えっちゅうなかがわ
能町 のうまち	4.1	
伏木 ふしき	7.3	
越中国分 えっちゅうこくぶ	9.0	えっちゅうこくぶ
雨晴 あまはらし	10.9	
島尾 しまお	13.5	
氷見 ひみ	16.5	

□ 富山地方鉄道立山線 (たてやません)

年　月　日全線乗車

駅名	営業キロ	
寺田 てらだ	0.0	
稚子塚 ちごづか	1.4	
田添 たぞえ	2.1	
五百石 ごひゃくこく	3.7	
榎町 えのきまち	4.6	
下段 しただん	5.7	
釜ケ淵 かまがふち	7.4	
沢中山 さわなかやま	8.6	
岩峅寺 いわくらじ	10.2	
横江 よこえ	13.5	
上横江 かみよこえ	14.1	
千垣 ちがき	17.3	
有峰口 ありみねぐち	17.9	
本宮 ほんぐう	19.4	
粟巣野 あわすの	22.9	
立山 たてやま	24.2	

【旅のメモ】

....
....
....

私が乗車した距離　　km

☐ 富山地方鉄道本線

年　月　日全線乗車

駅名	営業キロ	
電鉄富山 でんてつとやま	0.0	
稲荷町 いなりまち	1.6	
新庄田中 しんじょうたなか	2.5	
東新庄 ひがししんじょう	3.6	
越中荏原 えっちゅうえばら	4.7	
越中三郷 えっちゅうさんごう	7.0	
越中舟橋 えっちゅうふなはし	8.5	
寺田 てらだ	9.8	
越中泉 えっちゅういずみ	10.5	
相ノ木 あいのき	11.3	
新相ノ木 しんあいのき	12.1	
上市 かみいち	13.3	
新宮川 しんみやがわ	15.1	
中加積 なかかづみ	17.1	
西加積 にしかづみ	18.7	
西滑川 にしなめりかわ	19.8	
中滑川 なかなめりかわ	20.6	
滑川 なめりかわ	21.8	
浜加積 はまかづみ	23.2	
早月加積 はやつきかづみ	24.4	
越中中村 えっちゅうなかむら	25.6	
西魚津 にしうおづ	27.6	
電鉄魚津 でんてつうおづ	28.9	
新魚津 しんうおづ	30.2	
経田 きょうでん	32.9	
電鉄石田 でんてついしだ	34.9	
電鉄黒部 でんてつくろべ	37.2	
東三日市 ひがしみっかいち	37.8	
荻生 おぎゅう	38.6	
長屋 ながや	39.6	
新黒部 しんくろべ	40.7	
舌山 したやま	41.0	
若栗 わかぐり	41.7	
栃屋 とちや	42.8	
浦山 うらやま	44.3	
下立口 おりたてぐち	45.6	
下立 おりたて	46.3	
愛本 あいもと	47.6	
内山 うちやま	48.7	
音沢 おとざわ	49.5	
宇奈月温泉 うなづきおんせん	53.3	

【旅のメモ】

....

....

....

....

☐ 富山地方鉄道不二越線

年　月　日全線乗車

駅名	営業キロ
稲荷町 いなり	0.0
栄町 さかえまち	0.6
不二越 ふじこし	1.0
大泉 おおいずみ	2.2
南富山 みなみとやま	3.3

☐ 富山地方鉄道上滝線

年　月　日全線乗車

駅名 かみだき	営業キロ
南富山 みなみとやま	0.0
朝菜町 あさなまち	1.3
上堀 かみほり	2.1
小杉 こすぎ	2.7
布市 ぬのいち	3.2
開発 かいはつ	4.4
月岡 つきおか	6.6
大庄 おおしょう	7.9
上滝 かみだき	10.1
大川寺 だいせんじ	11.2
岩峅寺 いわくらじ	12.4

☐ 富山地方鉄道射水線

年　月　日全線乗車

(1980年3月31日限り廃止)

駅名 いみず	営業キロ
新富山 しんとやま	0.0
富山北口 とやまきたぐち	1.0
八ケ山 はちがやま	2.7
八町 はっちょう	4.6
布目 ぬのめ	5.5
鯰鉱泉前 なまずこうせんまえ	6.4
四方 よかた	7.1
打出 うちいで	8.4
本江 ほんごう	9.2
練合 ねりや	10.4
海老江 えびえ	11.9
射北中学校前 しゃほくちゅうがっこうまえ	12.7
堀岡 ほりおか	13.7
新港東口 しんこうひがしぐち	14.4

☐ 富山地方鉄道富山港線

年　月　日全線乗車

駅名 とやまこう	営業キロ
富山 とやま	0.0
富山駅北 とやまえききた	0.1
オーヴスカナルバークホテル富山前	0.3
インテック本社前 ほんしゃまえ	0.5
龍谷富山高校前 りゅうこくとやまこうこうまえ	0.8
奥田中学校前 おくだちゅうがっこうまえ	1.2
下奥井 しもおくい	2.1
粟島 あわじま	2.9
越中中島 えっちゅうなかじま	3.3
城川原 じょうがわら	4.3
犬島新町 いぬじましんまち	4.7
蓮町 はすまち	5.5
萩浦小学校前 はぎうらしょうがっこうまえ	6.2
東岩瀬 ひがしいわせ	6.7
競輪場前 けいりんじょうまえ	7.3
岩瀬浜 いわせはま	7.7

☐ 富山港線 (JR・廃止区間)

年　月　日全線乗車

(2006年2月28日限り廃止)

駅名 とやまこう	営業キロ
富山 とやま	0.0
富山口 とやまぐち	0.7
下奥井 しもおくい	2.3

☐ 黒部峡谷鉄道 くろべきょうこくてつどう

年　月　日全線乗車

駅名	営業キロ	
宇奈月 うなづき	0.0	
柳橋 やなぎばし	2.1	乗降不可
森石 もりいし	5.1	乗降不可
黒薙 くろなぎ	6.5	
笹平 ささだいら	7.0	乗降不可
出平 だしだいら	9.1	乗降不可
猫又 ねこまた	11.8	乗降不可
鐘釣 かねつり	14.3	
小屋平 こやだいら	17.5	乗降不可
欅平 けやきだいら	20.1	

富山地方鉄道軌道線　　　　※=1984年3月31日限り廃止

線名	区間	営業キロ	全線乗車
☐ 本線 ほん	電鉄富山駅・エスタ前～南富山駅前	3.6	年　月　日
☐ 支線 し	電鉄富山駅・エスタ前～丸の内	1.0	年　月　日
☐ 安野屋線 やすのや	丸の内～安野屋	0.6	年　月　日
☐ 呉羽線 くれは	安野屋～富山大学前	1.2	年　月　日
☐ 富山都心線	丸の内～西町 とやまとしん	0.9	年　月　日
☐ 富山駅南北接続線	富山駅～支線接続点	0.2	年　月　日
☐ 東部線※	西町～中教院前 かんじょう	0.4	年　月　日
☐ 山室線※	中教院前～不二越駅前 やまむろ	1.0	年　月　日

万葉線 まんようせん

線名	区間	営業キロ	全線乗車
☐ 高岡軌道線 たかおかきどう	高岡駅前～六渡寺	7.9	年　月　日
☐ 新湊港線 しんみなとこう	越ノ潟～六渡寺	4.9	年　月　日

□ 七尾線

年　月　日全線乗車

駅名	営業キロ	
津幡 つばた	0.0	
中津幡 なかつばた	1.8	
本津幡 ほんつばた	2.9	
能瀬 のせ	5.1	
宇野気 うのけ	8.8	
横山 よこやま	11.8	
高松 たかまつ	14.4	
免田 めんでん	17.8	
宝達 ほうだつ	20.9	
敷浪 しきなみ	24.2	
南羽咋 みなみはくい	26.7	
羽咋 はくい	29.7	
千路 ちじ	33.8	
金丸 かねまる	37.5	
能登部 のとべ	41.1	
良川 よしかわ	43.9	
能登二宮 のとにのみや	46.1	
徳田 とくだ	48.9	
七尾 ななお	54.4	
和倉温泉	59.5	わくらおんせん

□ のと鉄道七尾線

年　月　日全線乗車

駅名	営業キロ	
和倉温泉	0.0	わくらおんせん
田鶴浜 たつるはま	3.5	
笠師保 かさしほ	7.6	
能登中島	11.2	のとなかじま
西岸 にしぎし	17.4	
能登鹿島 のとかしま	21.7	
穴水 あなみず	28.0	

□ 同線（廃止区間）

年　月　日全線乗車

（2001年3月31日限り廃止）

駅名	営業キロ	
穴水 あなみず	0.0	
能登三井 のとみい	11.0	
能登市ノ瀬	16.0	のといちのせ
輪島 わじま	20.4	

□ のと鉄道能登線

年　月　日全線乗車

（2005年3月31日限り廃止）

駅名	営業キロ	
穴水 あなみず	0.0	
中居 なかい	5.3	
比良 ひら	7.6	
鹿波 かなみ	10.5	

甲 かぶと	14.3	
沖波 おきなみ	17.0	
前波 まえなみ	18.1	
古君 ふるぎみ	19.9	
鵜川 うかわ	22.9	
七見 しちみ	24.1	
矢波 やなみ	25.6	
波並 なみなみ	27.8	
藤波 ふじなみ	30.0	
宇出津 うしつ	32.7	
羽根 はね	35.3	
小浦 おうら	37.0	
縄文真脇	38.4	じょうもんまわき
九十九湾小木	40.4	つくもわんおぎ
白丸 しろまる	42.5	
九里川尻 くりかわしり	44.4	
松波 まつなみ	46.4	
恋路 こいじ	48.2	
鵜島 うしま	49.0	
南黒丸 みなみくろまる	50.1	
鵜飼 うかい	51.7	
上戸 うえど	54.4	
飯田 いいだ	56.1	
珠洲 すず	57.4	
正院 しょういん	59.0	
蛸島 たこじま	61.0	

□ 北陸鉄道浅野川線

年　月　日全線乗車

駅名	営業キロ	
北鉄金沢 ほくてつかなざわ	0.0	
七ツ屋 ななつや	0.6	
上諸江 かみもろえ	1.5	
磯部 いそべ	2.2	
割出 わりだし	2.8	
三口 みつくち	3.3	
三ツ屋 みつや	3.9	
大河端 おこばた	4.5	
北間 きたま	5.1	
蚊爪 かがつめ	5.5	
粟ケ崎 あわがさき	6.3	
内灘 うちなだ	6.8	

□ 北陸鉄道石川線

年　月　日全線乗車

駅名	営業キロ	
野町 のまち	0.0	
西泉 にしいずみ	1.0	
新西金沢	2.1	しんにしかなざわ
押野 おしの	3.4	
野々市 ののいち	4.0	
野々市工大前	4.5	ののいちこうだいまえ
馬替 まがえ	5.5	
額住宅前	6.1	ぬかじゅうたくまえ
乙丸 おとまる	6.8	
四十万 しじま	8.2	
陽羽里 ひばり	8.8	
曽谷 そだに	9.3	
道法寺 どうほうじ	9.9	
井口 いのくち	10.7	
小柳 おやなぎ	11.4	
日御子 ひのみこ	12.1	
鶴来 つるぎ	13.8	

□ 同線（廃止区間）

年　月　日全線乗車

（2009年10月31日限り廃止）

駅名	営業キロ	
鶴来 つるぎ	0.0	
中鶴来 なかつるぎ	0.8	
加賀一の宮 かがいちのみや	2.1	

□ 北陸鉄道金名線

年　月　日全線乗車

（1984年12月12日より休止、
1987年4月28日限り廃止）

駅名	営業キロ	
加賀一の宮	0.0	かがいちのみや
手取中島	2.7	てどりなかじま
広瀬 ひろせ	3.0	
瀬木野 せぎの	4.5	
服部 はっとり	5.0	
加賀河合	5.8	かがかわい
大日川 だいにちがわ	6.6	
下野 しもの	7.4	
手取温泉	8.5	てどりおんせん
釜清水 かましみず	9.6	
下吉谷 しもよしたに	12.5	
西佐良 にしさら	14.1	
三ツ屋野	15.3	みつやの
白山下 はくさんした	16.8	

□ 越美北線

年　月　日全線乗車

駅名	営業キロ	
越前花堂 えちぜんはなんどう	0.0	
六条 ろくじょう	2.3	
足羽 あすわ	3.7	
越前東郷 えちぜんとうごう	5.7	
一乗谷 いちじょうだに	8.3	
越前高田 えちぜんたかだ	11.4	
市波 いちなみ	12.6	
小和清水 こわしょうず	14.6	
美山 みやま	17.5	
越前薬師 えちぜんやくし	19.5	
越前大宮 えちぜんおおみや	22.2	
計石 はかりいし	24.4	
牛ケ原 うしがはら	27.6	
北大野 きたおおの	29.4	
越前大野 えちぜんおおの	31.4	
越前田野 えちぜんたの	34.3	
越前富田 えちぜんとみだ	35.7	
下唯野 しもゆいの	38.8	
柿ケ島 かきがしま	39.8	
勝原 かどはら	42.3	
越前下山 えちぜんしもやま	48.8	
九頭竜湖 くずりゅうこ	52.5	

□ 北陸鉄道能美線

年　月　日全線乗車
(1980年9月13日限り廃止)

駅名	営業キロ	
新寺井 しんてらい	0.0	
加賀福岡 かがふくおか	1.3	
中ノ庄 なかのしょう	1.9	
五間堂 ごけんどう	2.6	
寺井西口 てらいにしぐち	2.9	
本寺井 ほんてらい	3.7	
末信牛島 すえのぶうしじま	4.5	
加賀佐野 かがさの	5.2	
湯谷石子 ゆのたにいしこ	5.8	
徳久 とくひさ	7.4	
上開発 かみかいほつ	8.5	
辰口温泉 たつのくちおんせん	9.1	
来丸 らいまる	10.2	
火釜 ひがま	10.7	
加賀岩内 かがいわうち	11.3	
三ツ口 みつくち	12.3	
宮竹 みやたけ	13.1	
灯台笹 とだしの	14.6	
岩本 いわもと	15.3	
本鶴来 ほんつるぎ	16.4	
鶴来 つるぎ	16.7	

□ 福井鉄道福武線

年　月　日全線乗車

駅名	営業キロ	
たけふ新 -しん	0.0	
北府 きたご	0.6	
スポーツ公園 -こうえん	1.7	
家久 いえひさ	2.4	
サンドーム西 -にし	4.1	
西鯖江 にしさばえ	5.3	
西山公園 にしやまこうえん	6.0	
水落 みずおち	7.3	
神明 しんめい	8.5	
鳥羽中 とばなか	9.7	
三十八社 さんじゅうはっしゃ	10.9	
泰澄の里 たいちょうのさと	12.1	
浅水 あそうず	13.0	
ハーモニーホール	13.8	
清明 せいめい	14.9	
江端 えばた	15.5	
ベル前 -まえ	16.1	
花堂 はなんどう	16.9	
赤十字前 せきじゅうじまえ	17.8	
商工会議所前 しょうこうかいぎしょまえ	18.4	
足羽山公園口 あしばやまこうえんぐち	18.9	
本町通り ほんまちどおり	19.5	
福井城址大名町 ふくいじょうしだいみょうまち	19.6	
仁愛女子高校 じんあいじょしこうこう	20.2	
田原町 たわらまち	20.9	

□ 同線（支線）

年　月　日全線乗車

駅名	営業キロ	
福井城址大名町 ふくいじょうしだいみょうまち	0.0	
福井駅 ふくいえき	0.6	

□ 北陸鉄道小松線

年　月　日全線乗車
(1986年5月31日限り廃止)

駅名	営業キロ	
小松 こまつ	0.0	
沖 おき	0.9	
打越 うちこし	2.1	
若杉 わかすぎ	2.5	
加賀八幡 かがやわた	3.2	
佐々木 ささき	3.9	

軽海 かるみ	5.3	
鵜川遊泉寺 うかわゆうせんじ	5.9	

□ 福井鉄道南越線

年　月　日全線乗車
(1981年3月31日限り廃止)

駅名	営業キロ	
社武生 しゃたけふ	0.0	
福武口 ふくぶぐち	0.3	
北府 きたごう	0.8	
村国 むらくに	2.4	
塚町 つかまち	3.9	
北村 きたむら	4.3	
五分市 ごぶいち	6.8	
粟田部 あわたべ	8.7	

【旅のメモ】

....
....
....
....
....
....
....
....
....
....
....

□ えちぜん鉄道勝山永平寺線 かつやまえいへいじ

駅名	営業キロ	年 月 日全線乗車
福井 ふくい	0.0	
新福井 しんふくい	0.5	
福井口 ふくいぐち	1.5	
越前開発	2.4	えちぜんかいほつ
越前新保	3.4	えちぜんしんぼ
追分口 おいわけぐち	4.4	
東藤島 ひがしふじしま	5.3	
越前島橋	6.0	えちぜんしまばし
観音町 かんのんまち	7.3	
松岡 まつおか	8.4	
志比堺 しいざかい	9.3	
永平寺口	10.9	えいへいじぐち
下志比 しもしい	11.9	
光明寺 こうみょうじ	12.7	
轟 どめき	14.2	
越前野中	15.7	えちぜんのなか
山王 さんのう	17.2	
越前竹原	19.3	えちぜんたけはら
小舟渡 こぶなと	21.2	
保田 ほた	23.1	
発坂 ほっさか	24.5	
比島 ひしま	26.4	
勝山 かつやま	27.8	

□ えちぜん鉄道三国芦原線 みくにあわら

駅名	営業キロ	年 月 日全線乗車
福井口 ふくいぐち	0.0	
まつもと町屋	1.0	-まちや
西別院 にしべついん	1.6	
田原町 たわらまち	2.1	
福大前西福井	2.8	ふくだいまえにしふくい
日華化学前	3.6	にっかかがくまえ
八ツ島 やつしま	4.2	
新田塚 にったづか	4.9	
中角 なかつの	5.9	
仁愛グランド前 圖	7.3	じんあいーまえ
鷲塚針原	8.1	わしづかはりばら
太郎丸 エンゼルランド	9.2	たろうまる-
西春江 ハートピア	10.1	にしはるえ-
西長田 ゆりの里	11.7	にしながた- さと
下兵庫 こうふく	13.6	しもひょうご-

駅名	営業キロ	年 月 日全線乗車
大関 おおぜき	15.4	
本荘 ほんじょう	17.4	
番田 ばんでん	18.3	
あわら湯のまち	20.0	-ゆ-
水居 みずい	22.0	
三国神社	23.4	みくにじんじゃ
三国 みくに	24.2	
三国港 みくにみなと	25.2	

□ 京福電気鉄道永平寺線 けいふくでんき えいへいじ

駅名	営業キロ	年 月 日全線乗車
(2001年6月24日限り休止・ 2002年10月20日限り廃止)		
東古市 ひがしふるいち	0.0	現・永平寺口
諏訪間 すわま	1.0	
京善 きょうぜん	2.8	
市野々 いちのの	4.0	
永平寺 えいへいじ	6.2	

□ 太多線 たいた

駅名	営業キロ	年 月 日全線乗車
多治見 たじみ	0.0	
小泉 こいずみ	3.2	
根本 ねもと	4.8	
姫 ひめ	7.9	
下切 しもぎり	9.4	
可児 かに	12.8	
美濃川合 みのかわい	15.4	
美濃太田 みのおおた	17.8	

□ 神岡鉄道 かみおか

駅名	営業キロ	年 月 日全線乗車
(2006年11月30日限り廃止)		
猪谷 いのたに	0.0	
飛騨中山 ひだなかやま	2.3	
茂住 もずみ	5.2	
漆山 うるしやま	9.4	
神岡鉱山前 かみおかこうざんまえ	16.9	
飛騨神岡 ひだかみおか	18.1	
神岡大橋	19.1	かみおかおおはし
奥飛騨温泉口 おくひだおんせんぐち	19.9	

□ 高山本線 たかやま

駅名	営業キロ	年 月 日全線乗車
岐阜 ぎふ	0.0	
長森 ながもり	4.2	
那加 なか	7.2	
蘇原 そはら	10.4	
各務ケ原 かがみがはら	13.2	
鵜沼 うぬま	17.3	
坂祝 さかほぎ	22.5	
美濃太田 みのおおた	27.3	
古井 こび	30.3	
中川辺 なかかわべ	34.1	
下麻生 しもあそう	37.9	
上麻生 かみあそう	43.2	
白川口 しらかわぐち	53.1	
下油井 しもゆい	61.7	
飛騨金山 ひだかなやま	66.7	
焼石 やけいし	75.7	
下呂 げろ	88.3	
禅昌寺 ぜんしょうじ	93.5	
飛騨萩原 ひだはぎわら	96.7	
上呂 じょうろ	100.8	
飛騨宮田 ひだみやだ	105.4	
飛騨小坂 ひだおさか	108.8	
渚 なぎさ	115.9	
久々野 くぐの	123.2	
飛騨一ノ宮 ひだいちのみや	129.5	ひだいちのみや
高山 たかやま	136.4	
上枝 ほずえ	141.0	
飛騨国府 ひだこくふ	147.6	
飛騨古川 ひだふるかわ	151.3	
杉崎 すぎさき	153.6	
飛騨細江 ひだほそえ	156.0	
角川 つのがわ	161.7	
坂上 さかかみ	166.6	
打保 うつぼ	176.5	
杉原 すぎはら	180.5	
猪谷 いのたに	189.2	
楡原 にれはら	196.2	
笹津 ささづ	200.5	
東八尾 ひがしやつお	205.0	
越中八尾 えっちゅうやつお	208.7	えっちゅうやつお
千里 ちさと	213.6	
速星 はやほし	217.9	
婦中鵜坂 ふちゅううさか	219.6	ふちゅううさか
西富山 にしとやま	222.2	
富山 とやま	225.8	

私が乗車した距離　　　　km

廃止線を含む総距離	429.3 km
現存線の距離	403.2 km

□ 長良川鉄道越美南線（ながらがわ えつみなん）

年　月　日全線乗車

駅名	営業キロ	
美濃太田 みのおおた	0.0	
前平公園	1.7	まえひらこうえん
加茂野 かもの	3.7	
富加 とみか	5.9	
関富岡 せきとみおか	8.2	
関口 せきぐち	9.7	
せきてらす前	11.2	-まえ
関 せき	12.0	
関市役所前	13.0	せきしやくしょまえ
関下有知 せきしもうち	14.6	
松森 まつもり	16.1	
美濃市 みのし	17.7	
梅山 うめやま	18.8	
湯の洞温泉口	22.3	ゆのほらおんせんぐち
洲原 すはら	24.7	
母野 はんの	26.1	
木尾 こんの	27.3	
八坂 やさか	29.4	
みなみ子宝温泉	30.6	-こだからおんせん
大矢 おおや	31.8	
福野 ふくの	32.9	
美並苅安	34.8	みなみかりやす
赤池 あかいけ	36.3	
深戸 ふかど	38.5	
相生 あいおい	43.0	
郡上八幡 ぐじょうはちまん	46.9	
自然園前	50.9	しぜんえんまえ
山田 やまだ	54.0	
徳永 とくなが	55.9	
郡上大和	57.3	ぐじょうやまと
万場 まんば	59.7	
上万場 かみまんば	61.1	
大中 おおなか	62.4	
大島 おおしま	64.3	
美濃白鳥 みのしろとり	66.1	
白鳥高原	69.6	しろとりこうげん
白山長滝	70.9	はくさんながたき
北濃 ほくのう	72.1	

□ 樽見鉄道（たるみ）

年　月　日全線乗車

駅名	営業キロ	
大垣 おおがき	0.0	
東大垣 ひがしおおがき	2.7	
横屋 よこや	4.5	
十九条 じゅうくじょう	5.5	
美江寺 みえじ	7.5	
北方真桑	10.8	きたがたまくわ
モレラ岐阜	12.5	-ぎふ
糸貫 いとぬき	13.4	
本巣 もとす	16.2	
織部 おりべ	17.5	
木知原 こちぼら	20.2	
谷汲口 たにぐみぐち	21.6	
神海 こうみ	23.6	
高科 たかしな	25.2	
鍋原 なべら	26.4	
日当 ひなた	28.3	
高尾 たかお	30.5	
水鳥 みどり	32.5	
樽見 たるみ	34.5	

【旅のメモ】

八王子線

近鉄湯の山線

中原川

あすなろう四日市
南浜田圖

四日市あすなろう鉄道

西日野
南日永
日永
赤堀

小古曽
内部
泊
追分

近鉄名古屋線

内部線

近江今津
新旭
安曇川
近江高島

湖西線

琵琶湖

P102 ↑長浜

田村
坂田

フジテック前

ひこね芹川
彦根
彦根口
南彦根
河瀬
稲枝

東海道本線

能登川
新八日市
太郎坊宮前
安土

五箇荘

尼子
豊郷
愛知川

多賀大社前

北小松
近江舞子
比良
志賀
蓬萊
和邇
小野
堅田

比良山地

滋賀県

鳥居本

高宮

近江鉄道本線

河辺の森
八日市
長谷野
大学前
京セラ前
桜川
朝日大塚
朝日野
日野

叡山電鉄鞍馬線

P121

叡山電鉄

叡山本線電鉄

近江八幡

おごと温泉

比叡山坂本
唐崎

大津京
山科
京都

大津
膳所
南草津

山科

大津京

篠原

野洲
守山
栗東
草津
手原
石部

武佐
平田
市辺

近江鉄道
八日市線

甲西

草津線

三雲

朝日野

水口松尾
水口城南
水口石橋
水口

貴生川
甲南
寺庄
甲賀
油日

西大路
向日町
長岡京
山崎

京都府

桂川

京阪本線

P121

片町線

奈良線

P121

瀬田
石山

信楽高原鐵道

紫香楽宮跡
雲井
勅旨
信楽
玉桂寺前

小野谷圖

佐那具

伊賀上野

新堂
柘植

中在家圖

笠置

加茂

大河原

月ケ瀬口
島ケ原

西大手
上野市

関西本線

広小路
茅町
桑町
猪田道
四十九

近鉄大阪線

木津

奈良

片町線

関西本線

市部
依那古
丸山
上林
比土

美旗

伊賀鉄道

桔梗が丘
名張

赤目口

三本松

室生口大野

王寺

奈良県

桜井線

伊賀上津
青山町
伊賀神戸

西青山
東青山

新青山トンネル

大阪線

P123

P129

P129

110

名古屋・京都

新垂井　荒尾　美濃坂　岐阜
関ケ原　　　西岐阜
　　　　　穂積
近江長岡　　大垣　　　　木曽川
柏原　垂井　　　　　　　尾張一宮
　　養老山地　岐阜県
　　　　　　　　稲沢　清洲
阿下喜　　　　　　　　　名古屋
西藤原　六石　麻生田　　伏見野
西野尻　上笠田　北大泉　米野　烏森
東藤原　　大泉　大社鏡　　蟹春　永和
伊勢治田　丹生川　星川　蓮花寺　八田　金山
三岐鉄道　三里　穴太　馬道　　伏見屋　熱田
北勢線　大安　七和　島　　近鉄弥富　戸田
梅戸井　　六把野　平津　近鉄長島　近鉄蟹江　笠寺
北勢中央公園口　員弁　良川田　桑名　西桑名　南大高
三岐鉄道　保々　山城　暁学園前　伊勢朝日　大高
三岐線　　　大矢知　三岐朝明(現圖)　共和
湯の山温泉　菰野　近鉄富田　川越富洲原
　　桜　　阿倉川　富田
湯の山線　近鉄四日市　富田浜
四日市　西日野　四日市
あすなろう鉄道　内部　海山道　南四日市
鈴鹿市　塩浜
加佐登　河曲　北楠
近鉄鈴鹿線　河原田　長太ノ浦
　　　　　柳　箕田
関　亀山　平田町　鈴鹿　伊勢若松
　　井田川　玉垣　千代崎
サーキット稲生　　白子　近鉄名古屋線
下庄　徳田　中瀬古　鼓ケ浦
　　　磯山
伊勢上野　千里
河芸　豊津上野
一身田　白塚
重県　高田本山　伊勢湾
　南が丘　江戸橋
伊勢石橋　津　津新町
川合高岡　阿漕
桃園　名古屋・京都
久居　高茶屋
伊勢中川　六軒
　　松ケ崎
松阪　東松阪

馬道　桑名
　　西桑名
　　益生
三岐朝明　朝日　伊勢朝日
(現圖)
　　　　富田西口
大矢知　川越富洲原
近鉄富田
　　　富田
　　　富田浜

名古屋・京都
東海道本線（豊橋〜神戸）・関西本線・草津線
名古屋鉄道・近畿日本鉄道
伊勢鉄道・三岐鉄道・近江鉄道
四日市あすなろう鉄道ほか

N
1:540,000
0　　　　　20km

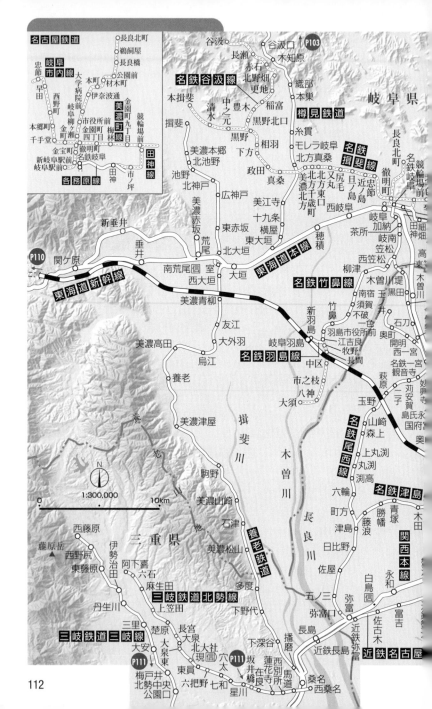

名古屋鉄道

名鉄谷汲線

樽見鉄道

名鉄揖斐線

名鉄各務原線

美濃町線

岐阜市内線

田神線

東海道本線

東海道新幹線

名鉄竹鼻線

名鉄羽島線

名鉄尾西線

名鉄津島線

関西本線

養老鉄道

三岐鉄道北勢線

三岐鉄道三岐線

近鉄名古屋

岐阜県

三重県

P103
P110
P111

1:300,000
10km

N

112

名古屋・岐阜

名古屋・岐阜

P103
P92
P114
P115

113

名古屋臨海高速鉄道
西名古屋港線
（あおなみ線）

三重県

名古屋鉄道 常滑線

名鉄 空港線

名鉄 河和線

名鉄 知多新線

武豊線

名鉄 三河線

稲永
東名古屋港
野跡
金城ふ頭
聚楽園
新日鉄前
太田川
尾張横須賀
寺本
朝倉
古見
長浦
日長
新舞子
大野町
西ノ口
蒲池
榎戸
多屋
常滑
りんくう常滑
中部国際空港

大江
大同町
笠寺
柴田
名和
南大高
高横須賀
加木屋
中ノ池
南加木屋
八幡新田
裏ケ丘
白沢
坂部
阿久比
椋岡
植大
半田口
住吉町
知多半田
成岩
青山
東成岩
上ゲ
知多武豊
別曽池圏
富貴
布土
河和口
河和
上野間
美浜緑苑
知多奥田
野間
内海

本星崎
鳴海
有松
大高
共和
大府
尾張森岡
緒川
石浜
東浦
亀崎
乙川
半田

左京山
中京競馬場前
前後
豊明
富士松
逢妻
刈谷
刈谷市
重原
野田新町
小垣江
吉浜
三河高浜
高浜港
北新川
新川町
碧南中央
碧南
玉津浦
武豊

一ツ木
知立
三河知立
三河安城
東刈谷

三河旭
中畑
棚尾

米津
桜町前
西尾口
西尾
三河楠
福地
寺津
上横須
西一色
三河一色
三河荻

松木島

名古屋・豊橋

東海道本線（豊橋〜神戸）・武豊線・愛知環状鉄道
名古屋鉄道・豊橋鉄道・名古屋市交通局

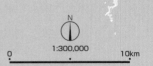

N

1:300,000

0　　　　　　　10km

114

名古屋市交通局

新豊田
豊田市
P113
新上挙母
名鉄三河線
上挙母
土橋
三河豊田
竹村
三河上郷
末野原
永覚
若林
愛知環状鉄道
北野桝塚

上小田井
庄内緑地公園
庄内通
浄心
上飯田線
名城公園
黒川
志賀本通
平安通
大曽根
ナゴヤドーム前
砂田橋
茶屋ケ坂
矢田
藤が丘
浅間町
国際センター
本陣
丸の内
久屋大通
自由ケ丘
本陣
亀島
名古屋城
高岳
今池
覚王山
車道
星ケ丘
本郷
中村日赤
伏見
栄
千種
吹上
いりなか
本山
一社
上社
中村公園
岩塚
大須観音
新栄町
御器所
名古屋大学
八事日赤
東山線
太閤通
矢場町
東別院
荒畑
桜山
八事
塩釜口
平針
池下
東山公園
八田
金山
上前津
瑞穂
運動場
川名
植田
赤池
高畑
日比野
鶴舞
瑞穂区役所
妙音通
瑞穂
運動場西
総合リハビリ
センター
鶴舞線
桜通線
名港線
六番町
熱田神宮西
新瑞橋
瑞穂運動場東
東海通
西高蔵
堀田
桜本町
野並
相生山
神沢
徳重
港区役所
熱田神宮伝馬町
名城線
鶴里
鳴子北
築地口
名古屋港

三河
八橋
安城
宇頭
矢作橋
大門
北安城
中岡崎
北岡崎
東岡崎
西岡崎
六名
男川
碧海古井
岡崎
岡崎公園前
美合
南安城
堀内公園
藤川
舞木信号場
名電
山中
本宿

東海道本線
東海道新幹線
名鉄名古屋本線

愛知県
幸田
三河塩津
名電長沢
名電赤坂
御油
名鉄豊川線
諏訪新道
豊川稲荷
飯田線
P86
三ケ根
八幡
諏訪町
稲荷口

三河鹿島
蒲郡
蒲郡競艇場前
三河大塚
愛知御津
国府
小田渕
伊奈
豊橋鉄道
東田本線

名鉄蒲郡線
形原
こどもの国
西浦
西幡豆
東幡豆
三河三谷
西小坂井
駅前大通
市役所前
豊橋公園前
競輪場前
東田坂上
井原
赤岩口
三河鳥羽

豊橋
新川
運動公園前
東田
新豊橋
柳生橋
小池
愛知大学前
南栄
高師
芦原
東海道本線
P86
豊橋鉄道
渥美線
植田
向ケ丘
大清水
老津
杉山
やぐま台
豊島
神戸
三河田原

115

名古屋・岐阜・京都①

□ 東海道本線（豊橋〜神戸）

年　月　日全線乗車

駅名	営業キロ	
豊橋 とよはし	293.6	
西小坂井 にしこざかい	298.4	
愛知御津 あいちみと	302.1	
三河大塚 みかわおおつか	305.2	
三河三谷 みかわみや	308.3	
蒲郡 がまごおり	310.6	
三河塩津 みかわしおつ	312.9	
三ケ根 さんがね	315.5	
幸田 こうだ	318.5	
相見 あいみ	321.6	
岡崎 おかざき	325.9	
西岡崎 にしおかざき	330.1	
安城 あんじょう	333.7	
三河安城 みかわあんじょう	336.3	
東刈谷 ひがしかりや	338.1	
野田新町 のだしんまち	339.7	
刈谷 かりや	341.6	
逢妻 あいづま	343.5	
大府 おおぶ	346.5	
共和 きょうわ	349.5	
南大高 みなみおおだか	351.8	
大高 おおだか	353.6	
笠寺 かさでら	356.8	
熱田 あつた	360.8	
金山 かなやま	362.7	
尾頭橋 おとうばし	363.6	
名古屋 なごや	366.0	
枇杷島 びわじま	370.0	
清洲 きよす	373.8	
稲沢 いなざわ	377.1	
尾張一宮 おわりいちのみや	383.1	
木曽川 きそがわ	388.6	
岐阜 ぎふ	396.3	
西岐阜 にしぎふ	399.5	
穂積 ほづみ	402.3	
大垣 おおがき	410.0	
新垂井 しんたるい	418.1	
関ケ原 せきがはら	423.8	
柏原 かしわばら	430.9	
近江長岡 おうみながおか	435.2	
醒ケ井 さめがい	439.8	
米原 まいばら	445.9	
彦根 ひこね	451.9	
南彦根 みなみひこね	455.2	
河瀬 かわせ	458.3	
稲枝 いなえ	462.0	
能登川 のとがわ	465.7	
安土 あづち	470.8	
近江八幡 おうみはちまん	474.3	
篠原 しのはら	478.3	
野洲 やす	483.9	

駅名	営業キロ	
守山 もりやま	487.0	
栗東 りっとう	489.1	
草津 くさつ	491.4	
南草津 みなみくさつ	493.9	
瀬田 せた	496.6	
石山 いしやま	499.1	
膳所 ぜぜ	501.9	
大津 おおつ	503.6	
山科 やましな	508.1	
京都 きょうと	513.6	
西大路 にしおおじ	516.1	
桂川 かつらがわ	518.9	
向日町 むこうまち	520.0	
長岡京 ながおかきょう	523.7	
山崎 やまざき	527.7	
島本 しまもと	529.9	
高槻 たかつき	535.2	
摂津富田 せっつとんだ	538.1	
JR総持寺 じぇいあーるそうじじ	539.8	
茨木 いばらき	541.8	
千里丘 せんりおか	544.7	
岸辺 きしべ	546.4	
吹田 すいた	548.8	
東淀川 ひがしよどがわ	551.9	
新大阪 しんおおさか	552.6	
大阪 おおさか	556.4	
塚本 つかもと	559.8	
尼崎 あまがさき	564.1	
立花 たちばな	567.1	
甲子園口 こうしえんぐち	569.3	
西宮 にしのみや	571.8	
さくら夙川 ・しゅくがわ	573.3	
芦屋 あしや	575.6	
甲南山手 こうなんやまて	577.0	
摂津本山 せっつもとやま	578.5	
住吉 すみよし	580.1	
六甲道 ろっこうみち	582.3	
摩耶 まや	583.7	
灘 なだ	584.6	
三ノ宮 さんのみや	587.0	
元町 もとまち	587.7	
神戸 こうべ	589.5	

□ 同線（通称名古屋港線）

年　月　日全線乗車

（1994年10月8日限り廃止）

駅名	営業キロ
名古屋 なごや	0.0
ナゴヤ球場正門前 ・きゅうじょうせいもんまえ	2.5

□ 同線（美濃赤坂支線）

年　月　日全線乗車

駅名	営業キロ
大垣 おおがき	0.0
荒尾 あらお	3.4
美濃赤坂 みのあかさか	5.0

□ 同線（垂井経由）

年　月　日全線乗車

駅名	営業キロ
大垣 おおがき	0.0
垂井 たるい	8.1
関ケ原 せきがはら	13.8

□ 同線（梅田貨物線）

年　月　日全線乗車

駅名	営業キロ
新大阪 おおさか	0.0
大阪 おおさか	3.8
福島 ふくしま	4.8

□ 同線（北方貨物線）（吹田〜尼崎）

年　月　日全線乗車

駅名	営業キロ
吹田 すいた	0.0
尼崎 あまがさき	15.3

□ 愛知環状鉄道

年　月　日全線乗車

駅名	営業キロ
岡崎 おかざき	0.0
六名 むつな	1.7
中岡崎 なかおかざき	3.4
北岡崎 きたおかざき	5.3
大門 だいもん	6.5
北野桝塚 きたのますづか	8.7
三河上郷 みかわかみごう	10.7
永覚 えかく	12.4
末野原 すえのはら	14.0
三河豊田 みかわとよた	15.9
新上挙母 しんうわごろも	17.6
新豊田 しんとよた	19.5
愛環梅坪 あいかんうめつぼ	21.5
四郷 しごう	23.5
貝津 かいづ	25.5
保見 ほみ	26.8
篠原 ささはら	29.2
八草 やくさ	32.0
山口 やまぐち	34.6
瀬戸口 せとぐち	36.7
瀬戸市 せとし	39.1
中水野 なかみずの	41.9
高蔵寺 こうぞうじ	45.3

□ 関西本線

年　月　日全線乗車

駅名	営業キロ	
名古屋 なごや	0.0	
八田 はった	3.8	
春田 はるた	7.5	
蟹江 かにえ	9.3	
永和 えいわ	12.2	
弥富 やとみ	16.4	
長島 ながしま	19.6	
桑名 くわな	23.8	
朝日 あさひ	28.5	
富田 とみだ	31.7	
富田浜 とみだはま	33.0	
四日市 よっかいち	37.2	
南四日市	40.4	みなみよっかいち
河原田 かわらだ	44.1	
河曲 かわの	47.5	
加佐登 かさど	50.9	
井田川 いだがわ	55.3	
亀山 かめやま	59.9	
関 せき	65.6	
加太 かぶと	71.0	
柘植 つげ	79.9	
新堂 しんどう	86.1	
佐那具 さなぐ	90.5	
伊賀上野 いがうえの	94.5	

駅名	営業キロ	
島ケ原 しまがはら	101.8	
月ケ瀬口 つきがせぐち	104.8	
大河原 おおかわら	108.8	
笠置 かさぎ	114.2	
加茂 かも	120.9	
木津 きづ	126.9	
平城山 ならやま	130.1	
奈良 なら	133.9	
新駅（予定）		
郡山 こおりやま	138.7	
大和小泉	142.5	やまとこいずみ
法隆寺 ほうりゅうじ	145.7	
王寺 おうじ	149.3	
三郷 さんごう	151.1	
河内堅上	154.0	かわちかたかみ
高井田 たかいだ	156.4	
柏原 かしわら	158.8	
志紀 しき	160.5	
八尾 やお	163.1	
久宝寺 きゅうほうじ	164.3	
加美 かみ	166.0	
平野 ひらの	167.5	
東部市場前	169.0	とうぶしじょうまえ
天王寺 てんのうじ	171.4	
新今宮 しんいまみや	172.4	
今宮 いまみや	173.6	
JR難波	174.9	じぇいあーるなんば

□ 伊勢鉄道

年　月　日全線乗車

駅名	営業キロ	
河原田 かわらだ	0.0	
鈴鹿 すずか	3.8	
玉垣 たまがき	7.0	
鈴鹿サーキット稲生	9.1	すずかサーキットいのう
徳田 とくだ	11.1	
中瀬古 なかせこ	12.7	
伊勢上野 いせうえの	14.0	
河芸 かわげ	16.4	
東一身田	19.4	ひがしいしんでん
津 つ	22.3	

□ 名古屋臨海高速鉄道
西名古屋港線（あおなみ線）

年　月　日全線乗車

駅名	営業キロ	
名古屋 なごや	0.0	
ささしまライブ	0.8	
小本 こもと	3.3	
荒子 あらこ	4.3	
南荒子 みなみあらこ	5.2	
中島 なかじま	5.9	
港北 こうほく	7.1	
荒子川公園	8.2	あらこがわこうえん
稲永 いなえい	9.8	
野跡 のせき	12.1	
金城ふ頭	15.2	きんじょうふとう

□ 武豊線

年　月　日全線乗車

駅名	営業キロ	
大府 おおぶ	0.0	
尾張森岡	1.7	おわりもりおか
緒川 おがわ	3.1	
石浜 いしはま	4.6	
東浦 ひがしうら	6.8	
亀崎 かめざき	10.2	
乙川 おっかわ	12.8	
半田 はんだ	14.6	
東成岩 ひがしならわ	16.3	
武豊 たけとよ	19.3	

□ 東海交通事業城北線

年　月　日全線乗車

駅名	営業キロ	
勝川 かちがわ	0.0	
味美 あじよし	1.8	
比良 ひら	4.5	
小田井 おたい	6.7	
尾張星の宮	9.3	おわりほしのみや
枇杷島 びわじま	11.2	

【旅のメモ】

....

....

....

....

....

....

....

....

....

....

....

名古屋・岐阜・京都②

□ 草津線

年　月　日全線乗車

駅名	営業キロ	
柘植 つげ	0.0	
油日 あぶらひ	5.3	
甲賀 こうか	7.4	
寺庄 てらしょう	10.5	
甲南 こうなん	12.5	
貴生川 きぶかわ	15.3	
三雲 みくも	20.5	
甲西 こうせい	24.3	
石部 いしべ	27.6	
手原 てはら	32.7	
草津 くさつ	36.7	

□ 近江鉄道本線

年　月　日全線乗車

駅名	営業キロ	
米原 まいばら	0.0	
フジテック前 まえ	2.3	まえ
鳥居本 とりいもと	3.4	
彦根 ひこね	5.8	
ひこね芹川 せりかわ	7.0	せりかわ
彦根口 ひこねぐち	7.8	
高宮 たかみや	9.9	
尼子 あまご	12.8	
豊郷 とよさと	15.0	
愛知川 えちがわ	17.9	
五箇荘 ごかしょう	20.9	
河辺の森 かわべのもり	23.0	
八日市 ようかいち	25.3	
長谷野 ながたに	27.5	
大学前 だいがく	28.4	
京セラ前 きょうせら	29.9	きょうせらまえ
桜川 さくらがわ	31.2	
朝日大塚 あさひおおつか	32.8	あさひおおつか
朝日野 あさひの	35.2	
日野 ひの	37.8	
水口松尾 みなくちまつお	42.7	みなくちまつお
水口 みなくち	43.8	
水口石橋 みなくちいしばし	44.4	みなくちいしばし
水口城南 みなくちじょうなん	45.1	みなくちじょうなん
貴生川 きぶかわ	47.7	

□ 近江鉄道八日市線

年　月　日全線乗車

駅名	営業キロ	
八日市 ようかいち	0.0	
新八日市 しんようかいち	0.6	しんようかいち
太郎坊宮前 たろうぼうぐうまえ	1.3	たろうぼうぐうまえ
市辺 いちのべ	3.0	
平田 ひらた	5.0	
武佐 むさ	6.5	
近江八幡 おうみはちまん	9.3	おうみはちまん

□ 近江鉄道多賀線

年　月　日全線乗車

駅名	営業キロ	
高宮 たかみや	0.0	
スクリーン	0.8	
多賀大社前 たがたいしゃまえ	2.5	

□ 信楽高原鐵道

年　月　日全線乗車

駅名	営業キロ	
貴生川 きぶかわ	0.0	
紫香楽宮跡 しがらきぐうし	9.6	しがらきぐうし
雲井 くもい	10.2	
勅旨 ちょくし	12.4	
玉桂寺前 ぎょくけいじまえ	13.4	ぎょくけいじまえ
信楽 しがらき	14.7	

名古屋鉄道

線名	区間	営業キロ	全線乗車		
□名古屋本線 なごやほん	豊橋〜名鉄岐阜	99.8	年	月	日
□西尾線 にしお	新安城〜吉良吉田	24.7	年	月	日
□三河線 みかわ	猿投〜碧南	39.8	年	月	日
□同線	西中金〜猿投 (2004年3月31日限り廃止)	8.6	年	月	日
□同線	碧南〜吉良吉田 (2004年3月31日限り廃止)	16.4	年	月	日
□豊田線 とよた	赤池〜梅坪	15.2	年	月	日
□蒲郡線 がまごおり	吉良吉田〜蒲郡	17.6	年	月	日
□常滑線 とこなめ	神宮前〜常滑	29.3	年	月	日
□築港線 ちっこう	大江〜東名古屋港	1.5	年	月	日
□河和線 こうわ	太田川〜河和	28.8	年	月	日
□知多新線 ちたしん	富貴〜内海	13.9	年	月	日
□瀬戸線 せと	栄町〜尾張瀬戸	20.6	年	月	日
□小牧線 こまき	上飯田〜味鋺〜犬山	20.6	年	月	日
□各務原線 かかみがはら	名鉄岐阜〜新鵜沼	17.6	年	月	日
□犬山線 いぬやま	枇杷島分岐点〜新鵜沼	26.8	年	月	日
□広見線 ひろみ	犬山〜御嵩	22.3	年	月	日
□津島線 つしま	須ケ口〜津島	11.8	年	月	日
□尾西線 びさい	弥富〜玉ノ井	30.9	年	月	日
□竹鼻線 たけはな	笠松〜江吉良	10.3	年	月	日
□同線	江吉良〜大須 (2001年9月30日限り廃止)	6.7	年	月	日
□羽島線 はしま	江吉良〜新羽島	1.3	年	月	日
□空港線 くうこう	常滑〜中部国際空港	4.2	年	月	日
□豊川線 とよかわ	国府〜豊川稲荷	7.2	年	月	日
□モンキーパークモノレール線	犬山遊園〜動物園 (2008年12月27日限り廃止)	1.2	年	月	日
□岐阜市内線 ぎふしない	岐阜駅前〜忠節 (2005年3月31日限り廃止)	3.7	年	月	日
□同線	徹明町〜長良北町 (1988年5月31日限り廃止)	3.9	年	月	日
□美濃町線 みのまち	新関〜美濃 (1999年3月31日限り廃止)	6.3	年	月	日
□同線	徹明町〜関 (2005年3月31日限り廃止)	18.8	年	月	日
□八百津線 やおつ	明智〜八百津 (2001年9月30日限り廃止)	7.3	年	月	日
□谷汲線 たにぐみ	黒野〜谷汲 (2001年9月30日限り廃止)	11.2	年	月	日
□揖斐線 いび	黒野〜本揖斐 (2001年9月30日限り廃止)	5.6	年	月	日
□同線	忠節〜黒野 (2005年3月31日限り廃止)	12.7	年	月	日
□田神線 たがみ	競輪場前〜田神 (2005年3月31日限り廃止)	1.4	年	月	日

□ 三岐鉄道三岐線（さんぎ）

年　月　日全線乗車

駅名	営業キロ	
○ 近鉄富田	0.0	きんてつとみだ
○ 三岐朝明（さんぎあさけ）	1.1	現個
○ 大矢知（おおやち）	2.6	
○ 平津（へいづ）	4.2	
○ 暁学園前（あかつきがくえんまえ）	5.4	
○ 山城（やましろ）	7.1	
○ 保々（ほぼ）	9.6	
○ 北勢中央公園口	11.3	ほくせいちゅうおうこうえんぐち
○ 梅戸井（うめどい）	13.2	
○ 大安（だいあん）	15.4	
○ 三里（みさと）	17.2	
○ 丹生川（にゅうがわ）	19.7	
○ 伊勢治田（いせはった）	20.9	
○ 東藤原（ひがしふじわら）	23.2	
○ 西野尻（にしのじり）	25.4	
○ 西藤原（にしふじわら）	26.6	

□ 同線（支線・旅客営業休止区間）

年　月　日全線乗車

（1985年3月13日限り休止）

駅名	営業キロ	
○ 富田（とみだ）	0.0	
○ 富田西口（とみだにしぐち）	0.4	
○ 三岐朝明（さんぎあさけ）	1.0	現個

□ 三岐鉄道北勢線（ほくせい）

年　月　日全線乗車

駅名	営業キロ	
○ 西桑名（にしくわな）	0.0	
○ 馬道（うまみち）	1.1	
○ 西別所（にしべっしょ）	2.0	
○ 蓮花寺（れんげじ）	3.5	
○ 在良（ありよし）	4.1	
○ 坂井橋（さかいばし）	5.0	
○ 星川（ほしかわ）	5.5	
○ 七和（ななわ）	6.9	
○ 穴太（あのう）	8.0	
○ 六把野（ろっぱの）	9.1	
○ 東員（とういん）	9.7	
○ 北大社（きたおおやしろ）	10.3	現個
○ 大泉東（おおいずみひがし）	12.1	
○ 大泉（おおいずみ）	12.4	
○ 長宮（ながみや）	12.9	
○ 楚原（そはら）	14.4	
○ 上笠田（かみかさだ）	16.1	
○ 麻生田（おうだ）	18.1	
○ 六石（ろっこく）	19.0	
○ 阿下喜（あげき）	20.4	

豊橋鉄道（とよはしてつどう）

線名	区間	営業キロ	全線乗車
□ 渥美線（あつみ）	新豊橋〜三河田原	18.0	年　月　日
□ 東田本線（あずまだほんせん）	駅前〜赤岩口	4.8	年　月　日
□ 同線	井原〜運動公園前	0.6	年　月　日

近畿日本鉄道（きんきにっぽんてつどう）

線名	区間	営業キロ	全線乗車
□ 大阪線（おおさか）	大阪上本町〜伊勢中川	108.9	年　月　日
□ 山田線（やまだ）	伊勢中川〜宇治山田	28.3	年　月　日
□ 鳥羽線（とば）	宇治山田〜鳥羽	13.2	年　月　日
□ 志摩線（しま）	鳥羽〜賢島	24.5	年　月　日
□ 名古屋線（なごや）	伊勢中川〜近鉄名古屋	78.8	年　月　日
□ 鈴鹿線（すずか）	伊勢若松〜平田町	8.2	年　月　日
□ 湯の山線（ゆのやま）	近鉄四日市〜湯の山温泉	15.4	年　月　日

四日市あすなろう鉄道（よっかいちあすなろうてつどう）

線名	区間	営業キロ	全線乗車
□ 内部線（うつべ）	あすなろう四日市〜内部	5.7	年　月　日
□ 八王子線（はちおうじ）	日永〜西日野	1.3	年　月　日

養老鉄道（ようろうてつどう）

線名	区間	営業キロ	全線乗車
□ 養老線（ようろう）	桑名〜揖斐	57.5	年　月　日

伊賀鉄道（いがてつどう）

線名	区間	営業キロ	全線乗車
□ 伊賀線（いが）	伊賀上野〜伊賀神戸	16.6	年　月　日

名古屋市交通局（なごやしこうつうきょく）

線名	区間	営業キロ	全線乗車
□ 東山線（ひがしやま）	高畑〜藤が丘	20.6	年　月　日
□ 名城線（めいじょう）	大曽根〜金山〜大曽根	26.4	年　月　日
□ 名港線（めいこう）	金山〜名古屋港	6.0	年　月　日
□ 鶴舞線（つるまい）	上小田井〜赤池	20.4	年　月　日
□ 桜通線（さくらどおり）	太閤通〜徳重	19.1	年　月　日
□ 上飯田線（かみいいだ）	平安通〜上飯田	0.8	年　月　日

桃花台新交通（とうかだいしんこうつう）　　（2006年9月30日限り廃止）

線名	区間	営業キロ	全線乗車
□ 桃花台線（とうかだい）	小牧〜桃花台東	7.4	年　月　日

愛知高速交通（リニモ）（あいちこうそくこうつう）

線名	区間	営業キロ	全線乗車
□ 東部丘陵線（とうぶきゅうりょう）	藤が丘〜八草	8.9	年　月　日

【旅のメモ】

....

....

....

....

....

....

....

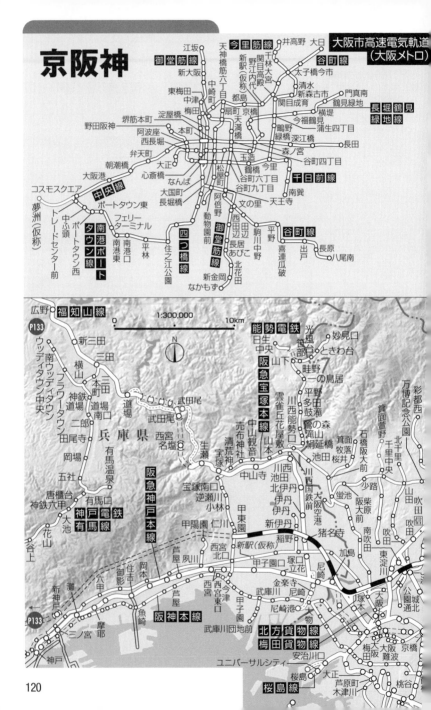

京都府

滋賀県

大阪府

奈良県

① 烏丸
② 四条
③ 五条
④ 大宮
⑤ 四条大宮
⑥ 西大路三条
⑦ 西院
⑧ 丹波口
⑨ 梅小路京都西
⑩ 緑化フェア梅小路園

南海
天王寺支線

今船
今池町
今池
恵美須町
新今宮駅前
飛田本通
天王寺
天王寺駅前

松田町
飛田
阿倍野
苗代田
文ノ里
股ケ池

上町線

南海
平野線

天下茶屋
北天下茶屋
聖天坂
天神ノ森
東玉出
塚西

阪堺電気軌道

松虫
東天下茶屋
北畠
姫松
帝塚山三丁目
帝塚山四丁目

田辺

中野
西平野

平野

東粉浜

住吉公園
細井川

住吉
神ノ木
住吉鳥居前
安立町

我孫子道

阪堺
線

大和川

桜島線

桜島
ユニバーサルシティ

七堺湊

浜寺公園
東羽衣
高師浜

富士
北信太
信太山

神明町
妙国寺前
花田口
大小路
宿院
寺地町
御陵前

高須神社
綾ノ町

高石
北助松
松ノ浜
泉大津

忠岡
和泉大宮
春木
岸和田
蛸地蔵
貝塚

阪和
線

和泉府中
光明

和泉中央

東湊

石津北
石津

船尾
浜寺駅前

関西空港

関西空港線
リスト
P130

りんくうタウン

二色浜
井鶴原里
泉佐野

羽倉崎
吉見ノ里
岡田浦
樽井

日根野
長滝
新家
和泉砂川

尾崎
鳥取ノ荘
箱作

多南
奈海
川電
線鉄

深深
日日
港町

淡輪
みさき公園
多奈川

久米田
下松
東岸和田
東貝塚
名越

和泉橋本
東佐野
熊取

水間観音

水間鉄道

泉北高速鉄道

和　　泉

加
太南
線海

加太
磯ノ浦
二里ケ浜
西ノ庄
八幡前

孝子
和歌山大学前
梶取信号
紀ノ川

中松江
東松江

和歌山市
久保町
築港町

和歌山港線
南海

P128

水軒

和歌山港

紀和

紀
川

田中口
日前宮

神前
和歌山
交通センター前

紀伊
紀伊中ノ島

六十谷
千旦
田井ノ瀬

岡崎前

和歌山県

布施屋
伊太祁曽
山東
吉礼

紀伊小倉

下井阪
岩出
船戸

大池遊園
甘露寺前
西山口

打田
田
貴志

紀伊長田
粉河
名手

西笠田

和歌山線
リスト
P131

和歌山電鐵
貴志川線

難波
長田
鶴橋
新今宮
JR河内永和
JR俊徳道
天王寺
加美
八尾
久宝寺
志紀
加美
高安
恩智
法善寺
柏原
岸里玉出
河内美麗
高見ノ里
布忍
三国ケ丘
中百舌鳥
初芝
萩原天神
深井
北野田
狭山
大阪狭山市
金剛
泉ケ丘
美木多
滝谷
千代田
河内長野
三日市町
美加の台

菜畑
一分
額田
枚岡
生駒
南生駒
萩の台
東山
元山上口
平群
竜田川
信貴山口
勢野北口
信貴山下
三郷
堅下
高井田
河内堅上
道明寺
河内国分
上ノ太子
二上山
上ノ太子
喜志
富田林
富田林西口
川西
滝谷不動

近鉄生駒線

尼ケ辻
西ノ京
九条
新駅（仮称）
近鉄郡山
郡山
法隆寺
大和小泉
新王寺
法隆寺
王寺
佐味田川
ファミリー公園前
大輪田
畠田
池部
志都美
香芝
五位堂
築山
大和高田
高田
金橋
八木
西ノ口
橿原神宮前
岡寺
飛鳥
壺阪山
市尾
葛
吉野口
薬水
福神
大阿太
下市口
越部
六田
吉野
大和上市
吉野神宮

近鉄奈良
京終
新大宮
帯解
櫟本
天理
前栽
二階堂
結崎
石見
田原本
笠縫
新ノ口
大和八木
大福
桜井
三輪
巻向
柳本
長柄
黒田
但馬
箸尾

近鉄天理線
近鉄橿原線
筒井
平端
桜井線
近鉄田原本線
近鉄南大阪線
JR五位堂
近鉄御所線
近鉄御所
御所
玉手
忍海
大和新庄
近鉄長野線
南海高野線
千早口
天見
紀見峠
林間田園都市
御幸辻
橋本
紀伊山田
高野口
紀伊清水
学文路
九度山
高野下
下古沢
上古沢
紀伊神谷
極楽橋
紀伊細川
金剛峯寺
妙寺
中飯降
北宇智
大和二見
五条
隅田
下兵庫
大阪府
奈良県

金剛山地
金剛山脈

1:300,000
0   10km

和歌山・奈良

京阪神・和歌山・奈良①

□ 奈良線

駅名	営業キロ	年 月 日全線乗車
木津きづ	0.0	
上狛かみこま	1.6	
棚倉たなくら	4.4	
玉水たまみず	7.4	
山城多賀やましろたが	9.4	
山城青谷やましろあおだに	10.7	
長池ながいけ	12.7	
城陽じょうよう	14.5	
新田しんでん	16.6	
JR小倉じぇいあーるおぐら	18.4	
宇治うじ	19.8	
黄檗おうばく	22.7	
木幡こはた	24.1	
六地蔵ろくじぞう	25.1	
桃山ももやま	27.5	
JR藤森じぇいあーるふじのもり	29.7	
稲荷いなり	32.0	
東福寺とうふくじ	33.6	
京都きょうと	34.7	

駅名	営業キロ	年 月 日全線乗車
並河なみかわ	23.4	
千代川ちよかわ	25.2	
八木やぎ	28.2	
吉富よしとみ	32.3	
園部そのべ	34.2	
船岡ふなおか	38.2	
日吉ひよし	41.9	
鍼灸大学前しんきゅうだいがくまえ	44.3	
胡麻ごま	47.1	
下山しもやま	51.9	
和知わち	58.6	
安栖里あせり	60.7	
立木たちき	65.5	
山家やまが	69.0	
綾部あやべ	76.2	
高津たかつ	80.3	
石原いさ	82.8	
福知山ふくちやま	88.5	

P135

□ 桜井線

駅名	営業キロ	年 月 日全線乗車
奈良なら	0.0	
京終きょうばて	1.9	
帯解おびとけ	4.8	
櫟本いちのもと	7.3	
天理てんり	9.6	
長柄ながら	12.6	
柳本やなぎもと	14.3	
巻向まきむく	15.9	
三輪みわ	18.0	
桜井さくらい	19.7	
香久山かぐやま	21.7	
畝傍うねび	24.7	
金橋かなはし	27.3	
高田たかだ	29.4	

□ 山陰本線（京都〜福知山）

駅名	営業キロ	年 月 日全線乗車
京都きょうと	0.0	
丹波口たんばぐち	1.1	
梅小路京都西うめこうじきょうとにし	1.7	
二条にじょう	2.5	
円町えんまち	4.2	
花園はなぞの	5.8	
太秦うずまさ	6.9	
嵯峨嵐山さがあらしやま	8.6	
保津峡ほづきょう	10.3	
馬堀うまほり	14.3	
亀岡かめおか	18.1	
	20.2	

□ 嵯峨野観光鉄道

駅名	営業キロ	年 月 日全線乗車
トロッコ嵯峨さが	0.0	
トロッコ嵐山あらしやま	1.0	
トロッコ保津峡ほづきょう	3.4	
トロッコ亀岡かめおか	7.3	

□ 片町線

駅名	営業キロ	年 月 日全線乗車
木津きづ	0.0	
西木津にしきづ	2.2	
祝園ほうその	5.1	
下狛しもこま	7.4	
JR三山木じぇいあーるみやまき	9.4	
同志社前どうししゃまえ	10.5	
京田辺きょうたなべ	12.4	
大住おおすみ	14.5	
松井山手まついやまて	17.0	
長尾ながお	18.6	
藤阪ふじさか	20.2	
津田つだ	21.8	
河内磐船かわちいわふね	25.0	
星田ほしだ	27.1	
東寝屋川ひがしねやがわ	28.8	
忍ケ丘しのぶがおか	30.1	
四条畷しじょうなわて	32.0	
野崎のざき	33.3	
住道すみのどう	35.5	
鴻池新田こうのいけしんでん	37.9	
徳庵とくあん	39.8	
放出はなてん	41.6	
鴫野しぎの	43.2	
京橋きょうばし	44.8	

□ 同線（廃止区間）

（1997年3月7日限り廃止）

駅名	営業キロ	年 月 日全線乗車
京橋きょうばし	0.0	
片町かたまち	0.5	

京都市交通局（きょうとしこうつうきょく）

線名	区間	営業キロ	全線乗車
□烏丸線からすま	国際会館〜竹田	13.7	年 月 日
□東西線とうざい	六地蔵〜太秦天神川	17.5	年 月 日

京阪電気鉄道（けいはんでんきてつどう）　※＝1997年10月11日限り廃止

線名	区間	営業キロ	全線乗車
□交野線かたの	枚方市〜私市	6.9	年 月 日
□京阪本線けいはんほん	淀屋橋〜三条	49.3	年 月 日
□鴨東線おうとう	三条〜出町柳	2.3	年 月 日
□宇治線うじ	中書島〜宇治	7.6	年 月 日
□石山坂本線いしやまさかもと	石山寺〜坂本比叡山口	14.1	年 月 日
□京津線けいしん	御陵〜びわ湖浜大津	7.5	年 月 日
□同線※	京津三条〜御陵	3.9	年 月 日
□中之島線なかのしま	天満橋〜中之島	3.0	年 月 日

京福電気鉄道（けいふくでんきてつどう）

線名	区間	営業キロ	全線乗車
□嵐山本線あらしやまほん	四条大宮〜嵐山	7.2	年 月 日
□北野線きたの	北野白梅町〜帷子ノ辻	3.8	年 月 日

□ 福知山線 （ふくちやま）

年　月　日全線乗車

駅名	営業キロ	
尼崎 あまがさき	0.0	
塚口 つかぐち	2.5	
猪名寺 いなでら	3.9	
伊丹 いたみ	5.8	
北伊丹 きたいたみ	7.9	
川西池田 かわにしいけだ	11.0	かわにしいけだ
中山寺 なかやま	14.5	
宝塚 たからづか	17.8	
生瀬 なまぜ	19.7	
西宮名塩	21.9	にしのみやなじお
武田尾 たけだお	25.1	
道場 どうじょう	30.1	
三田 さんだ	33.7	
新三田 しんさんだ	36.9	
広野 ひろの	39.7	
相野 あいの	44.0	
藍本 あいもと	48.2	
草野 くさの	50.5	
古市 ふるいち	53.5	
南矢代 みなみやしろ	56.1	
篠山口 ささやまぐち	58.4	
丹波大山	60.7	たんばおおやま
下滝 しもたき	68.7	
谷川 たにかわ	73.0	
柏原 かいばら	80.0	
石生 いそう	83.2	
黒井 くろい	87.5	
市島 いちしま	94.0	
丹波竹田 たんばたけだ	98.2	
福知山 ふくちやま	106.5	

□ 同線（廃止区間）

年　月　日全線乗車

（1981年3月31日限り旅客扱い廃止、1984年1月31日限り廃止）

駅名	営業キロ	
塚口 つかぐち	0.0	
尼崎 あまがさき	2.5	
金楽寺 きんらく	3.0	
尼崎港 あまがさきこう	4.6	

□ 同線（旧ルート）

年　月　日全線乗車

（1986年7月31日限り廃止）

駅名	営業キロ	
生瀬 なまぜ	0.0	
武田尾 たけだお	6.4	
道場 どうじょう	12.2	

□ JR東西線 （ジェイアールとうざい）

年　月　日全線乗車

駅名	営業キロ		駅名	営業キロ
京橋 きょうばし	0.0		新福島 しんふくしま	4.8
大阪城北詰	0.9	おおさかじょうきたづめ	海老江 えびえ	6.0
大阪天満宮	2.2	おおさかてんまんぐう	御幣島 みてじま	8.6
北新地 きたしんち	3.6		加島 かしま	10.3
			尼崎 あまがさき	12.5

叡山電鉄 （えいざんでんてつ）

線名	区間	営業キロ	全線乗車
□叡山本線 えいざんほんせん	出町柳〜八瀬比叡山口	5.6	年　月　日
□鞍馬線 くらま	宝ケ池〜鞍馬	8.8	年　月　日

近畿日本鉄道 （きんきにっぽんてつどう）

線名	区間	営業キロ	全線乗車
□難波線 なんば	大阪上本町〜大阪難波	2.0	年　月　日
□奈良線 なら	布施〜近鉄奈良	26.7	年　月　日
□京都線 きょうと	京都〜大和西大寺	34.6	年　月　日
□けいはんな線	長田〜学研奈良登美ケ丘	18.8	年　月　日
□生駒線 いこま	王寺〜生駒	12.4	年　月　日
□橿原線 かしはら	大和西大寺〜橿原神宮前	23.8	年　月　日
□天理線 てんり	平端〜天理	4.5	年　月　日
□田原本線 たわらもと	新王寺〜西田原本	10.1	年　月　日
□信貴線 しぎ	河内山本〜信貴山口	2.8	年　月　日
□南大阪線	大阪阿部野橋〜橿原神宮前 おおさかあ	39.7	年　月　日
□吉野線 よしの	橿原神宮前〜吉野	25.2	年　月　日
□長野線 ながの	古市〜河内長野	12.5	年　月　日
□道明寺線 どうみょうじ	道明寺〜柏原	2.2	年　月　日
□御所線 ごせ	尺土〜近鉄御所	5.2	年　月　日

南海電気鉄道 （なんかいでんきてつどう）　※＝JR共用区間を除く

線名	区間	営業キロ	全線乗車
□南海本線	難波〜和歌山市 なんかいほんせん	64.2	年　月　日
□空港線 くうこう	泉佐野〜りんくうタウン※	1.9	年　月　日
□加太線 かだ	紀ノ川〜加太	9.6	年　月　日
□高師浜線※	羽衣〜高師浜 たかしのはま	1.5	年　月　日
□高野線 こうや	汐見橋〜極楽橋	64.5	年　月　日
□多奈川線 たながわ	みさき公園〜多奈川	2.6	年　月　日
□和歌山港線	和歌山市〜和歌山港 わかやまこう	2.8	年　月　日
□同線	和歌山港〜水軒（2002年5月25日限り廃止）	2.6	年　月　日
□天王寺支線 てんのうじし	天下茶屋〜今池町（1984年11月17日限り廃止）	1.1	年　月　日
□同線	今池町〜天王寺（1993年3月31日限り廃止）	1.3	年　月　日
□平野線 ひらの	今池〜平野（1980年11月27日限り廃止）	5.9	年　月　日

水間鉄道 （みずまてつどう）　※高師浜線は、工事のため2024年春まで運休

線名	区間	営業キロ	全線乗車
□水間線 みずま	貝塚〜水間観音	5.5	年　月　日

和歌山電鐵 （わかやまでんてつ）

線名	区間	営業キロ	全線乗車
□貴志川線 きしがわ	和歌山〜貴志	14.3	年　月　日

阪堺電気軌道 （はんかいでんききどう）　※＝2016年1月30日限り廃止

線名	区間	営業キロ	全線乗車
□阪堺線 はんかい	恵美須町〜浜寺駅前	14.0	年　月　日
□上町線 うえまち	天王寺駅前〜住吉	4.3	年　月　日
□同線※	住吉〜住吉公園	0.2	年　月　日

京阪神・和歌山・奈良②

□ 大阪環状線 (おおさかかんじょう)

駅名	営業キロ	年 月 日全線乗車
大阪 おおさか	0.0	
福島 ふくしま	1.0	
野田 のだ	2.4	
西九条 にしくじょう	3.6	
弁天町 べんてんちょう	5.2	
大正 たいしょう	7.0	
芦原橋 あしはらばし	8.2	
今宮 いまみや	8.8	
新今宮 しんいまみや	10.0	
天王寺 てんのうじ	11.0	
寺田町 てらだちょう	12.0	
桃谷 ももだに	13.2	
鶴橋 つるはし	14.0	
玉造 たまつくり	14.9	
森ノ宮 もりのみや	15.8	
大阪城公園 おおさかじょうこうえん	16.7	
京橋 きょうばし	17.5	
桜ノ宮 さくらのみや	19.3	
天満 てんま	20.1	
大阪 おおさか	21.7	

□ 桜島線 (さくらじません)

駅名	営業キロ	年 月 日全線乗車
西九条 にしくじょう	0.0	
安治川口 あじがわぐち	2.4	
ユニバーサルシティ	3.2	
桜島 さくらじま	4.1	

□ 同線 (旧ルート)

(1999年3月31日限り廃止)

駅名	営業キロ	年 月 日全線乗車
安治川口 あじがわぐち	0.0	
桜島 さくらじま	1.6	

□ おおさか東線 (―ひがしせん)

駅名	営業キロ	年 月 日全線乗車
大阪 おおさか	0.0	
新大阪 しんおおさか	3.8	
南吹田 みなみすいた	5.8	
JR淡路 じぇいあーるあわじ	7.1	
城北公園通 しろきたこうえんどおり	9.2	
JR野江 じぇいあーるのえ	11.4	
鴫野 しぎの	13.2	
放出 はなてん	14.8	
高井田中央 たかいだちゅうおう	16.5	
JR河内永和 じぇいあーるかわちえいわ	18.1	
JR俊徳道 じぇいあーるしゅんとくどう	18.7	
JR長瀬 じぇいあーるながせ	19.7	
衣摺加美北 きずりかみきた	21.0	
新加美 しんかみ	22.4	
久宝寺 きゅうほうじ	24.0	

阪急電鉄 (はんきゅうでんてつ)

線名	区間	営業キロ	全線乗車
□ 京都本線 きょうとほんせん	十三～京都河原町	45.3	年 月 日
□ 千里線 せんりせん	天神橋筋六丁目～北千里	13.6	年 月 日
□ 嵐山線 あらしやません	桂～嵐山	4.1	年 月 日
□ 神戸本線 こうべほんせん	大阪梅田～神戸三宮	32.3	年 月 日
□ 今津 (北) 線 いまづきた	宝塚～西宮北口	7.7	年 月 日
□ 今津 (南) 線 いまづみなみ	西宮北口～今津	1.6	年 月 日
□ 甲陽線 こうようせん	夙川～甲陽園	2.2	年 月 日
□ 伊丹線 いたみせん	塚口～伊丹	3.1	年 月 日
□ 宝塚本線 たからづかほんせん	大阪梅田～宝塚	24.5	年 月 日
□ 箕面線 みのおせん	石橋阪大前～箕面	4.0	年 月 日

能勢電鉄 (のせでんてつ)   ※＝1981年12月19日限り廃止

線名	区間	営業キロ	全線乗車
□ 妙見線 みょうけんせん	川西能勢口～妙見口	12.2	年 月 日
□ 同線※	川西能勢口～川西国鉄前	0.6	年 月 日
□ 日生線 にっせい	山下～日生中央	2.6	年 月 日

大阪モノレール (おおさか―)   ※2029年度開業予定
＊こくさいぶんかこうえんとし

線名	区間	営業キロ	全線乗車
□ 大阪モノレール線 おおさか―せん	大阪空港～門真市	21.2	年 月 日
□ 同線 (延伸線) ※	門真市～瓜生堂 (仮称)		年 月 日
□ 国際文化公園都市モノレール線＊	万博記念公園～阪大病院前～彩都西	6.8	年 月 日

北大阪急行電鉄 (きたおおさかきゅうこうでんてつ)   ※2023年度開業予定

線名	区間	営業キロ	全線乗車
□ 南北線 なんぼく	江坂～千里中央	5.9	年 月 日
□ 同線 (延伸線) ※	千里中央～箕面萱野		年 月 日

大阪市高速電気軌道 (大阪メトロ) (おおさかしこうそくでんききどう) ※なんこう

線名	区間	営業キロ	全線乗車
□ 御堂筋線 みどうすじ	江坂～中百舌鳥	24.5	年 月 日
□ 谷町線 たにまち	大日～八尾南	28.3	年 月 日
□ 四つ橋線 よつばし	西梅田～住之江公園	11.8	年 月 日
□ 中央線 ちゅうおう	コスモスクエア～長田	17.9	年 月 日
同線	森ノ宮～新駅 (仮称)		
□ 千日前線 せんにちまえ	野田阪神～南巽	13.1	年 月 日
□ 堺筋線 さかいすじ	天神橋筋六丁目～天下茶屋	8.1	年 月 日
□ 長堀鶴見緑地線 ながほりつるみりょくち	大正～門真南	15.0	年 月 日
□ 今里筋線 いまさとすじ	井高野～今里	11.9	年 月 日
□ 南港ポートタウン線※	コスモスクエア～住之江公園	7.9	年 月 日

大阪港トランスポートシステム (おおさかこう) ※＝2024年度開業予定

線名	区間	営業キロ	全線乗車
□ 北港テクノポート線※	コスモスクエア～夢州 (仮称)		年 月 日

泉北高速鉄道 (せんぼくこうそくてつどう)

線名	区間	営業キロ	全線乗車
□ 泉北高速鉄道線	中百舌鳥～和泉中央	14.3	年 月 日

阪神電気鉄道 (はんしんでんきてつどう)

線名	区間	営業キロ	全線乗車
□ 阪神本線 はんしんほんせん	元町～大阪梅田	32.1	年 月 日
□ 阪神なんば線 はん	尼崎～大阪難波	10.1	年 月 日
□ 武庫川線 むこがわ	武庫川～武庫川団地前	1.7	年 月 日

私が乗車した距離 ____ km

廃止線を含む総距離 　629.2 km
現存線の距離 　　　 627.0 km

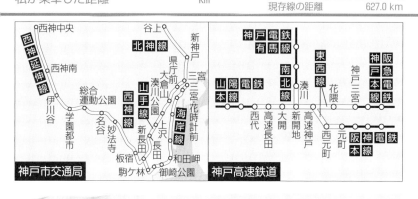

【旅のメモ】

....

....

....

神戸高速鉄道 (こうべこうそくてつどう)

線名	区間	営業キロ	全線乗車
□東西線 とうざい	西代～元町	5.0	年　月　日
□同線	高速神戸～神戸三宮	2.2	年　月　日
□南北線 なんぼく	新開地～湊川	0.4	年　月　日

神戸市交通局 (こうべしこうつうきょく)

線名	区間	営業キロ	全線乗車
海岸線 かいがん	三宮・花時計前～新長田	7.9	年　月　日
山手線 やまて	新長田～新神戸	7.6	年　月　日
西神線 せいしん	名谷～新長田	5.7	年　月　日
西神延伸線	名谷～西神中央 せいしんえんしんせん	9.4	年　月　日
北神線 ほくしん	新神戸～谷上	7.5	年　月　日

神戸新交通 (こうべしんこうつう)

線名	区間	営業キロ	全線乗車
ポートアイランド線	三宮～みなとじま～神戸空港	8.2	年　月　日
同（環状部分）	市民広場～中埠頭～中公園	2.6	年　月　日
六甲アイランド線	住吉～マリンパーク　ろっこう	4.5	年　月　日

神戸電鉄 (こうべ)

線名	区間	営業キロ	全線乗車
有馬線 ありま	湊川～有馬温泉	22.5	年　月　日
粟生線 あおい	鈴蘭台～粟生	29.2	年　月　日
三田線 さんだ	有馬口～三田	12.0	年　月　日
公園都市線	横山～ウッディタウン中央こうえん	5.5	年　月　日

山陽電気鉄道 (さんようでんき)

線名	区間	営業キロ	全線乗車
本線 ほん	西代～山陽姫路	54.7	年　月　日
網干線 あぼし	飾磨～山陽網干	8.5	年　月　日

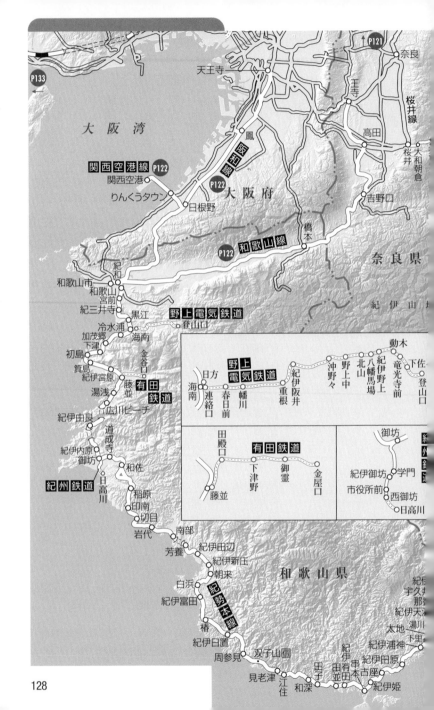

大阪湾

天王寺

奈良 ↑P121

王寺

桜井線

高田

大和朝倉
桜井

吉野口

関西空港線 P122
関西空港
りんくうタウン

阪和線

鳳

日根野

大阪府

橋本

奈良県

P122 和歌山線 P122

紀伊山地

紀和
和歌山市
和歌山
宮前
紀三井寺
黒江
冷水浦
加茂郷
海南
下津
初島
箕島
紀伊宮原
湯浅
広川ビーチ
紀伊由良
道成寺
紀伊内原
御坊
和佐
日高川
稲原
印南
切目
岩代
南部
芳養
紀伊田辺
紀伊新庄
朝来
白浜
紀伊富田
椿
紀伊日置
周参見
見老津
江住
和深
田子
田並
紀伊田原
紀伊姫
紀伊串本古座
紀伊浦神
太地
湯川
紀伊天
那智
紀伊勝
宇久井

紀伊山地

野上電気鉄道
登山口

金谷口

藤並
有田
鉄道

紀州鉄道

紀勢本線

和歌山県

野上電気鉄道

日方
海南
連絡口
春日前
幡川
重根
紀伊阪井
沖野々
野上中
八幡馬場
北山
紀伊野上
竜光寺前
下佐
登山口
動木

有田鉄道

田殿口
藤並
下津野
御霊
金屋口

御坊
紀伊御坊
市役所前
学門
西御坊
日高川

紀勢本線

128

津 P111
阿漕
高茶屋

伊勢中川
伊勢石橋
川合高岡
一志
権現前
六軒
松ケ崎
東松阪
松阪
松阪
櫛田
徳和
斎宮
漕代
明星
明野
宮町
多気
相可
佐奈
田丸
外城田
栃原
川添

新青山トンネル
東青山
榊原温泉口
温泉口
伊勢川口
関ノ宮
伊賀神戸
西青山
伊賀上津
青山町
伊賀上津
伊勢竹原
伊勢鎌倉
伊勢八知
比津
伊勢奥津

美旗
桔梗が丘
名張
赤目口
三本松
室生口大野

近鉄大阪線
リストP119

大松線

三 重 県

台高山脈

三瀬谷
滝原
阿曽
大内山
伊勢柏崎
梅ケ谷
荷坂峠
紀伊長島

紀勢本線

船津
三野瀬
相賀
尾鷲
大曽根浦
九鬼
三木里
賀田
二木島
新鹿
波田須
大泊
有井
熊野市
紀伊市木
阿田和
紀伊井田
鵜殿
宮
崎

近鉄山田線
五十鈴ケ丘
宮川
山田上口
宇治山田
朝熊
明和
小俣
宮町
二見浦
五十鈴川

近鉄鳥羽線
池の浦シーサイド圏
松下
鳥羽
中之郷
志摩赤崎
加茂
船津
白木
松尾
五知
沓掛
上之郷
穴川
鵜方
志摩横山
近鉄志摩線
リストP119
志摩磯部
志摩神明
賢島

参宮線

熊 野 灘

N
1:770,000
0   20km

紀伊半島

紀勢本線・阪和線・関西空港線・和歌山線
参宮線・名松線・紀州鉄道
有田鉄道・野上電気鉄道

紀伊半島

129

紀伊半島

□ 紀勢本線

駅名	営業キロ	年 月 日 全線乗車
亀山 かめやま	0.0	
下庄 しものしょう	5.5	
一身田 いしんでん	12.1	
津 つ	15.5	
阿漕 あこぎ	19.3	
高茶屋 たかちゃや	23.4	
六軒 ろっけん	29.1	
松阪 まつさか	34.6	
徳和 とくわ	37.6	
多気 たき	42.5	
相可 おうか	46.4	
佐奈 さな	49.6	
栃原 とちはら	55.1	
川添 かわぞえ	60.8	
三瀬谷 みせだに	67.9	
滝原 たきはら	73.0	
阿曽 あそ	77.1	
伊勢柏崎 いせかしわざき	82.2	
大内山 おおうちやま	86.9	
梅ケ谷 うめがだに	89.5	
紀伊長島 きいながしま	98.4	
三野瀬 みのせ	105.9	
船津 ふなつ	112.2	
相賀 あいが	116.6	
尾鷲 おわせ	123.3	
大曽根浦 おおそねうら	127.4	
九鬼 くき	134.4	
三木里 みきさと	138.5	
賀田 かた	142.6	
二木島 にぎしま	146.8	
新鹿 あたしか	150.8	
波田須 はだす	153.2	
大泊 おおどまり	155.2	
熊野市 くまのし	157.6	
有井 あらい	159.6	
神志山 こうしやま	164.1	
紀伊市木 きいいちぎ	165.6	
阿田和 あたわ	168.4	
紀伊井田 きいいだ	173.8	
鵜殿 うどの	176.6	
新宮 しんぐう	180.2	
三輪崎 みわさき	184.9	
紀伊佐野 きいさの	186.6	
宇久井 うくい	188.7	
那智 なち	193.0	
紀伊天満 きいてんま	193.9	
紀伊勝浦 きいかつうら	195.1	
湯川 ゆかわ	197.8	
太地 たいじ	199.9	
下里 しもさと	201.1	
紀伊浦神 きいうらがみ	205.0	
紀伊田原 きいたはら	209.0	
古座 こざ	215.0	
紀伊姫 きいひめ	218.9	
串本 くしもと	221.8	
紀伊有田 きいありた	227.6	
田並 たなみ	229.4	
田子 たこ	233.7	
和深 わぶか	236.4	
江住 えすみ	242.0	
見老津 みろづ	245.0	
周参見 すさみ	254.0	
紀伊日置 きいひき	261.2	
椿 つばき	267.3	
紀伊富田 きいとんだ	272.5	
白浜 しらはま	275.4	
朝来 あっそ	279.7	
紀伊新庄 きいしんじょう	283.2	
紀伊田辺 きいたなべ	285.4	
芳養 はや	289.5	
南部 みなべ	294.5	
岩代 いわしろ	299.6	
切目 きりめ	305.5	
印南 いなみ	309.3	
稲原 いなはら	313.6	
和佐 わさ	320.4	
道成寺 どうじょうじ	324.7	
御坊 ごぼう	326.3	
紀伊内原 きいうちはら	329.2	
紀伊由良 きいゆら	334.5	
広川ビーチ ひろかわ	341.3	
湯浅 ゆあさ	343.9	
藤並 ふじなみ	347.3	
紀伊宮原 きいみやはら	351.2	
箕島 みのしま	355.6	
初島 はつしま	358.1	
下津 しもつ	361.1	
加茂郷 かもごう	363.8	
冷水浦 しみずうら	367.7	
海南 かいなん	370.5	
黒江 くろえ	372.3	
紀三井寺 きみいでら	375.9	
宮前 みやまえ	378.8	
和歌山 わかやま	380.9	
紀和 きわ	382.7	
和歌山市 わかやまし	384.2	

□ 阪和線

駅名	営業キロ	年 月 日 全線乗車
天王寺 てんのう	0.0	
美章園 びしょう	1.5	
南田辺 みなみたなべ	3.0	
鶴ケ丘 つるがおか	3.9	
長居 ながい	4.7	
我孫子町 あびこちょう	5.9	
杉本町 すぎもとちょう	6.9	
浅香 あさか	7.9	
堺市 さかいし	8.8	
三国ケ丘 みくにがおか	10.2	
百舌鳥 もず	11.1	
上野芝 うえのしば	12.4	
津久野 つくの	13.7	
鳳 おおとり	15.1	
富木 とのき	16.3	
北信太 きたしのだ	18.0	
信太山 しのだやま	19.4	
和泉府中 いずみふちゅう	20.9	
久米田 くめだ	23.9	
下松 しもまつ	25.1	
東岸和田 ひがしきしわだ	26.5	
東貝塚 ひがしかいづか	28.1	
和泉橋本 いずみはしもと	30.0	
東佐野 ひがしさの	31.5	
熊取 くまとり	33.0	
日根野 ひねの	34.9	
長滝 ながたき	36.3	
新家 しんげ	38.6	
和泉砂川 いずみすながわ	40.5	
和泉鳥取 いずみととり	43.3	
山中渓 やまなかだに	45.2	
紀伊 きい	53.3	
六十谷 むそた	57.2	
紀伊中ノ島 きいなかのしま	60.2	
和歌山 わかやま	61.3	

□ 同線（支線）

駅名	営業キロ	年 月 日 全線乗車
鳳 おおとり	0.0	
東羽衣 ひがしはごろも	1.7	

□ 関西空港線

駅名	営業キロ	年 月 日 全線乗車
日根野 ひねの	0.0	
りんくうタウン	4.2	
関西空港 かんさいくうこう	11.1	

私が乗車した距離　　　　km

廃止線を含む総距離	638.8 km
現存線の距離	621.1 km

□ 和歌山線

年　月　日全線乗車

駅名	営業キロ	
王寺おうじ	0.0	
畠田はたけだ	2.6	
志都美しづみ	4.5	
香芝かしば	6.6	
JR五位堂	8.7	じぇいあーるごいどう
高田たかだ	11.5	
大和新庄	14.9	やまとしんじょう
御所ごせ	17.6	
玉手たまで	19.4	
掖上わきがみ	20.9	
吉野口よしのぐち	24.9	
北宇智きたうち	31.5	
五条ごじょう	35.4	
大和二見やまとふたみ	37.1	
隅田すだ	41.1	
下兵庫しもひょうご	43.2	
橋本はしもと	45.1	
紀伊山田きいやまだ	48.0	
高野口こうやぐち	50.6	
中飯降なかいぶり	53.0	
妙寺みょうじ	54.6	
大谷おおたに	56.7	
笠田かせだ	58.2	
西笠田にしかせだ	61.3	
名手なて	63.2	
粉河こかわ	66.0	
紀伊長田きいながた	67.2	
打田うちた	69.8	
下井阪しもいさか	72.0	
岩出いわで	74.2	
船戸ふなと	75.3	
紀伊小倉きいおぐら	77.6	
布施屋ほしや	79.9	
千旦せんだ	81.4	
田井ノ瀬たいのせ	82.9	
和歌山わかやま	87.5	

□ 参宮線

年　月　日全線乗車

駅名	営業キロ	
多気たき	0.0	
外城田ときだ	3.3	
田丸たまる	7.0	
宮川みやがわ	11.0	
山田上口	13.2	やまだかみぐち
伊勢市いせし	15.0	
五十鈴ケ丘	17.9	いすずがおか
二見浦ふたみのうら	21.4	
松下まつした	23.7	
池の浦シーサイド園	25.4	いけのうら-
鳥羽とば	29.1	

□ 名松線

年　月　日全線乗車

駅名	営業キロ	
松阪まつさか	0.0	
上ノ庄かみのしょう	4.2	
権現前ごんげんまえ	7.0	
伊勢八太いせはた	11.7	
一志いちし	13.0	
井関いせき	15.6	
伊勢大井いせおおい	18.5	
伊勢川口いせかわぐち	21.3	
関ノ宮せきのみや	23.3	
家城いえき	25.8	
伊勢竹原いせたけはら	29.5	
伊勢鎌倉いせかまくら	33.8	
伊勢八知いせやち	36.6	
比津ひつ	39.7	
伊勢奥津いせおきつ	43.5	

□ 有田鉄道

年　月　日全線乗車
(2002年12月31日限り廃止)

駅名	営業キロ
藤並ふじなみ	0.0
田殿口たどのぐち	1.4
下津野しもつの	2.9
御霊ごりょう	4.2
金屋口かなやぐち	5.6

□ 紀州鉄道

年　月　日全線乗車

駅名	営業キロ	
御坊ごぼう	0.0	
学門がくもん	1.5	
紀伊御坊きいごぼう	1.8	
市役所前	2.4	しやくしょまえ
西御坊にしごぼう	2.7	

□ 同 (廃止区間)

年　月　日全線乗車
(1989年3月31日限り廃止)

駅名	営業キロ
西御坊にしごぼう	0.0
日高川ひだかがわ	0.7

□ 野上電気鉄道

年　月　日全線乗車
(1994年3月31日限り廃止)

駅名	営業キロ	
日方ひかた	0.0	
連絡口れんらくぐち	－	
春日前かすがまえ	1.2	
幡川はたがわ	2.0	
重根しこね	3.8	
紀伊阪井きいさかい	5.0	
沖野々おきのの	6.5	
野上中のかみなか	7.3	
北山きたやま	8.0	
八幡馬場はちまんばば	8.5	
紀伊野上きいのかみ	8.8	
動木とどろき	9.5	
竜光寺前	9.9	りゅうこうじまえ
下佐々しもささ	10.5	
登山口とざんぐち	11.4	

【旅のメモ】

....

....

....

....

....

....

....

....

....

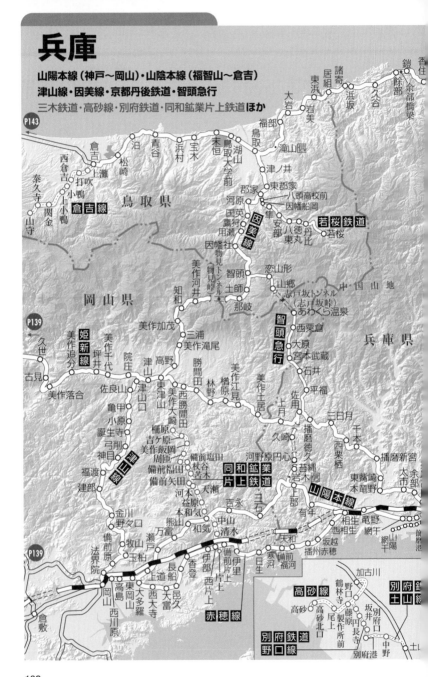

兵庫

山陽本線（神戸〜岡山）・山陰本線（福智山〜倉吉）
津山線・因美線・京都丹後鉄道・智頭急行
三木鉄道・高砂線・別府鉄道・同和鉱業片上鉄道 ほか

P143

鳥取県

岡山県

兵庫県

中国山地

倉吉線
泰久寺
山守
関金
小鴨
上小鴨
打吹
上灘
倉吉
西倉吉
松崎
泊
青谷
浜村
宝木
末恒
鳥取大学前
湖山
鳥取
福部
大岩
岩美
東浜
居組
諸寄
浜坂
久谷
餘部
鎧
香住
京都丹後鉄道
滝山圓
津ノ井

因美線
郡家
東郡家
河原
国英
鷹狩
用瀬
因幡社
物見トンネル
物見峠
八頭高校前
因幡船岡
隼
安部
八東
丹比
徳丸
若桜
若桜鉄道

美作河井
知和
智頭
土師
那岐
恋山形
山郷
志戸坂トンネル
（志戸坂峠）
あわくら温泉

智頭急行
西粟倉
大原
宮本武蔵
石井
佐用
平福

姫新線
美作追分
美作千代
坪井
院庄
津山
高野
美作加茂
三浦
美作滝尾
勝間田
西勝間田
美作大崎
東津山
林野
楢原
美作江見
上月
久崎
佐良山
亀甲
小原
誕生寺
弓削
神目
福渡
建部
金川
野々口
牧山
備前原
法界院
岡山
倉敷
西川原
高島
東岡山
大多羅
西大寺
万富
瀬戸
熊山
和気
本和気
益野
河本
備前矢田
備前福田
杉谷
備前塩田
三石
吉永
香登
伊部
伊里
備前片上
西片上
片上
日生
寒河
備前福河
坂越
播州赤穂
天和
有年
上郡
苔縄
河野原円心
若木圓
美作土居
美作飯岡
周匝

同和鉱業
片上鉄道

山陽本線
相生
西相生
網干
竜野
本竜野
東觜崎
播磨新宮
太市
余部
網干
山陽
三日月
千本
西栗栖
播磨徳久

P139
久世
古見
美作落合

P139

別府
土山
加古川
日岡
神野
厄神
宝殿
御着
姫路

高砂線
鶴林寺
尾上
高砂
高砂北口
野口
坂井
別府口
円長寺
中野
土山
別府港

別府鉄道
野口線

相谷

きりはまビーチ圏
竹野

玄武洞

豊岡

国府

江原

宿南圏

八鹿

養父

和田山

竹田

青倉

新井

生野
トンネル

生野

長谷

寺前
新野

鶴居

�’白地

福崎
溝口
香呂
豊野
ひめじ別所曽我

小天橋

城崎温泉

コウノトリの郷

梁瀬

下夜久野

上夜久野

夕日ケ浦
木津温泉

網野

かぶと山

久美浜

峰山

京丹後大宮

丹後四辻

加悦谷高校前
三河内口
丹後三河内

水戸谷

辛皮

京都丹後鉄道
宮豊線

与謝
(旧・丹後山田)

天橋立

宮村

喜多

宮津

丹後由良

丹後神崎

栗田

京都丹後鉄道
宮舞線

松尾寺

若狭和田
若狭高浜
三松
青郷

若狭本郷

P102→

加斗

東雲
四所

西舞鶴

東舞鶴

小浜線

加悦鉄道

岩滝口

宮津

京都丹後鉄道
宮福線

舞鶴線

真倉

梅迫

淵垣

安栖里

和知

山家立木

胡麻

日吉

京都府

鍼灸大学前

下山

船岡

大江山口内宮
二俣
大江高校前
下天津
牧
福知山
市民病院口
高津
石原
綾部

荒河かしの木台

福知山

丹波竹田

市島

黒井

石生

相原

久下村

下滝

船町口
本黒田

丹波大山

篠山口

南矢代

古市

草野

藍本

相野

新三田

広野

**播
但
線**

**北
条
鉄
道**

北条町

播磨横田

法華口

網引

粟生

田原

小野町

市神市場

市原

西脇

滝

社町

滝野

西脇市
(旧・野村)

日本へそ公園

比延

新西脇

加古川線

黒田庄

福知山線

石生

園部

吉富

千代川

並河

八木

馬堀

保津峡

亀岡

P121

嵯峨嵐山

武田尾

生瀬

P120

宝塚

伊丹

三田
道場

横山

青野ケ原

ウッディタウン中央
南ウッディタウン
フラワータウン

三木鉄道

三木

谷上

有馬温泉

有馬口

鈴蘭台

新神戸

神戸新交通

住吉
御影

魚崎
南魚崎
アイランド
北口

アイランド
センター

マリン
パーク

**六甲
アイランド線**

三宮

貿易センター
ポートターミナル

中公園
みなとじま
市民広場

北埠頭
中埠頭
南公園

医療センター
計算科学センター

神戸空港

**ポート
アイランド線**

P127

新三田

高砂

東加古川

加古川

厄神

小野町

粟生

三木

新開地

鈴蘭台

菊水山
鵯越

湊川

兵庫

鷹取

新長田

和田岬

舞子
垂水
塩屋
須磨
須磨海浜公園

明石

西新町
西明石
大久保
魚住

西江井ケ島
石野
東二見
西二見

加古川
別府

尾上の松
浜の宮

大阪府

川西池田

武庫川

尼崎港

P120

神戸
兵庫

塚口

133

兵庫①

□ 山陽本線（神戸～岡山）

年　月　日全線乗車

駅名	営業キロ	
神戸こうべ	0.0	
兵庫ひょうご	1.8	
新長田しんながた	4.1	
鷹取たかとり	5.1	
須磨海浜公園すまかいひんこうえん	6.0	すまかいひんこうえん
須磨すま	7.3	
塩屋しおや	10.2	
垂水たるみ	13.1	
舞子まいこ	15.1	
朝霧あさぎり	17.0	
明石あかし	19.4	
西明石にしあかし	22.8	
大久保おおくぼ	25.6	
魚住うおずみ	29.1	
土山つちやま	32.2	
東加古川ひがしかこがわ	35.5	ひがしかこがわ
加古川かこがわ	39.1	
宝殿ほうでん	42.4	
曽根そね	46.4	
ひめじ別所べっしょ	48.4	べっしょ
御着ごちゃく	50.5	
東姫路ひがしひめじ	52.9	
姫路ひめじ	54.8	
新駅（仮称）		
英賀保あがほ	59.4	
はりま勝原かつはら	62.2	かつはら
網干あぼし	65.1	
竜野たつの	71.0	
相生あいおい	75.5	
有年うね	83.1	
上郡かみごおり	89.6	
三石みついし	102.4	
吉永よしなが	109.5	
和気わけ	114.8	
熊山くまやま	119.4	
万富まんとみ	123.5	
瀬戸せと	128.0	
上道じょうとう	132.7	
東岡山ひがしおかやま	136.1	
高島たかしま	138.9	
西川原にしがわら	140.8	
岡山おかやま	143.4	

P140

同線（和田岬支線）

年　月　日全線乗車

駅名	営業キロ	
兵庫ひょうご	0.0	
和田岬わだみさき	2.7	

□ 加古川線

年　月　日全線乗車

駅名	営業キロ	
加古川かこがわ	0.0	
日岡ひおか	2.3	
神野かんの	4.8	
厄神やくじん	7.4	
市場いちば	11.5	
小野町おのまち	13.7	
粟生あお	16.6	
河合西かわいにし	19.2	
青野ケ原あおのがはら	21.3	
社町やしろちょう	24.2	
滝野たきの	27.3	
滝たき	28.4	
西脇市にしわきし	31.2	
新西脇しんにしわき	32.3	
比延ひえ	34.6	
日本へそ公園にほんへそこうえん	36.1	にほんへそこうえん
黒田庄くろだしょう	38.5	
本黒田ほんくろだ	42.0	
船町口ふなまちぐち	43.8	
久下村くげむら	46.3	
谷川たにかわ	48.5	

□ 鍛冶屋線

年　月　日全線乗車

（1990年3月31日限り廃止）

駅名	営業キロ	
野村のむら	0.0	現・西脇市
西脇にしわき	1.6	
市原いちはら	4.7	
羽安はやす	7.0	
曽我井そがい	8.8	
中村町なかむらちょう	10.9	
鍛冶屋かじや	13.2	

□ 三木鉄道

年　月　日全線乗車

（2008年3月31日限り廃止）

駅名	営業キロ	
厄神やくじん	0.0	
国包くにかね	1.0	
宗佐そうさ	1.5	
下石野しものいしの	2.0	
石野いしの	2.6	
西這田にしほうだ	4.3	
別所べっしょ	5.3	
高木たかぎ	6.0	
三木みき	6.6	

□ 北条鉄道

年　月　日全線乗車

駅名	営業キロ	
粟生あお	0.0	
網引あびき	3.5	
田原たはら	4.6	
法華口ほっけぐち	6.1	
播磨下里はりましもさと	8.0	はりましもさと
長おさ	9.8	
播磨横田はりまよこた	11.4	
北条町ほうじょうまち	13.6	

□ 高砂線

年　月　日全線乗車

（1984年11月30日限り廃止）

駅名	営業キロ	
加古川かこがわ	0.0	
野口のぐち	2.0	
鶴林寺かくりん	2.7	
尾上おのえ	3.7	
高砂北口たかさごきたぐち	5.7	たかさごきたぐち
高砂たかさご	6.3	

【旅のメモ】

134

私が乗車した距離 ___ km

□ 播但線 (ばんたん)

年　月　日全線乗車

駅名	営業キロ	
姫路 ひめじ	0.0	
京口 きょうぐち	1.7	
野里 のざと	4.3	
砥堀 とほり	6.0	
仁豊野 にぶの	8.2	
香呂 こうろ	11.2	
溝口 みぞぐち	13.2	
福崎 ふくさき	17.1	
甘地 あまじ	20.6	
鶴居 つるい	24.5	
新野 にいの	27.7	
寺前 てらまえ	29.6	
長谷 はせ	35.9	
生野 いくの	43.6	
新井 にい	51.1	
青倉 あおくら	55.6	
竹田 たけだ	59.9	
和田山 わだやま	65.7	

□ 同線 （廃止区間）

年　月　日全線乗車

（1986年10月31日限り廃止）

駅名	営業キロ	
飾磨港 しかまこう	0.0	
飾磨 しかま	1.3	
亀山 かめやま	3.2	
姫路 ひめじ	5.6	

□ 同和鉱業片上鉄道 (どうわこうぎょうかたかみ)

年　月　日全線乗車

（1991年6月30日限り廃止）

駅名	営業キロ	
片上 かたかみ	0.0	
清水 しみず	4.1	
中山 なかやま	5.7	
和気 わけ	8.6	
本和気 ほんわけ	10.1	
益原 ますはら	11.6	
天瀬 あませ	14.5	
河本 こうもと	16.3	
備前矢田 びぜんやた	18.3	
苦木 にがき	22.2	
杖谷 つえたに	24.2	
備前塩田 びぜんしおた	25.5	
備前福田 びぜんふくだ	27.2	
周匝 すさい	28.5	
美作飯岡 みまさかゆうか	29.6	
吉ケ原 きちがはら	32.5	
柵原 やなはら	33.8	

□ 赤穂線 (あこう)

年　月　日全線乗車

駅名	営業キロ	
相生 あいおい	0.0	
西相生 にしあいおい	3.0	
坂越 さこし	7.8	
播州赤穂 ばんしゅうあこう	10.5	
天和 てんわ	14.5	
備前福河 びぜんふくかわ	16.4	
寒河 そうご	19.6	
日生 ひなせ	22.1	
伊里 いり	27.7	
備前片上 びぜんかたかみ	31.0	
西片上 にしかたかみ	32.3	
伊部 いんべ	34.5	
香登 かがと	38.5	
長船 おさふね	42.3	
邑久 おく	45.9	
大富 おおどみ	48.0	
西大寺 さいだいじ	51.2	
大多羅 おおだら	54.1	
東岡山 ひがしおかやま	57.4	

□ 別府鉄道野口線 (べふ のぐち)

年　月　日全線乗車

（1984年1月31日限り廃止）

駅名	営業キロ	
野口 のぐち	0.0	
藤原製作所前 ふじわらせいさくじょまえ	0.8	
円長寺 えんちょうじ	1.5	
坂井 さかい	2.4	
別府口 べふぐち	3.0	
別府港 べふこう	3.7	

□ 別府鉄道土山線 (つちやません)

年　月　日全線乗車

（1984年1月31日限り廃止）

駅名	営業キロ	
土山 つちやま	0.0	
中野 なかの	1.4	
別府港 べふこう	4.1	

□ 山陰本線（福知山〜倉吉） (さんいん)

年　月　日全線乗車

	駅名	営業キロ	
P124			
	福知山 ふくちやま	88.5	
	上川口 かみかわぐち	95.2	
	下夜久野 しもやくの	102.4	
	上夜久野 かみやくの	109.8	
	梁瀬 やなせ	115.6	
	和田山 わだやま	119.0	
	養父 やぶ	124.2	
	八鹿 ようか	131.2	
	江原 えばら	138.7	
	国府 こくふ	142.4	
	豊岡 とよおか	148.4	
	玄武洞 げんぶどう	153.7	
	城崎温泉 きのさきおんせん	158.0	
	竹野 たけの	166.0	
	きりはまビーチ 🏖	167.6	
	佐津 さづ	173.4	
	柴山 しばやま	175.7	
	香住 かすみ	180.0	
	鎧 よろい	185.4	
	餘部 あまるべ	187.2	
	久谷 くたに	191.8	
	浜坂 はまさか	197.9	
	諸寄 もろよせ	199.8	
	居組 いぐみ	204.2	
	東浜 ひがしはま	207.5	
	岩美 いわみ	211.9	
	大岩 おおいわ	214.8	
	福部 ふくべ	219.1	
	鳥取 とっとり	230.3	
	湖山 こやま	234.5	
	鳥取大学前 とっとりだいがくまえ	235.8	
	末恒 すえつね	239.6	
	宝木 ほうぎ	244.7	
	浜村 はまむら	247.6	
	青谷 あおや	252.8	
	泊 とまり	258.9	
	松崎 まつざき	264.6	
	倉吉 くらよし	270.1	

P144

【旅のメモ】

....

....

....

135

兵庫②

□ 舞鶴線 まいづる

駅名	営業キロ	年 月	日全線乗車
綾部 あやべ	0.0		
淵垣 ふちがき	5.3		
梅迫 うめざこ	8.2		
真倉 まぐら	15.5		
西舞鶴 にしまいづる	19.5		
東舞鶴 ひがしまいづる	26.4		

□ 京都丹後鉄道宮舞線 きょうたんご みやまい

駅名	営業キロ	年 月	日全線乗車
西舞鶴 にしまいづる	0.0		
四所 ししょ	5.4		
東雲 しののめ	8.9		
丹後神崎 たんごかんざき	12.7		
丹後由良 たんごゆら	14.4		
栗田 くんだ	20.2		
宮津 みやづ	24.7		

□ 京都丹後鉄道宮豊線 みやとよ

駅名	営業キロ	年 月	日全線乗車
宮津 みやづ	0.0		
天橋立 あまのはしだて	4.4		
岩滝口 いわたきぐち	8.1		
与謝野 よさの	11.0		
京丹後大宮 きょうたんごおおみや	18.0		
峰山 みねやま	23.6		
網野 あみの	30.8		
夕日ヶ浦木津温泉 ゆうひがうらきつおんせん	36.4		
小天橋 しょうてんきょう	41.8		
かぶと山 ーやま	45.0		
久美浜 くみはま	47.3		
コウノトリの郷 ーさと	55.9		
豊岡 とよおか	58.9		

□ 加悦鉄道 かや

（1985年4月30日限り廃止）

駅名	営業キロ	年 月	日全線乗車
丹後山田 たんごやまだ	0.0	現・与謝野	
水戸谷 みとだに	1.4		
丹後四辻 たんごよつつじ	2.6		
加悦谷高校前 かやだにこうこうまえ	3.5		
三河内口 みごうちぐち	4.0		
丹後三河内 たんごみごうち	4.5		
加悦 かや	5.7		

□ 京都丹後鉄道宮福線 みやふく

駅名	営業キロ	年 月	日全線乗車
宮津 みやづ	0.0		
宮村 みやむら	1.5		
喜多 きた	3.1		
辛皮 からかわ	9.1		
大江山口内宮 おおえやまぐちないく	12.8		
二俣 ふたまた	15.0		
大江高校前 おおえこうこうまえ	17.0		
大江 おおえ	17.9		
公庄 ぐじょう	20.4		
下天津 しもあまづ	22.8		
牧 まき	25.3		
荒河かしの木台 あらが～きだい	27.5		
福知山市民病院口 ふくちやましみんびょういんぐち	28.9		
福知山 ふくちやま	30.4		

□ 小浜線 おばま

駅名	営業キロ	年 月	日全線乗車
敦賀 つるが	0.0		
西敦賀 にしつるが	3.3		
粟野 あわの	7.7		
東美浜 ひがしみはま	12.7		
美浜 みはま	17.9		
気山 きやま	21.4		
三方 みかた	24.7		
藤井 ふじい	27.3		
十村 とむら	29.3		
大鳥羽 おおとば	33.3		
若狭有田 わかさありた	35.4		
上中 かみなか	38.8		
新平野 しんひらの	43.3		
東小浜 ひがしおばま	46.2		
小浜 おばま	49.5		
勢浜 せいはま	53.2		
加斗 かと	57.2		
若狭本郷 わかさほんごう	61.8		
若狭和田 わかさわだ	65.7		
若狭高浜 わかさたかはま	68.9		
三松 みつまつ	71.4		
青郷 あおのごう	73.5		
松尾寺 まつのおでら	78.2		
東舞鶴 ひがしまいづる	84.3		

□ 津山線 つやま

駅名	営業キロ	年 月	日全線乗車
岡山 おかやま	0.0		
法界院 ほうかいいん	2.3		
備前原 びぜんはら	5.1		
玉柏 たまがし	7.5		
牧山 まきやま	11.4		
野々口 ののくち	16.7		
金川 かながわ	19.7		
建部 たけべ	27.0		
福渡 ふくわたり	30.3		
神目 こうめ	36.5		
弓削 ゆげ	40.5		
誕生寺 たんじょうじ	43.5		
小原 おはら	45.5		
亀甲 かめのこう	49.1		
佐良山 さらやま	53.4		
津山口 つやまぐち	56.8		
津山 つやま	58.7		

□ 若桜鉄道 わかさ

駅名	営業キロ	年 月	日全線乗車
郡家 こおげ	0.0		
八頭高校前 やずこうこうまえ	0.9		
因幡船岡 いなばふなおか	2.4		
隼 はやぶさ	4.4		
安部 あべ	7.1		
八東 はっとう	9.8		
徳丸 とくまる	11.6		
丹比 たんぴ	13.5		
若桜 わかさ	19.2		

□ 倉吉線 くらよし

（1985年3月31日限り廃止）

駅名	営業キロ	年 月	日全線乗車
倉吉 くらよし	0.0		
上灘 うわなだ	2.4		
打吹 うつぶき	4.2		
西倉吉 にしくらよし	6.8		
小鴨 おがも	8.8		
上小鴨 かみおがも	10.6		
関金 せきがね	15.2		
泰久寺 たいきゅうじ	18.2		
山守 やまもり	20.0		

	廃止線を含む総距離	613.3 km
	現存線の距離	587.6 km

□ 智頭急行 (ちずきゅうこう)

年　月　日全線乗車

	駅名	営業キロ	
○	上郡 (かみごおり)	0.0	
○	苔縄 (こけなわ)	4.8	
○	河野原円心 (こうのはらえんしん)	7.4	こうのはらえんしん
○	久崎 (くざき)	12.2	
○	佐用 (さよ)	17.2	
○	平福 (ひらふく)	22.5	
○	石井 (いしい)	27.1	
○	宮本武蔵 (みやもとむさし)	30.6	みやもとむさし
○	大原 (おおはら)	33.2	
○	西粟倉 (にしあわくら)	37.4	
○	あわくら温泉 (おんせん)	40.6	おんせん
○	山郷 (やまさと)	47.2	
○	恋山形 (こいやまがた)	50.0	
○	智頭 (ちず)	56.1	

□ 因美線 (いんびせん)

年　月　日全線乗車

	駅名	営業キロ	
○	鳥取 (とっとり)	0.0	
○	津ノ井 (つのい)	4.3	
○	東郡家 (ひがしこおげ)	8.2	
○	郡家 (こおげ)	10.3	
○	河原 (かわはら)	14.1	
○	国英 (くにふさ)	17.4	
○	鷹狩 (たかがり)	19.8	
○	用瀬 (もちがせ)	21.1	
○	因幡社 (いなばやしろ)	24.9	
○	智頭 (ちず)	31.9	
○	土師 (はじ)	35.6	
○	那岐 (なぎ)	38.5	
○	美作河井 (みまさかかわい)	48.5	みまさかかわい
○	知和 (ちわ)	52.0	
○	美作加茂 (みまさかかも)	55.8	
○	三浦 (みうら)	59.3	
○	美作滝尾 (みまさかたきお)	61.5	みまさかたきお
○	高野 (たかの)	66.7	
○	東津山 (ひがしつやま)	70.8	

□ 姫新線 (きしん)

年　月　日全線乗車

	駅名	営業キロ	
○	姫路 (ひめじ)	0.0	
○	播磨高岡 (はりまたかおか)	3.8	はりまたかおか
○	余部 (よべ)	6.1	
○	太市 (おおいち)	9.9	
○	本竜野 (ほんたつの)	14.9	
○	東觜崎 (ひがしはしさき)	17.8	
○	播磨新宮 (はりましんぐう)	22.1	はりましんぐう
○	千本 (せんぼん)	27.6	
○	西栗栖 (にしくりす)	31.2	
○	三日月 (みかづき)	36.6	
○	播磨徳久 (はりまとくさ)	42.5	
○	佐用 (さよ)	45.9	
○	上月 (こうづき)	50.9	
○	美作土居 (みまさかどい)	57.6	
○	美作江見 (みまさかえみ)	63.0	
○	楢原 (ならはら)	66.4	
○	林野 (はやしの)	70.4	
○	勝間田 (かつまだ)	74.3	
○	西勝間田 (にしかつまだ)	77.3	
○	美作大崎 (みまさかおおさき)	79.3	みまさかおおさき
○	東津山 (ひがしつやま)	83.7	
○	津山 (つやま)	86.3	
○	院庄 (いんのしょう)	90.8	
○	美作千代 (みまさかせんだい)	95.6	みまさかせんだい
○	坪井 (つぼい)	98.3	
○	美作追分 (みまさかおいわけ)	103.9	みまさかおいわけ
○	美作落合 (みまさかおちあい)	110.9	みまさかおちあい
○	古見 (こみ)	114.6	
○	久世 (くせ)	118.9	
○	中国勝山 (ちゅうごくかつやま)	123.8	ちゅうごくかつやま
○	月田 (つきだ)	128.6	
○	富原 (とみはら)	134.7	
○	刑部 (おさかべ)	141.2	
○	丹治部 (たじべ)	145.0	
○	岩山 (いわやま)	149.8	
○	新見 (にいみ)	158.1	

【旅のメモ】

山陽本線
倉敷
倉敷市
西川緑道公園
岡山
柳川
城下
東山本線
児島
児島
球場前
郵便局前
県庁通り
西大寺町
備前赤崎
本四備讃線
宇野線
田町
中納言
阿津
西富井
岡山駅前
小橋
門田屋敷
東山おかでんミュージアム駅
鷲羽山
福井
浦田
新西大寺町筋
清輝橋
清輝橋線
琴海
大雲寺前
大元
下津井電鉄
水島臨海鉄道
弥生
栄
常盤
水島
三菱自工前
岡南新保
岡南泉田
岡山電気軌道
東下津井
下津井
岡山臨港鉄道
岡南福田
並木町
岡南元町

三江線 P142
比
備後平
高
備後三日市
山ノ内
七塚
備後庄原
八次
三次
神杉
下和知
備後安田
吉舎
梶田
福塩線
三良坂
志和地
上川立
西三次
甲立
吉田口
芸備線
広 島 県
備後矢
備後三川
八

三段峡
木井原
加計
殿賀
上殿
田之尻
香草浪津
向原
井原市
三次
可部線
スカイレールサービス リスト P149
河戸帆待川
あき亀山
今井田
安芸飯室
安芸亀山
布
中三田
志和口
志和口
小河内
安芸
水内
坪野
河戸
下深川
白木山
中深川
井原市
上三田
上深川
狩留家
八本松
寺家
西条
入野
白市
河内
本郷
山陽本線
三原
須波
安芸矢口
玖村
戸坂
矢賀
瀬野
中野東
安芸中野
西高屋
西条
横川
広島
天神川
海田市
東広島
呉線
安芸幸崎
向洋
水尻
矢野
海田市
広島電鉄 P146
小屋浦
呉ポートピア
風早
安芸津
吉名
竹原
大乗
安芸長浜
忠海
安登
安浦
天応
かるが浜
呉
安芸阿賀
広
仁方
安芸川尻
吉浦
川原石
新広

N
1:770,000
0   20km

P147

岡山・広島

山陽本線（岡山〜広島）・吉備線・宇野線
福塩線・呉線・可部線・岡山電気軌道
水島臨海鉄道・広島高速交通・
岡山臨港鐵道・下津井電鉄ほか

中国山地

道後山
▲1269
道後山
小奴可
内名
備後
八幡
東城

伯備線 P143
谷田峠（たんだたわ）
刑部
備中神代
市岡
坂根
矢神
野馳
丹治部
岩山
新見
富原
月田
中国勝山
久世
古見
美作落合

姫新線 リスト P137
院庄
津山
東津山
美作追分
坪井
美作千代

柵原

P132 因美線
P132
P132

津山線 P132

同和鉱業
片上鉄道 P132

伯備線 P143

岡山県

吉備線
備中高松
東総社
服部
足守
備前一宮
大安寺
備前三門 P132
東岡山
赤穂 P132

子守唄の里高屋
井原
早雲の里荒戸
小田
矢掛
三谷
総社
清音
吉備真備
備中呉妹
川辺宿
庭瀬
妹尾
備前西市
備中箕島
岡山
大元

山陽本線

府中
高木
上戸手
万能倉
近田
新市
湯田村
御嶽
神辺
大門
湯野
横尾
笠岡
里庄
金光
鴨方
新倉敷
西阿知
倉敷
茶屋町
早島
久々原
植松
木見
迫川
彦崎
備前片岡
常山
八浜
備前田井
宇野

井原鉄道

福山
東福山
備後赤坂
松永
東尾道
備後本庄

上の町
児島

本四備讃線 P151

宇野線

リスト P149

広島高速交通
アストラムライン

河戸
あき亀山
中島
河戸帆待川
上八木
梅林
七軒茶屋
古市
中筋
西原
祇園新橋北
不動院前
牛田
白島
新白島

可部
可部線

長楽寺
伴
高取
安東
上安
毘沙門台
大町
古市橋
下祇園
安芸長束
三滝
大原
伴中央
大塚
広域
公園前
横川
城北
県庁前

山陽本線

本通

高松

宇多津

岡山・広島

□ 山陽本線（岡山～広島）

	駅名	営業キロ	年 月 日全線乗車
P134	岡山 おかやま	143.4	
	北長瀬 きたながせ	146.8	
	庭瀬 にわせ	149.9	
	中庄 なかしょう	154.6	
	倉敷 くらしき	159.3	
	西阿知 にしあち	163.3	
	新倉敷 しんくらしき	168.6	
	金光 こんこう	174.9	
	鴨方 かもがた	178.4	
	里庄 さとしょう	182.4	
	笠岡 かさおか	187.1	
	大門 だいもん	194.2	
	東福山 ひがしふくやま	197.5	
	福山 ふくやま	201.7	
	備後赤坂 びんごあかさか	207.5	
	松永 まつなが	212.4	
	東尾道 ひがしおのみち	215.3	
	尾道 おのみち	221.8	
	糸崎 いとざき	230.9	
	三原 みはら	233.3	
	本郷 ほんごう	242.8	
	河内 こうち	255.1	
	入野 にゅうの	259.5	
	白市 しらいち	263.9	
	西高屋 にしたかや	268.3	
	西条 さいじょう	272.9	
	寺家 じけ	275.2	
	八本松 はちほんまつ	278.9	
	瀬野 せの	289.5	
	中野東 なかのひがし	292.4	
	安芸中野 あきなかの	294.4	
	海田市 かいたいち	298.3	
	向洋 むかいなだ	300.6	
	天神川 てんじんがわ	302.4	
P148	広島 ひろしま	304.7	

□ 岡山臨港鐵道

年 月 日全線乗車
（1984年12月29日限り廃止）

	駅名	営業キロ	
	大元 おおもと	0.0	
	岡南新保 こうなんしんぼう	1.4	
	岡南泉田 こうなんいずみだ	2.3	
	岡南福田 こうなんふくだ	4.4	
	並木町 なみきちょう	6.1	
	岡南元町 こうなんもとまち	6.6	

□ 宇野線

	駅名	営業キロ	年 月 日全線乗車
	岡山 おかやま	0.0	
	大元 おおもと	2.5	
	備前西市 びぜんにしいち	4.5	
	妹尾 せのお	8.3	
	備中箕島 びっちゅうみしま	10.2	
	早島 はやしま	11.9	
	久々原 くぐはら	13.2	
	茶屋町 ちゃやまち	14.9	
	彦崎 ひこさき	18.1	
	備前片岡 びぜんかたおか	20.9	
	迫川 はざかわ	22.8	
	常山 つねやま	24.1	
	八浜 はちはま	26.6	
	備前田井 びぜんたい	30.3	
	宇野 うの	32.8	

□ 下津井電鉄

年 月 日全線乗車
（1990年12月31日限り廃止）

	駅名	営業キロ	
	児島 こじま	0.0	
	備前赤崎 びぜんあかさき	1.1	
	阿津 あづ	1.6	
	琴海 きんかい	2.9	
	鷲羽山 わしゅうざん	3.8	
	東下津井 ひがししもつい	4.3	
	下津井 しもつい	6.3	

□ 井原鉄道

年 月 日全線乗車

	駅名	営業キロ	
	清音 きよね	0.0	
	川辺宿 かわべじゅく	2.6	
	吉備真備 きびのまきび	4.8	
	備中呉妹 びっちゅうくれせ	7.7	
	三谷 みたに	11.7	
	矢掛 やかげ	14.8	
	小田 おだ	20.0	
	早雲の里荏原 そううんのさとえばら	23.4	
	井原 いばら	27.1	
	いずえ	28.9	
	子守唄の里高屋 こもりうたのさとたかや	30.7	
	御領 ごりょう	34.2	
	湯野 ゆの	36.1	
	神辺 かんなべ	38.3	

※伯備線と共用区間（総社～清音間）を除く

□ 吉備線

	駅名	営業キロ	年 月 日全線乗車
	岡山 おかやま	0.0	
	備前三門 びぜんみかど	1.9	
	大安寺 だいあんじ	3.3	
	備前一宮 びぜんいちのみや	6.5	
	吉備津 きびつ	8.4	
	備中高松 びっちゅうたかまつ	11.0	
	足守 あしもり	13.4	
	服部 はっとり	16.2	
	東総社 ひがしそうじゃ	18.8	
	総社 そうじゃ	20.4	

□ 水島臨海鉄道

年 月 日全線乗車

	駅名	営業キロ	
	倉敷市 くらしきし	0.0	
	球場前 きゅうじょうまえ	2.0	
	西富井 にしとみい	3.6	
	福井 ふくい	4.4	
	浦田 うらだ	5.5	
	弥生 やよい	7.5	
	栄 さかえ	8.2	
	常盤 ときわ	8.6	
	水島 みずしま	9.2	
	三菱自工前 みつびしじこうまえ	10.4	

【旅のメモ】

140

廃止線を含む総距離	516.4 km
現存線の距離	448.4 km

□ 呉線(くれせん)

年　月　日全線乗車

駅名	営業キロ	
三原 みはら	0.0	
須波 すなみ	5.1	
安芸幸崎 あきさいざき	11.8	
忠海 ただのうみ	17.2	
安芸長浜 あきながはま	20.0	
大乗 おおのり	21.8	
竹原 たけはら	25.3	
吉名 よしな	30.0	
安芸津 あきつ	34.7	
風早 かざはや	37.9	
安浦 やすうら	44.2	
安登 あと	48.7	
安芸川尻 あきかわじり	52.8	
仁方 にがた	57.6	
広 ひろ	60.2	
新広 しんひろ	61.5	
安芸阿賀 あきあが	62.9	
呉 くれ	67.0	
川原石 かわらいし	68.7	
吉浦 よしうら	71.0	
かるが浜	72.2	-はま
天応 てんのう	74.3	
呉ポートピア	75.6	くれ-
小屋浦 こやうら	77.1	
水尻 みずしり	79.3	
坂 さか	81.8	
矢野 やの	84.4	
海田市 かいたいち	87.0	

□ 岡山電気軌道東山本線(おかやまでんききどうひがしやまほんせん)

年　月　日全線乗車

駅名	営業キロ	
岡山駅前〜東山・おかでんミュージアム駅	3.0	

□ 岡山電気軌道清輝橋線(せいきばしせん)

年　月　日全線乗車

駅名	営業キロ	
柳川〜清輝橋	1.6	

□ 福塩線(ふくえんせん)

年　月　日全線乗車

駅名	営業キロ	
福山 ふくやま	0.0	
備後本庄 びんごほんじょう	1.8	
横尾 よこお	6.1	
神辺 かんなべ	8.4	
湯田村 ゆだむら	10.4	
道上 みちのうえ	11.3	
万能倉 まなぐら	13.4	
駅家 えきや	14.6	
近田 ちかた	16.0	
戸手 とで	17.0	
上戸手 かみとで	18.8	
新市 しんいち	20.0	
高木 たかぎ	21.7	
鵜飼 うかい	22.7	
府中 ふちゅう	23.6	
下川辺 しもかわべ	27.9	
中畑 なかはた	31.8	
河佐 かわさ	34.9	
備後三川 びんごみかわ	42.4	
備後矢野 びんごやの	46.6	
上下 じょうげ	50.3	
甲奴 こうぬ	54.7	
梶田 かじた	57.1	
備後安田 びんごやすだ	62.3	
吉舎 きさ	67.3	
三良坂 みらさか	73.6	
塩町 しおまち	78.0	

□ 同線(旧ルート)

年　月　日全線乗車
(1989年4月19日限り廃止)

駅名	営業キロ	
河佐 かわさ	0.0	
八田原 はったはら	2.5	
備後三川 びんごみかわ	8.9	

□ 可部線(かべせん)

年　月　日全線乗車

駅名	営業キロ	
横川 よこがわ	0.0	
三滝 みたき	1.1	
安芸長束 あきながつか	2.6	
下祇園 しもぎおん	3.9	
古市橋 ふるいちばし	5.3	
大町 おおまち	6.5	
緑井 みどりい	7.3	
七軒茶屋 しちけんぢゃや	8.0	
梅林 ばいりん	9.6	
上八木 かみやぎ	11.2	
中島 なかしま	12.6	
可部 かべ	14.0	
河戸帆待川 こうどほまちがわ	14.8	
あき亀山	15.6	-かめやま

□ 同線(廃止区間)

年　月　日全線乗車
(2003年11月30日限り廃止)

駅名	営業キロ	
可部 かべ	0.0	
河戸 こうど	1.3	
今井田 いまいだ	3.7	
安芸亀山 あきかめやま	6.6	
毛木 けぎ	9.4	
安芸飯室 あきいむろ	11.1	
布 ぬの	13.5	
小河内 おごうち	15.6	
安野 やすの	18.1	
水内 みのち	22.2	
坪野 つぼの	23.6	
田之尻 たのしり	26.6	
津浪 つなみ	28.5	
香草 かぐさ	30.4	
加計 かけ	32.0	
木坂 きさか	33.9	
殿賀 とのが	36.0	
上殿 かみとの	38.0	
筒賀 つつが	40.1	
土居 どい	42.2	
戸河内 とごうち	43.3	
三段峡 さんだんきょう	46.2	

※広島高速交通・スカイレールサービスの路線リストはP149に掲載

【旅のメモ】

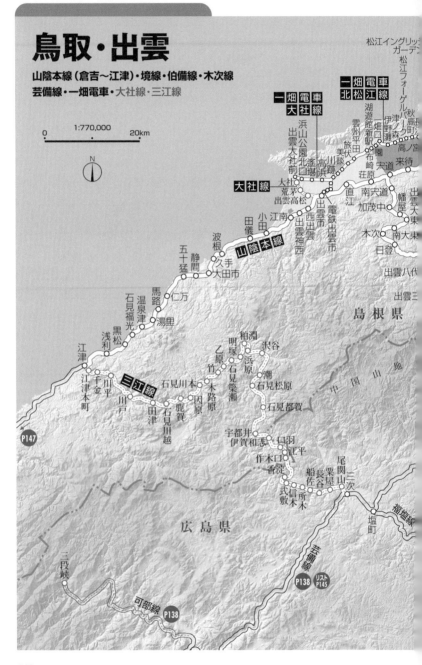

鳥取・出雲

山陰本線（倉吉〜江津）・境線・伯備線・木次線
芸備線・一畑電車・大社線・三江線

1:770,000

0　　　　　　　　　20km

N

松江イングリッ
ガーデン
松江フォーゲル

一畑電車
北松江線

一畑電車
大社線

大社線

島根県

山陰本線

三江線

芸備線

可部線

P147

P138

P138 リスト P145

広島県

三段峡

142

日 本 海

境線

船着場駅
米子空港
大篠津町
境港
上道
馬場崎町
余子
高松町
中浜
弓ケ浜
後藤
富士見町
博労町
伯耆大山
淀江
大山口
名和
御来屋
下市
中山口
赤碕
八橋
浦安
由良
下北条
倉吉

和田浜
河崎口
三本松
安来
松江
東松江
揖屋
荒島
米子
東山公園
東山公園

鳥取県

因美線倉

清水寺圏

岸本
大山
▲1729

伯耆溝口

上溝口圏

江尾
武庫

根雨

黒坂

出雲横田
八川

生山
上菅

中 国 山 地

P132

下石見圏

谷田トンネル
谷田峠(たんだたわ)
新郷

出雲坂根
JR西日本最高地点
(731m)

足立

油木
1269
▲道後山

備後落合

新見
布原
備中神代

新見

石蟹

姫新線
P139 リスト
P137

津山

津山線

P139 リスト
P145

芸備線

井倉

広石圏
方谷

岡山県

P132

伯
備
線

備中川面

木野山

備中高梁

備中広瀬

日羽

P138

美袋
豪渓
総社
清音

岡山

P139 井原鉄道

倉敷

鳥取・出雲

□ 山陰本線（倉吉～江津）

駅名	営業キロ	年	月	日全線乗車
倉吉 くらよし	270.1			
下北条 しもほうじょう	275.2			
由良 ゆら	280.1			
浦安 うらやす	285.8			
八橋 やばせ	287.6			
赤碕 あかさき	291.3			
中山口 なかやまぐち	295.5			
下市 しもいち	297.7			
御来屋 みくりや	303.6			
名和 なわ	304.7			
大山口 だいせんぐち	308.8			
淀江 よどえ	312.7			
伯耆大山 ほうきだいせん	318.2			
東山公園 ひがしやまこうえん	321.2			
米子 よなご	323.0			
安来 やすぎ	331.8			
荒島 あらしま	336.6			
揖屋 いや	342.2			
東松江 ひがしまつえ	345.3			
松江 まつえ	351.9			
乃木 のぎ	354.6			
玉造温泉 たまつくりおんせん	358.5			
来待 きまち	364.5			
宍道 しんじ	368.9			
荘原 しょうばら	373.0			
直江 なおえ	379.1			
出雲市 いずもし	384.6			
西出雲 にしいずも	389.4			
出雲神西 いずもじんざい	391.4			
江南 こうなん	393.5			
小田 おだ	400.1			
田儀 たぎ	404.0			
波根 はね	411.5			
久手 くて	413.7			
大田市 おおだし	417.2			
静間 しずま	420.2			
五十猛 いそたけ	422.8			
仁万 にま	428.9			
馬路 まじ	431.9			
湯里 ゆさと	434.8			
温泉津 ゆのつ	437.9			
石見福光 いわみふくみつ	440.8			
黒松 くろまつ	443.6			
浅利 あさり	448.0			
江津 ごうつ	454.3			

P135 ／ P148

□ 伯備線 はくび

駅名	営業キロ	年	月	日全線乗車
倉敷 くらしき	0.0			
清音 きよね	7.3			
総社 そうじゃ	10.7			
豪渓 ごうけい	15.3			
日羽 ひわ	19.0			
美袋 みなぎ	22.7			
備中広瀬 びっちゅうひろせ	29.6			
備中高梁 びっちゅうたかはし	34.0			
木野山 きのやま	38.8			
備中川面 びっちゅうかわも	42.7			
方谷 ほうこく	47.4			
井倉 いくら	55.2			
石蟹 いしが	59.7			
新見 にいみ	64.4			
布原 ぬのはら	68.3			
備中神代 びっちゅうこうじろ	70.8			
足立 あしだち	77.0			
新郷 にいざと	82.8			
上石見 かみいわみ	86.7			
生山 しょうやま	95.4			
上菅 かみすげ	98.9			
黒坂 くろさか	103.7			
根雨 ねう	111.3			
武庫 むこ	116.0			
江尾 えび	118.1			
伯耆溝口 ほうきみぞぐち	127.3			
岸本 きしもと	132.3			
伯耆大山 ほうきだいせん	138.4			

□ 同線（旧ルート）
（1983年7月25日限り廃止）

駅名	営業キロ	年	月	日全線乗車
井倉 いくら	0.0			
石蟹 いしが	5.7			

□ 木次線 きすき

駅名	営業キロ	年	月	日全線乗車
宍道 しんじ	0.0			
南宍道 みなみしんじ	3.6			
加茂中 かもなか	8.7			
幡屋 はたや	11.8			
出雲大東 いずもだいとう	13.9			
南大東 みなみだいとう	17.5			
木次 きすき	21.1			
日登 ひのぼり	24.8			
下久野 しもくの	31.5			
出雲八代 いずもやしろ	37.4			
出雲三成 いずもみなり	41.5			
亀嵩 かめだけ	45.9			
出雲横田 いずもよこた	52.3			
八川 やかわ	56.3			
出雲坂根 いずもさかね	63.3			
三井野原 みいのはら	69.7			
油木 ゆき	75.3			
備後落合 びんごおちあい	81.9			

□ 大社線 たいしゃ
（1990年3月31日限り廃止）

駅名	営業キロ	年	月	日全線乗車
出雲市 いずもし	0.0			
出雲高松 いずもたかまつ	3.5			
荒茅 あらがや	5.0			
大社 たいしゃ	7.5			

【旅のメモ】

144

□ 一畑電車北松江線 いちばたでんしゃきたまつえせん

年　月　日全線乗車

駅名	営業キロ
電鉄出雲市 でんてついずもし	0.0
出雲科学館パークタウン前 いずもかがくかん-まえ	0.8
大津町 おおつまち	2.0
武志 たけし	4.1
川跡 かわと	4.9
大寺 おおてら	6.4
美談 みだみ	7.7
旅伏 たぶし	9.0
雲州平田 うんしゅうひらた	10.9
布崎 ぬのさき	14.5
湖遊館新駅 こゆうかんしんえき	15.2
園 その	15.9
一畑口 いちばたぐち	17.5
伊野灘 いのなだ	19.4
津ノ森 つのもり	21.2
高ノ宮 たかのみや	22.5
松江フォーゲルパーク まつえ	23.8
秋鹿町 あいかまち	25.0
長江 ながえ	26.7
朝日ケ丘 あさひがおか	28.0
松江イングリッシュガーデン前 まつえ-まえ	29.6
松江しんじ湖温泉 まつえ-こおんせん	33.9

□ 一畑電車大社線 たいしゃせん

年　月　日全線乗車

駅名	営業キロ
川跡 かわと	0.0
高浜 たかはま	2.8
遙堪 ようかん	4.8
浜山公園北口 はまやまこうえんきたぐち	6.4
出雲大社前 いずもたいしゃまえ	8.3

□ 境線 さかい

年　月　日全線乗車

駅名	営業キロ
米子 よなご	0.0
博労町 ばくろうまち	1.0
富士見町 ふじみちょう	1.5
後藤 ごとう	2.2
三本松口 さんぼんまつぐち	3.3
河崎口 かわさきぐち	5.3
弓ケ浜 ゆみがはま	7.2
和田浜 わだはま	9.7
大篠津町 おおしのづちょう	11.1
米子空港 よなごくうこう	12.7
中浜 なかはま	13.2
高松町 たかまつちょう	14.3
余子 あまりこ	15.0
上道 あがりみち	16.3
馬場崎町 ばばさきちょう	17.2
境港 さかいみなと	17.9
船着場 ⑰ ふなつきば	－

□ 三江線 さんこう

年　月　日全線乗車

(2018年3月31日限り廃止)

駅名	営業キロ
江津 ごうつ	0.0
江津本町 ごうつほんまち	1.1
千金 ちがね	3.4
川平 かわひら	7.0
川戸 かわど	13.9
田津 たづ	19.3
石見川越 いわみかわごえ	22.3
鹿賀 しかが	25.8
因原 いんばら	28.9
石見川本 いわみかわもと	32.6
木路原 きろはら	34.6
竹 たけ	37.6
乙原 おんばら	39.8
石見簗瀬 いわみやなせ	42.7
明塚 あかつか	45.0
粕淵 かすぶち	48.1
浜原 はまはら	50.1
沢谷 さわだに	53.8
潮 うしお	59.6
石見松原 いわみまつばら	62.8
石見都賀 いわみつが	68.4
宇都井 うづい	74.8
伊賀和志 いがわし	78.2
口羽 くちば	79.7
江平 ごうびら	83.2
作木口 さくぎぐち	84.9
香淀 こうよど	89.7
式敷 しきしき	93.3
信木 のぶき	95.1
所木 ところぎ	97.0
船佐 ふなさ	98.4
長谷 ながたに	100.6
粟屋 あわや	103.1
尾関山 おぜきやま	106.1
三次 みよし	108.1

□ 芸備線 げいび

年　月　日全線乗車

駅名	営業キロ
備中神代 びっちゅうこうじろ	0.0
坂根 さかね	3.9
市岡 いちおか	6.5
矢神 やがみ	10.0
野馳 のち	13.6
東城 とうじょう	18.8
備後八幡 びんごやわた	25.3
内名 うちな	29.0
小奴可 おぬか	33.6
道後山 どうごやま	37.8
備後落合 びんごおちあい	44.6
比婆山 ひばやま	50.2
備後西城 びんごさいじょう	53.2
平子 ひらこ	57.4
高 たか	62.3
備後庄原 びんごしょうばら	68.5
備後三日市 びんごみっかいち	70.5
七塚 ななつか	72.2
山ノ内 やまのうち	75.2
下和知 しもわち	80.1
塩町 しおまち	83.2
神杉 かみすぎ	84.7
八次 やつぎ	88.0
三次 みよし	90.3
西三次 にしみよし	91.9
志和地 しわち	99.6
上川立 かみかわたち	102.2
甲立 こうたち	106.5
吉田口 よしだぐち	109.9
向原 むかいはら	116.1
井原市 いばらいち	122.0
志和口 しわぐち	126.0
上三田 かみみた	129.5
中三田 なかみた	134.0
白木山 しらきやま	136.3
狩留家 かるが	138.5
上深川 かみふかわ	140.7
中深川 なかふかわ	143.5
下深川 しもふかわ	144.9
玖村 くむら	146.8
安芸矢口 あきやぐち	149.3
戸坂 へさか	152.1
矢賀 やが	156.9
広島 ひろしま	159.1

広島電鉄

横川線　白島線
横川駅
紙屋町西　白島
広電西広島(己斐)　十日市町　紙屋町東　広島駅
東高須　本川町　八丁堀　的場町
高須　土橋　本通
古江　江波線　鷹野橋　本川橋
草津　日赤病院前　御幸橋　皆実町六丁目
草津南　江波　日赤病院前　宇品二丁目
商工センター入口　宇品線
山陽女学院前　元宇品口　海岸通
広電廿日市　修大協創中高前　広島港(宇品)
楽々園　佐伯区役所前
広電五日市　皆実線
廿日市市役所前(平良)　(比治山線)
宮内
地御前　JA広島病院前
阿品東
広電阿品
宮島ボートレース場圏
広電宮島口

宇
木与
奈古
長門大井　越ケ浜
長門古市　黄波戸　長門　仙崎　長門三隅　飯井　三見　玉江　東萩　山口県
伊上　人丸
長門粟野　板持　渋木　山陰本線　萩
阿川　長門湯本　美祢線　長門
特牛　於福　篠
滝部　大嶺　重安　田代トンネル　仁保
長門二見　南大嶺　美祢　宮野
宇賀本郷　四郎ケ原　松ケ瀬圏　上郷　矢原　山口　上山口
湯玉　厚保　湯ノ峠　周防下郷　大歳　湯田温泉
小串　厚狭　鴨ノ庄圏　新山口　仁保津
川棚温泉　際波圏
黒井村　上嘉川　大道
梅ケ峠　小野田線　周防佐山　深溝
吉見　埴生　小野田　宇部　岩鼻　岩倉　阿知須　四辻
福江　目出　③　②　岐波
安岡　小月　南中川　丸尾
梶栗郷台地　長府　宇部線　床波
綾羅木　新下関　南小野田　居能　宇草常盤江圏
幡生　小野田港　長門本山　妻崎　①嘉川
下関　浜河内　雀田　東新川　②本由良
関門トンネル　長門長沢　琴芝　③厚東
門司　宇部新川
交直流切替点
周防灘

P159

P142

三江線

都野津
江津

波子 敬川
下府 久代
浜田

周布
西浜田
折居
三保三隅

岡見
鎌手
石見津田
戸田小浜

島根県

山陰本線

益田
本俣賀

石見横田
東青原
青原

日原

津和野
青野山

船平山

鍋倉
徳佐

口線

地福
名草

津軽野

須佐

飯浦
江崎

広島県

三段峡

P138

可部線
可部
あき亀山

新白島
西広島
新井口
五日市
廿日市
宮内串戸
宮島口
阿品

横川
P138

広島

左上

広島電鉄

錦川鉄道

錦町 柳瀬
河山
南桑
根笠 椋野
行波

清流みはらし駅

山陽新幹線

北河内
南河内
守内かせ神代
新岩国
西岩国

前空
大野浦
玖波

大竹

和木
岩国

南岩国
藤生

通津

由宇

神代

安芸灘

清流新岩国
周防高森

欽明路
玖珂

川西
柱野
森ケ原圓

岩徳線

周防久保
生野屋
高水
米川
勝間
下松

徳山
櫛ケ浜

新南陽

福川
戸田

周防花岡

島田
岩田
光

田布施

柳井
柳井港

山陽本線

大畠

N
1:770,000
0   20km

山口
山陽本線（広島〜門司）・岩徳線・宇部線
小野田線・山陰本線（江津〜幡生）
山口線・美祢線・広島電鉄・錦川鉄道

山口

山陽本線（広島〜門司）

P140

駅名	営業キロ	年 月	日全線乗車
広島 ひろしま	304.7		
新白島 しんはくしま	306.5		
横川 よこがわ	307.7		
西広島 にしひろしま	310.2		
新井口 しんいのくち	314.4		
五日市 いつかいち	316.8		
廿日市 はつかいち	320.2		
宮内串戸 みやうち	321.8	みやうちくしど	
阿品 あじな	324.8		
宮島口 みやじまぐち	326.5		
前空 まえぞら	328.3		
大野浦 おおのうら	331.4		
玖波 くば	336.4		
大竹 おおたけ	340.8		
和木 わき	342.3		
岩国 いわくに	346.1		
南岩国 みなみいわくに	350.7		
藤生 ふじゅう	353.4		
通津 つづ	358.6		
由宇 ゆう	361.6		
神代 こうじろ	366.8		
大畠 おおばたけ	371.9		
柳井港 やないみなと	376.4		
柳井 やない	379.2		
田布施 たぶせ	385.4		
岩田 いわた	390.9		
島田 しまた	395.9		
光 ひかり	400.7		
下松 くだまつ	406.9		
櫛ケ浜 くしがはま	411.5		
徳山 とくやま	414.9		
新南陽 しんなんよう	419.0		
福川 ふくがわ	421.9		
戸田 へた	425.7		
富海 とのみ	434.2		
防府 ほうふ	441.4		
大道 だいどう	449.2		
四辻 よつつじ	454.0		
新山口 しんやまぐち	459.2		
嘉川 かがわ	463.2		
本由良 ほんゆら	467.7		
厚東 ことう	478.0		
宇部 うべ	484.5		
小野田 おのだ	488.0		
厚狭 あさ	494.3		
埴生 はぶ	502.6		
小月 おづき	508.8		
長府 ちょうふ	515.0		
新下関 しんしものせき	520.9		
幡生 はたぶ	524.6		
下関 しものせき	528.1		
門司 もじ	534.4		

山陰本線（江津〜幡生）

P144

駅名	営業キロ	年 月	日全線乗車
江津 ごうつ	454.3		
都野津 つのづ	458.7		
敬川 うやがわ	460.5		
波子 はし	463.3		
久代 くしろ	465.6		
下府 しもこう	469.7		
浜田 はまだ	473.3		
西浜田 にしはまだ	478.7		
周布 すふ	482.8		
折居 おりい	487.6		
三保三隅 みほみすみ	492.6		
岡見 おかみ	497.6		
鎌手 かまて	502.7		
石見津田 いわみつだ	507.2		
益田 ますだ	514.5		
戸田小浜 とだこはま	524.3		
飯浦 いいのうら	528.0		
江崎 えさき	533.8		
須佐 すさ	540.4		
宇田郷 うたごう	549.2		
木与 きよ	555.6		
奈古 なご	560.2		
長門大井 ながとおおい	564.5		
越ケ浜 こしがはま	569.1		
東萩 ひがしはぎ	572.0		
萩 はぎ	575.8		
玉江 たまえ	578.2		
三見 さんみ	583.9		
飯井 いい	588.1		
長門三隅 ながとみすみ	594.5		
長門市 ながとし	599.6		
黄波戸 きわど	604.9		
長門古市 ながとふるいち	609.0	ながとふるいち	
人丸 ひとまる	613.5		
伊上 いがみ	617.9		
長門粟野 ながとあわの	622.1		
阿川 あがわ	627.4		
特牛 こっとい	631.1		
滝部 たきべ	635.1		
長門二見 ながとふたみ	639.9		
宇賀本郷 うかほんごう	643.5		
湯玉 ゆたま	645.7		
小串 こぐし	650.2		
川棚温泉 かわたなおんせん	655.4	かわたなおんせん	
黒井村 くろいむら	657.4		
梅ケ峠 うめがとう	658.8		
吉見 よしみ	662.7		
福江 ふくえ	665.6		
安岡 やすおか	668.2		
梶栗郷台地 かじくりごうだいち	669.6	かじくりごうだいち	
綾羅木 あやらぎ	670.7		
幡生 はたぶ	673.8		

同線（支線）

駅名	営業キロ	年 月	日全線乗車
長門市 ながとし	0.0		
仙崎 せんざき	2.2		

山口線

駅名	営業キロ	年 月	日全線乗車
新山口 しんやまぐち	0.0		
周防下郷 すおうしもごう	1.0	すおうしもごう	
上郷 かみごう	2.7		
仁保津 にほづ	4.6		
大歳 おおとし	7.3		
矢原 やばら	8.6		
湯田温泉 ゆだおんせん	10.3	ゆだおんせん	
山口 やまぐち	12.7		
上山口 かみやまぐち	13.9		
宮野 みやの	15.5		
仁保 にほ	20.2		
篠目 しのめ	28.9		
長門峡 ちょうもんきょう	32.3		
渡川 わたりがわ	35.5		
三谷 みたに	38.6		
名草 なぐさ	41.4		
地福 じふく	43.9		
鍋倉 なべくら	46.4		
徳佐 とくさ	49.9		
船平山 ふなひらやま	52.8		
津和野 つわの	62.9		
青野山 あおのやま	66.1		
日原 にちはら	72.8		
青原 あおはら	77.5		
東青原 ひがしあおはら	80.6		
石見横田 いわみよこた	84.7		
本俣賀 ほんまたが	89.6		
益田 ますだ	93.9		

錦川鉄道錦川清流線

駅名	営業キロ	年 月	日全線乗車
川西 かわにし	0.0		
清流新岩国	3.9	せいりゅうしんいわくに	
守内かさ神	5.4	しゅうちがみ	
南河内 みなみごうち	8.6		
行波 ゆかば	11.2		
北河内 きたごうち	13.9		
椋野 むくの	17.7		
南桑 なぐわ	20.8		
清流みはらし園	22.5	せいりゅう〜	
根笠 ねかさ	23.5		
河山 かわやま	27.9		
柳瀬 やなせ	31.0		
錦町 にしきちょう	32.7		

廃止線を含む総距離	772.4 km
現存線の距離	769.6 km

□ 美祢線

年　月　日全線乗車

	駅名	営業キロ	
○	厚狭 あさ	0.0	
○	湯ノ峠 ゆのとう	4.2	
○	厚保 あつ	10.2	
○	四郎ケ原 しろうがはら	13.2	
○	南大嶺 みなみおおみね	16.9	
○	美祢 みね	19.4	
○	重安 しげやす	22.3	
○	於福 おふく	27.2	
○	渋木 しぶき	37.1	
○	長門湯本 ながとゆもと	41.0	
○	板持 いたもち	43.3	
○	長門市 ながとし	46.0	

□ 同線（支線）

年　月　日全線乗車

（1997年3月31日限り廃止）

	駅名	営業キロ
○	南大嶺 みなみおおみね	0.0
○	大嶺 おおみね	2.8

□ 宇部線

年　月　日全線乗車

	駅名	営業キロ	
○	新山口 しんやまぐち	0.0	
○	上嘉川 かみかがわ	2.8	
○	深溝 ふかみぞ	5.9	
○	周防佐山 すおうさやま	7.5	
○	岩倉 いわくら	8.8	
○	阿知須 あじす	10.2	
○	岐波 きわ	12.7	
○	丸尾 まるお	15.2	
○	床波 とこなみ	18.9	
○	常盤 ときわ	20.7	
○	草江 くさえ	22.5	
○	宇部岬 うべみさき	23.7	
○	東新川 ひがししんかわ	25.3	
○	琴芝 ことしば	26.0	
○	宇部新川 うべしんかわ	27.1	
○	居能 いのう	28.9	
○	岩鼻 いわはな	30.3	
○	宇部 うべ	33.2	

□ 小野田線

年　月　日全線乗車

	駅名	営業キロ	
○	居能 いのう	0.0	
○	妻崎 つまざき	2.5	
○	長門長沢 ながとながさわ	3.2	
○	雀田 すずめだ	4.5	
○	小野田港 おのだこう	6.5	
○	南小野田 みなみおのだ	7.1	
○	南中川 みなみなかがわ	8.3	
○	目出 めで	9.7	
○	小野田 おのだ	11.6	

□ 同線（支線）

年　月　日全線乗車

	駅名	営業キロ	
○	雀田 すずめだ	0.0	
○	浜河内 はまごうち	1.3	
○	長門本山 ながともとやま	2.3	

□ 岩徳線

年　月　日全線乗車

	駅名	営業キロ	
○	岩国 いわくに	0.0	
○	西岩国 にしいわくに	3.7	
○	川西 かわにし	5.6	
○	柱野 はしらの	8.5	
○	欽明路 きんめいじ	15.2	
○	玖珂 くが	17.1	
○	周防高森 すおうたかもり	20.6	
○	米川 よねかわ	24.4	
○	高水 たかみず	28.8	
○	勝間 かつま	31.1	
○	大河内 おおごうち	33.3	
○	周防久保 すおうくぼ	34.7	
○	生野屋 いくのや	38.0	
○	周防花岡 すおうはなおか	39.8	
○	櫛ケ浜 くしがはま	43.7	

広島電鉄 （ひろしまでんてつ）

	線名	区間	営業キロ	全線乗車
□	宮島線 みやじま	広電西広島（己斐）～広電宮島口	16.1	年　月　日
□	本線 ほん	広島駅～広電西広島（己斐）	5.4	年　月　日
□	宇品線 うじな	紙屋町～広島港（宇品）	5.9	年　月　日
□	江波線 えば	土橋～江波	2.6	年　月　日
□	横川線 よこがわ	十日市町～横川駅	1.4	年　月　日
□	皆実線 みなみ	的場町～皆実町六丁目	2.5	年　月　日
□	白島線 はくしま	八丁堀～白島	1.2	年　月　日

広島高速交通（アストラムライン） （ひろしまこうそくこうつう）

	線名	区間	営業キロ	全線乗車
□	広島新交通1号線	本通～広域公園前	18.4	年　月　日

スカイレールサービス

	線名	区間	営業キロ	全線乗車
□	広島短距離交通瀬野線 ひろしまたんきょりこうつうせのせん	みどり口～みどり中央	1.3	年　月　日

【旅のメモ】

....

....

....

....

....

....

....

....

高松琴平電気鉄道

志度線
高松築港 今橋 沖松島 琴電屋島 六万寺 大町 八栗新道 塩屋 房前 原 琴電志度 八栗 塩屋 房前 原

片原町 瓦町 花園 林道 木太東口 今橋

栗林公園 三条 伏石 太田 元山 木太 沖松島 琴電屋島

円座 岡本 宮 仏生山 空港通り 新駅（仮称） 高田 農学部前 学園通り 平木 白山 井戸 長尾 公文明

長尾線
西前田 池戸 井戸 長尾

琴平線
綾川 滝宮 陶 羽床 畑田 挿頭丘 岡田 羽間 榎井 琴電琴平 栗熊 岡田

予讃線
伊予亀岡 波止浜 波方 今治 菊間 大西 浅海 大浦 伊予富田 伊予桜井 柳原 栗井 伊予北条 伊予三芳 壬生川 玉之江 伊予西条 石鎚山 伊予氷見 伊予小松 光洋台 堀江 伊予和気 三津浜 松山 市坪 北伊予 南伊予 鳥ノ木 伊予横田 伊予市 向井原 伊予大平 伊予中山

多喜浜 新居浜 中萩 関川 伊予土居 赤星 伊予寒川 川之江 伊予三島 箕浦 豊浜 比地大 本山 高瀬 詫間 津島ノ宮

愛媛県

石鎚山 ▲1982

石鎚山脈

四国

高知県

土佐穴 大杉 大王 土佐北 角茂 土佐山田 山田西町 土佐長岡 後免

土讃線
土佐加茂 西佐川 佐川 斗賀野 襟野々 吾桑 大間 多ノ郷 土佐新荘 安和 土佐久礼 影野

岡花 日下 小村神社前 波川 伊野 枝川 朝倉 入明 高知商業前 旭 高知 円行寺口 薊野 後免

とさでん交通
土佐大津 布師田 土佐一宮 高知

P152

P153

P153

N

1:1,770,000
0 20km

燧灘

本四備讃線 P139↑

上の町
児島

宇野

高松琴平電気鉄道

本四備讃線

宇多津
讃岐塩屋
丸亀
金蔵寺
多度津
琴平

讃岐財田
坪尻
佃
辻

阿波池田
黒川
箸蔵
讃岐財田
阿波加茂
三加茂

土讃線

阿波川口
小歩危
大歩危

土佐岩原
豊永

八十場
鴨川
国分

鬼無
端岡
香西
昭和町
栗林
北口
栗林公園

古高松南
屋島
八栗口
志度
造田
神前
讃岐津田
鶴羽

高松
香川
木太町

讃岐牟礼

オレンジ
タウン

三本松
讃岐白鳥
丹生
引田

讃岐相生

阿波大宮

撫養
教会前
鳴門

鳴門線

金比羅前
池谷
吉成
勝瑞
板野

立道
大麻

阿波川端
板東

小松島線

佐古
徳島
阿波富田
小松島

鮎喰
府中
石井

二軒屋
文化の森
地蔵橋
中田
南小松島
阿波赤石
立江
羽ノ浦
阿波中島
阿波橘
桑野
田井ノ浜
木岐

小松島港

西原

阿南
見能林
新野
阿波福井

由岐
日和佐

徳島線

西麻植
麻植塚
鴨島
牛島
下浦
阿波川島
川田
学
山瀬
阿波山川
穴吹
小島
貞光
江口

香川県

阿波半田

徳島県

剣山
▲1955

北河内
山河内
辺川
牟岐
鯖瀬

牟岐線

阿佐海岸鉄道
阿佐東線

浅川
阿波海南
海部
宍喰
甲浦

友須
和食
西分
赤野
穴内
球場前
安芸
伊尾木
下山
唐浜

土佐くろしお鉄道阿佐線
（ごめん・なはり線）

安田
田野
奈半利
あき総合病院前

四国東部

本四備讃線・予讃線・土讃線・徳島線・高徳線
鳴門線・牟岐線・阿佐海岸鉄道・高松琴平電気鉄道
土佐くろしお鉄道阿佐線・小松島線

151

伊予北条
柳原
粟井
光洋台
伊予三芳
壬生川
玉之江
堀江
伊予和気
伊予鉄道高浜線
三津浜
伊予鉄道郡中線 松山
伊予鉄道横河原線
市坪
北伊予
南伊予
伊予市 鳥ノ木 伊予横田
向井原
三秋園
高野川
伊予大平
伊予上灘
喜多灘
伊予長浜
予讃線
下灘
串
伊予中山
伊予白滝
喜多山
伊予出石 五郎
伊予立川
八多喜
春賀
内子
新谷
五十崎
伊予平野
西伊予大洲
内子線
千丈
伊予若宮園
八幡浜
伊予大洲
双岩
愛媛県
伊予石城
上宇和
予
卯之町
讃
下宇和
線
務田
二名
大内
深田
立間
出目
土佐昭和
伊予吉田
伊予宮野下
近永
真土
十川
高光
松丸
半家
土佐大正
北宇和島
吉野生
西ケ方
予土線
家地川
宇和島
江川崎
川奥信
川奥信 宿毛

土佐くろしお鉄道
中村線
高知県
伊与喜
土佐佐賀
海の王迎
土佐入野
土佐上川口
工業団地
有岡
具同
西大方
有井川
東宿毛
平田
国見
中村
古津賀
浮鞭
土佐
宿毛

土佐くろしお鉄道
宿毛線

佐田柳半島

1982
石鈇

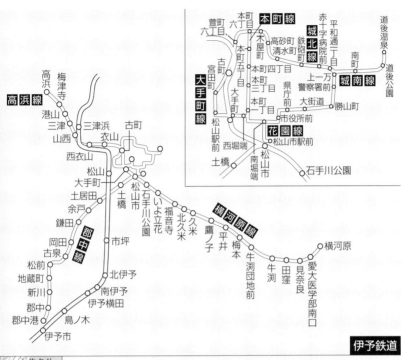

伊予鉄道

土佐久礼
P150
反地
田

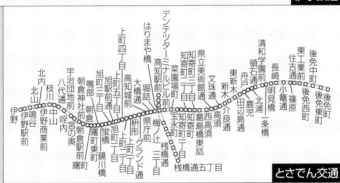

とさでん交通

四国西部

予讃線・内子線・土讃線・予土線
土佐くろしお鉄道（中村線・宿毛線）・伊予鉄道・とさでん交通

N

1:770,000
0　　　　　　　　　20km

□ 本四備讃線 (ほんしびさん)

年　月　日全線乗車

駅名	営業キロ	
茶屋町 ちゃや まち	0.0	
植松 うえまつ	2.9	
木見 きのみ	5.6	
上の町 かみのちょう	9.7	
児島 こじま	12.9	
宇多津 うたづ	31.0	

□ 予讃線 (よさん)

年　月　日全線乗車

駅名	営業キロ	
高松 たかまつ	0.0	
香西 こうざい	3.4	
鬼無 きなし	6.1	
端岡 はしおか	9.5	
国分 こくぶ	11.9	
讃岐府中 さぬきふちゅう	14.2	
鴨川 かもがわ	16.6	
八十場 やそば	18.6	
坂出 さかいで	21.3	
宇多津 うたづ	25.9	
丸亀 まるがめ	28.5	
讃岐塩屋 さぬきしおや	30.1	
多度津 たどつ	32.7	
海岸寺 かいがんじ	36.5	
津島ノ宮 🈁 つしまのみや	39.8	
詫間 たくま	42.0	
みの	44.5	
高瀬 たかせ	47.0	
比地大 ひじだい	50.0	
本山 もとやま	52.4	
観音寺 かんおんじ	56.5	
豊浜 とよはま	62.0	
箕浦 みのうら	66.4	
川之江 かわのえ	72.2	
伊予三島 いよみしま	77.6	
伊予寒川 いよさんがわ	81.7	
赤星 あかぼし	85.9	
伊予土居 いよどい	88.6	
関川 せきがわ	92.2	
多喜浜 たきはま	99.4	
新居浜 にいはま	103.1	
中萩 なかはぎ	107.9	
伊予西条 いよさいじょう	114.3	
石鎚山 いしづちやま	117.8	
伊予氷見 いよひみ	120.3	
伊予小松 いよこまつ	121.6	
玉之江 たまのえ	124.5	
壬生川 にゅうがわ	126.8	
伊予三芳 いよみよし	130.2	
伊予桜井 いよさくらい	137.8	
伊予富田 いよとた	141.6	
今治 いまばり	144.9	
波止浜 はしはま	149.6	
波方 なかわた	152.3	
大西 おおにし	156.4	
伊予亀岡 いよかめおか	161.9	
菊間 きくま	165.9	
浅海 あさなみ	170.6	
大浦 おおうら	173.8	
伊予北条 いよほうじょう	176.9	
柳原 やなぎはら	179.1	
粟井 あわい	180.3	
光洋台 こうようだい	182.3	
堀江 ほりえ	184.9	
伊予和気 いよわけ	187.0	
三津浜 みつはま	190.7	
松山 まつやま	194.4	
市坪 いちつぼ	197.9	
北伊予 きたいよ	200.3	
南伊予 みなみいよ	201.9	
伊予横田 いよよこた	203.0	
鳥ノ木 とりのき	204.8	
伊予市 いよし	206.0	
向井原 むかいはら	208.5	
高野川 こうのかわ	213.9	
伊予上灘 いよかみなだ	217.1	
下灘 しもなだ	222.4	
串 くし	225.0	
喜多灘 きたなだ	228.2	
伊予長浜 いよながはま	233.1	
伊予出石 いよいずし	235.9	
伊予白滝 いよしらたき	239.3	
八多喜 はたき	241.7	
春賀 はるが	243.4	
五郎 ごろう	245.7	
伊予大洲 いよおおず	249.5	
西大洲 にしおおず	251.6	
伊予平野 いよひらの	253.5	
千丈 せんじょう	260.6	
八幡浜 やわたはま	262.8	
双岩 ふたいわ	267.5	
伊予石城 いよいわき	272.4	
上宇和 かみうわ	275.4	
卯之町 うのまち	277.4	
下宇和 しもうわ	280.0	
立間 たちま	286.6	
伊予吉田 いよよしだ	289.3	
高光 たかみつ	293.9	
北宇和島 きたうわじま	296.1	
宇和島 うわじま	297.6	

□ 同線（内子経由）(うちこ)

年　月　日全線乗車

駅名	営業キロ	
向井原 むかいはら	0.0	
伊予大平 いよおおひら	2.8	
伊予中山 いよなかやま	10.2	
伊予立川 いよたちかわ	16.9	
内子 うちこ	23.5	
新谷 にいや	0.0	
伊予大洲 いよおおず	5.9	

□ 内子線 (うちこ)

年　月　日全線乗車

駅名	営業キロ	
新谷 にいや	0.0	
喜多山 きたやま	1.2	
五十崎 いかざき	3.7	
内子 うちこ	5.3	

□ 同線（旧ルート）

年　月　日全線乗車

（1986年3月2日限り廃止）

駅名	営業キロ	
五郎 ごろう	0.0	
新谷 にいや	3.7	
喜多山 きたやま	0.0	
五十崎 いかざき	4.1	
内子 うちこ	5.6	

【旅のメモ】

私が乗車した距離　　　km

廃止線を含む総距離　612.8 km
現存線の距離　　　　601.6 km

□ 高徳線 こうとく

年　月　日全線乗車

駅名	営業キロ	
高松 たかまつ	0.0	
昭和町 しょうわ	1.5	
栗林公園北口 りつりんこうえんきたぐち	3.2	
栗林 りつりん	4.3	
木太町 きた ちょう	6.7	
屋島 やしま	9.5	
古高松南 ふるたかまつみなみ	10.8	
八栗口 やぐり	12.3	
讃岐牟礼 さぬきむれ	13.4	
志度 しど	16.3	
オレンジタウン	18.9	
造田 ぞうだ	21.3	
神前 かんざき	23.4	
讃岐津田 さぬきつだ	27.7	
鶴羽 つるわ	30.4	
丹生 にぶ	34.4	
三本松 さんぼんまつ	37.6	
讃岐白鳥 さぬきしろとり	40.7	
引田 ひけた	45.1	
讃岐相生 さぬきあいおい	47.6	
阿波大宮 あわおおみや	53.2	
板野 いたの	58.0	
阿波川端 あわかわばた	59.8	
板東 ばんどう	62.1	
池谷 いけのたに	64.2	
勝瑞 しょうずい	66.9	
吉成 よしなり	68.2	
佐古 さこ	73.1	
徳島 とくしま	74.5	

□ 小松島線 こまつしま

年　月　日全線乗車

（1985年3月13日限り廃止）

駅名	営業キロ	
中田 ちゅうでん	0.0	
小松島 こまつしま	1.9	
小松島港 圏 こまつしまこう	—	

□ 鳴門線 なると

年　月　日全線乗車

駅名	営業キロ	
池谷 いけのたに	0.0	
阿波大谷 あわおおたに	1.3	
立道 たつみち	3.0	
教会前 きょうかいまえ	4.9	
金比羅前 こんぴらまえ	5.7	
撫養 むや	7.2	
鳴門 なると	8.5	

□ 牟岐線 むぎ

年　月　日全線乗車

駅名	営業キロ	
徳島 とくしま	0.0	
阿波富田 あわとみだ	1.4	
二軒屋 にけんや	2.8	
文化の森 ぶんかのもり	3.9	
地蔵橋 じぞうばし	6.0	
中田 ちゅうでん	9.2	
南小松島 みなみこまつしま	10.9	
阿波赤石 あわあかいし	14.2	
立江 たつえ	15.6	
羽ノ浦 はのうら	17.7	
西原 にしばら	19.8	
阿波中島 あわなかしま	21.8	
阿南 あなん	24.5	
見能林 みのばやし	26.4	
阿波橘 あわたちばな	28.6	
桑野 くわの	32.6	
新野 あらたの	36.2	
阿波福井 あわふくい	38.9	
由岐 ゆき	44.9	
田井ノ浜 圏 たいのはま	45.7	たいのはま
木岐 きき	47.2	
北河内 きたがうち	51.5	
日和佐 ひわさ	53.3	
山河内 やまがうち	58.4	
辺川 へがわ	64.3	
牟岐 むぎ	67.7	
鯖瀬 さばせ	72.0	
浅川 あさかわ	75.4	
阿波海南 あわかいなん	77.8	

□ 徳島線 とくしま

年　月　日全線乗車

駅名	営業キロ	
佃 つくだ	0.0	
辻 つじ	1.5	
阿波加茂 あわかも	6.6	
三加茂 みかも	8.7	
江口 えぐち	11.2	
阿波半田 あわはんだ	17.2	
貞光 さだみつ	19.4	
小島 おしま	24.6	
穴吹 あなぶき	30.3	
川田 かわた	34.8	
阿波山川 あわやまかわ	37.7	
山瀬 やませ	39.9	
学 がく	42.7	
阿波川島 あわかわしま	46.2	
西麻植 にしおえ	48.1	
鴨島 かもじま	50.0	
麻植塚 おえづか	51.8	
牛島 うしのしま	53.8	
下浦 しもうら	56.3	
石井 いしい	58.6	
府中 こう	62.3	
鮎喰 あくい	64.5	
蔵本 くらもと	65.6	
佐古 さこ	67.5	

□ 阿佐海岸鉄道阿佐東線 あさかいがん あさとう

年　月　日全線乗車

駅名	営業キロ	
阿波海南 あわかいなん	0.0	
海部 かいふ	1.4	
宍喰 ししくい	7.5	
甲浦 かんのうら	10.0	

【旅のメモ】

....
....
....
....
....
....
....

四国②

□ 土讃線（どさんせん）

年　月　日全線乗車

駅名	営業キロ	
多度津 たどつ	0.0	
金蔵寺 こんぞう	3.7	
善通寺 ぜんつう	6.0	
琴平 ことひら	11.3	
塩入 しおいり	17.7	
黒川 くろかわ	21.6	
讃岐財田 さぬきさいだ	23.9	
坪尻 つぼじり	32.1	
箸蔵 はしくら	35.4	
佃 つくだ	38.8	
阿波池田 あわいけだ	43.9	
三縄 みなわ	47.8	
祖谷口 いやぐち	52.3	
阿波川口 あわかわぐち	55.1	
小歩危 こぼけ	59.8	
大歩危 おおぼけ	65.5	
土佐岩原 とさいわはら	72.7	
豊永 とよなが	76.7	
大田口 おおたぐち	80.4	
土佐穴内 とさあなない	83.2	
大杉 おおすぎ	87.2	
土佐北川 とさきたがわ	93.3	
角茂谷 かくもだに	95.5	
繁藤 しげとう	97.6	
新改 しんがい	103.9	
土佐山田 とさやまだ	111.3	とささたがわ
山田西町 やまだにしまち	112.1	やまだにしまち
土佐長岡 とさながおか	114.1	
後免 ごめん	116.2	
土佐大津 とさおおつ	119.4	
布師田 ぬのしだ	121.4	
土佐一宮 とさいっく	122.7	
薊野 あぞうの	124.4	
高知 こうち	126.6	
入明 いりあけ	127.9	
円行寺口 えんぎょうじぐち	128.7	えんぎょうじぐち
旭 あさひ	130.2	
高知商業前 こうちしょうぎょうまえ	131.3	こうちしょうぎょうまえ
朝倉 あさくら	132.7	
枝川 えだがわ	136.2	
伊野 いの	138.0	
波川 はかわ	139.5	
小村神社前 おむらじんじゃまえ	141.6	おむらじんじゃまえ
日下 くさか	143.7	
岡花 おかばな	145.7	
土佐加茂 とさかも	148.6	
西佐川 にしさかわ	152.4	
佐川 さかわ	154.2	
襟野々 えりのの	156.0	
斗賀野 とがの	158.0	
吾桑 あそう	163.4	
多ノ郷 おおのごう	166.1	
大間 おおま	167.0	

駅名	営業キロ	
須崎 すさき	168.7	
土佐新荘 とさしんじょう	170.6	とさしんじょう
安和 あわ	173.6	
土佐久礼 とさくれ	179.7	
影野 かげの	190.4	
六反地 ろくたん	192.2	
仁井田 にいだ	194.2	
窪川 くぼかわ	198.7	

□ 同線（旧ルート）

年　月　日全線乗車

（1986年3月2日限り廃止）

駅名	営業キロ	
大杉 おおすぎ	0.0	
土佐北川 とさきたがわ	6.5	

□ 土佐くろしお鉄道中村線（なかむら）

年　月　日全線乗車

駅名	営業キロ	
窪川 くぼかわ	0.0	
若井 わかい	4.4	
荷稲 かいな	13.8	
伊与喜 いよき	18.1	
土佐佐賀 とささが	20.8	
佐賀公園 さがこうえん	22.9	
土佐白浜 とさしらはま	24.1	
有井川 ありいがわ	27.6	
土佐上川口 とさかみかわぐち	29.2	とさかみかわぐち
海の王迎 うみのおうむかえ	30.1	うみのおうむかえ
浮鞭 うきぶち	31.7	
土佐入野 とさいりの	34.3	
西大方 にしおおがた	37.2	
古津賀 こつか	40.9	
中村 なかむら	43.0	

□ 土佐くろしお鉄道宿毛線（すくも）

年　月　日全線乗車

駅名	営業キロ	
宿毛 すくも	0.0	
東宿毛 ひがしすくも	1.4	
平田 ひらた	8.3	
工業団地 こうぎょうだんち	8.9	こうぎょうだんち
有岡 ありおか	12.0	
国見 くにみ	17.4	
具同 ぐどう	20.4	
中村 なかむら	23.6	

□ 予土線（よどせん）

年　月　日全線乗車

駅名	営業キロ	
若井 わかい	0.0	
家地川 いえじがわ	5.8	
打井川 うついがわ	10.7	
土佐大正 とさたいしょう	17.6	とさたいしょう
土佐昭和 とさしょうわ	26.5	とさしょうわ
十川 とおかわ	31.0	
半家 はげ	38.9	
江川崎 えかわさき	42.7	
西ケ方 にしがほう	45.4	
真土 まつち	51.3	
吉野生 よしのぶ	53.0	
松丸 まつまる	55.3	
出目 いずめ	58.8	
近永 ちかなが	60.4	
深田 ふかた	62.5	
大内 おおうち	65.4	
二名 ふたな	66.9	
伊予宮野下 いよみやのした	69.1	いよみやのした
務田 むでん	70.0	
北宇和島 きたうわじま	76.3	

□ 土佐くろしお鉄道阿佐線（あさ）（ごめん・なはり線）

年　月　日全線乗車

駅名	営業キロ	
後免 ごめん	0.0	
後免町 ごめんまち	1.1	
立田 たてだ	2.9	
のいち	5.7	
よしかわ	8.0	
あかおか	9.3	
香我美 かがみ	10.7	
夜須 やす	12.4	
西分 にしぶん	16.4	
和食 わじき	18.2	
赤野 あかの	19.6	
穴内 あなない	23.6	
球場前 きゅうじょうまえ	26.2	きゅうじょうまえ
あき総合病院前	26.8	そうごうびょういんまえ
安芸 あき	27.7	
伊尾木 いおき	30.4	
下山 しもやま	34.7	
唐浜 とうのはま	37.0	
安田 やすだ	38.7	
田野 たの	41.5	
奈半利 なはり	42.7	

とさでん交通（こうつう）

線名	区間	営業キロ	全線乗車
□伊野線 いの	はりまや橋～伊野	11.2	年　月　日
□ごめん線	はりまや橋～後免町	10.9	年　月　日
□駅前線 えきまえ	はりまや橋～高知駅前	0.8	年　月　日
□桟橋線 さんばし	はりまや橋～桟橋通五丁目	2.4	年　月　日

	廃止線を含む総距離	519.6 km
	現存線の距離	513.1 km

□ 高松琴平電気鉄道琴平線

年　月　日全線乗車

駅名	営業キロ	
高松築港 たかまつちっこう	0.0	
片原町 かたはらまち	0.9	
瓦町 かわらまち	1.7	
栗林公園 りつりんこうえん	2.9	
三条 さんじょう	3.9	
伏石 ふせいし	5.0	
太田 おおた	6.2	
新駅 (仮称)		
仏生山 ぶっしょうざん	8.0	
空港通り くうこうどおり	9.0	
一宮 いちのみや	10.0	
円座 えんざ	11.2	
岡本 おかもと	13.8	
挿頭丘 かぶりがおか	15.0	
畑田 はただ	15.8	
陶 すえ	18.3	
綾川 あやがわ	19.8	
滝宮 たきのみや	20.7	
羽床 はゆか	22.8	
栗熊 くりくま	24.6	
岡田 おかだ	27.2	
羽間 はざま	29.1	
榎井 えない	31.6	
琴電琴平 ことでんことひら	32.9	

【旅のメモ】

□ 高松琴平電気鉄道長尾線

年　月　日全線乗車

駅名	営業キロ	
瓦町 かわらまち	0.0	
花園 はなぞの	0.9	
林道 りんどう	2.7	
木太東口 きたひがしぐち	3.4	
元山 もとやま	4.5	
水田 みずた	5.8	
西前田 にしまえだ	7.2	
高田 たかた	8.3	
池戸 いけのべ	9.6	
農学部前 のうがくぶまえ	10.4	
平木 ひらき	10.9	
学園通り がくえんどおり	11.5	
白山 しらやま	12.8	
井戸 いど	13.3	
公文明 くもんみょう	13.9	
長尾 ながお	14.6	

□ 高松琴平電気鉄道志度線

年　月　日全線乗車

駅名	営業キロ	
瓦町 かわらまち	0.0	
今橋 いまばし	0.6	
松島二丁目 まつしまにちょうめ	1.2	
沖松島 おきまつしま	1.9	
春日川 かすががわ	3.0	
潟元 かたもと	4.3	
琴電屋島 ことでんやしま	5.0	
古高松 ふるたかまつ	5.7	
八栗 やくり	6.7	
六万寺 ろくまんじ	7.8	
大町 おおまち	8.7	
八栗新道 やくりしんみち	9.3	
塩屋 しおや	10.0	
房前 ふさざき	10.6	
原 はら	11.5	
琴電志度 ことでんしど	12.5	

□ 伊予鉄道横河原線

年　月　日全線乗車

駅名	営業キロ	
松山市 まつやまし	0.0	
石手川公園 いしてがわこうえん	0.8	
いよ立花 いよたちばな	1.4	
福音寺 ふくおんじ	2.9	
北久米 きたくめ	3.9	
久米 くめ	4.5	
鷹ノ子 たかのこ	5.6	
平井 ひらい	6.9	
梅本 うめのもと	8.2	
牛渕団地前 うしぶちだんちまえ	9.0	
牛渕 うしぶち	10.0	
田窪 たのくぼ	10.9	
見奈良 みなら	11.6	
愛大医学部南口 あいだいいがくぶみなみぐち	12.4	
横河原 よこがわら	13.2	

□ 伊予鉄道郡中線

年　月　日全線乗車

駅名	営業キロ	
松山市 まつやまし	0.0	
土橋 どばし	0.7	
土居田 どいだ	2.2	
余戸 ようご	3.5	
鎌田 かまた	4.2	
岡田 おかだ	5.6	
古泉 こいずみ	6.6	
松前 まさき	7.9	
地蔵町 じぞうまち	8.6	
新川 しんかわ	9.5	
郡中 ぐんちゅう	10.7	
郡中港 ぐんちゅうこう	11.3	

□ 伊予鉄道高浜線

年　月　日全線乗車

駅名	営業キロ	
高浜 たかはま	0.0	
梅津寺 ばいしんじ	1.2	
港山 みなとやま	2.0	
三津 みつ	3.0	
山西 やまにし	4.0	
西衣山 にしきぬやま	5.2	
衣山 きぬやま	6.1	
古町 こまち	7.6	
大手町 おおてまち	8.5	
松山市 まつやまし	9.4	

伊予鉄道

線名	区間	営業キロ	全線乗車
□城南線 じょうなん	道後温泉〜上一万〜西堀端	3.5	年　月　日
□同線	平和通一丁目〜上一万	0.1	年　月　日
□本町線 ほんまち	本町一丁目〜本町六丁目	1.5	年　月　日
□大手町線 おおてまち	西堀端〜松山駅前〜古町	1.4	年　月　日
□城北線 じょうほく	古町〜平和通一丁目	2.7	年　月　日
□花園線 はなぞの	松山市駅前〜南堀端	0.4	年　月　日

福岡

鹿児島本線（門司港〜鳥栖）・香椎線・筑豊本線・篠栗線・日田彦山線
後藤寺線・平成筑豊鉄道（伊田線・糸田線・田川線）・西日本鉄道
福岡市交通局・北九州高速鉄道・筑豊電気鉄道・甘木鉄道

香月線・室木線・勝田線・宮田線・添田線・漆生線・上山田線

玄界灘

福岡県

佐賀県

西鉄北九州線 **P161**

鹿児島本線

筑豊本線

香月線

平成筑豊鉄道

日田彦山線

伊田線

筑豊電気鉄道

田川線

平成筑豊鉄道

添田線

日豊本線 **P164** リスト **P166**

上山田線

日田彦山線

後藤寺線

福岡市交通局

箱崎線

空港線

七隈線

福岡①

□鹿児島本線（門司港〜鳥栖）

年　月　日全線乗車

駅名	営業キロ	
門司港もじこう	0.0	
小森江こもりえ	4.0	
門司もじ	5.5	
東小倉ひがしこくら	9.4	営業休止中
小倉こくら	11.0	
西小倉にしこくら	11.8	
九州工大前	15.3	きゅうしゅうこうだいまえ
戸畑とばた	17.2	
枝光えだみつ	20.0	
スペースワールド	21.1	
八幡やはた	22.2	
黒崎くろさき	24.9	
陣原じんのはる	27.1	
折尾おりお	30.1	
水巻みずまき	32.2	
遠賀川おんががわ	34.3	
海老津えびつ	39.4	
教育大前	44.6	きょういくだいまえ
赤間あかま	46.5	
東郷とうごう	50.7	
東福間ひがしふくま	53.9	
福間ふくま	56.6	
千鳥ちどり	58.5	
古賀こが	60.6	
ししぶ	62.0	
新宮中央	63.4	しんぐうちゅうおう
福工大前	65.1	ふっこうだいまえ
九産大前	68.1	きゅうさんだいまえ
香椎かしい	69.8	
千早ちはや	71.0	
新駅（仮称）		
箱崎はこざき	75.0	
吉塚よしづか	76.4	
博多はかた	78.2	
竹下たけした	80.9	
笹原ささばる	83.3	
南福岡みなみふくおか	84.9	
春日かすが	86.1	
大野城おおのじょう	87.4	
水城みずき	88.8	
都府楼南	91.0	とふろうみなみ
二日市ふつかいち	92.4	
天拝山てんぱいざん	94.3	
原田はるだ	97.9	
けやき台-だい	99.9	
基山きやま	101.4	
弥生が丘やよいがおか	103.5	

駅名	営業キロ	
田代たしろ	105.6	
鳥栖とす	106.8	

P166

□同線（旧ルート）

年　月　日全線乗車
（1999年7月1日限り廃止）

駅名	営業キロ	
枝光えだみつ	0.0	
八幡やはた	3.2	

□室木線むろき

年　月　日全線乗車
（1985年3月31日限り廃止）

駅名	営業キロ	
遠賀川おんががわ	0.0	
古月ふるつき	3.8	
鞍手くらて	7.2	
八尋やひろ	9.4	
室木むろき	11.2	

□香椎線かしい

年　月　日全線乗車

駅名	営業キロ	
西戸崎さいとざき	0.0	
海ノ中道	2.1	うみのなかみち
雁ノ巣がんのす	6.5	
奈多なた	7.4	
和白わじろ	9.2	
香椎かしい	12.9	
香椎神宮	14.2	かしいじんぐう
舞松原まいまつばら	14.8	
土井どい	16.4	
伊賀いが	18.2	
長者原ちょうじゃばる	19.2	
酒殿さかど	20.6	
須恵すえ	21.9	
須恵中央	23.1	すえちゅうおう
新原しんばる	24.1	
宇美うみ	25.4	

【旅のメモ】

160

私が乗車した距離　　　　km

廃止線を含む総距離	362.4 km
現存線の距離	294.5 km

□ 筑豊電気鉄道 (ちくほうでんき)

年　　月　　日全線乗車

駅名	営業キロ	
黒崎駅前	0.0	くろさきえきまえ
黒崎車庫前	0.1	くろさきしゃこまえ
西黒崎 にしくろさき	0.2	
熊西 くまにし	0.6	
萩原 はぎわら	1.7	
穴生 あのお	2.3	
森下 もりした	2.8	
今池 いまいけ	3.7	
永犬丸 えいのまる	4.5	
三ケ森 さんがもり	5.0	
西山 にしやま	5.7	
通谷 とおりたに	6.7	
東中間 ひがしなかま	7.2	
筑豊中間	7.9	ちくほうなかま
希望が丘高校前	8.8	きぼうがおかこうこうまえ
筑豊香月	10.2	ちくほうかつき
楠橋 くすばし	11.5	
新木屋瀬 しんこやのせ	12.1	
木屋瀬 こやのせ	12.6	
遠賀野 おんがの	13.9	
感田 がんだ	15.2	
筑豊直方	16.0	ちくほうのおがた

※西黒崎駅は工事のため2025年頃まで休止。

西日本鉄道 (にしにほん)

線名	区間	営業キロ	全線乗車
□天神大牟田線	西鉄福岡（天神）〜大牟田 (てんじんおおむた)	74.8	年　月　日
□太宰府線 だざいふ	西鉄二日市〜太宰府	2.4	年　月　日
□貝塚線 かいづか	貝塚〜西鉄新宮	11.0	年　月　日
□宮地岳線 みやじだけ	西鉄新宮〜津屋崎（2007年3月31日限り廃止）	9.9	年　月　日
□甘木線 あまぎ	甘木〜宮の陣	17.9	年　月　日
□北九州本線 きたきゅうしゅうほん	門司〜砂津（1985年10月19日限り廃止）	11.6	年　月　日
□同線	砂津〜黒崎駅前（1992年10月24日限り廃止）	12.7	年　月　日
□同線	熊西〜折尾（2000年11月25日限り廃止）	4.4	年　月　日
□北方線 きたがた	魚町〜北方（1980年11月1日限り廃止）	4.6	年　月　日
□戸畑線 とばた	大門〜戸畑（1985年10月19日限り廃止）	5.5	年　月　日
□枝光線 えだみつ	中央町〜幸町（同　）	4.8	年　月　日

北九州高速鉄道（北九州モノレール） (きたきゅうしゅうこうそくてつどう)

線名	区間	営業キロ	全線乗車
□小倉線 こくら	小倉〜企救丘	8.8	年　月　日

福岡市交通局 (ふくおかしこうつうきょく)

線名	区間	営業キロ	全線乗車
□空港線 くうこう	姪浜〜福岡空港	13.1	年　月　日
□箱崎線 はこざき	中洲川端〜貝塚	4.7	年　月　日
□七隈線 ななくま	橋本〜博多	13.6	年　月　日

西日本鉄道・北九州高速鉄道・平成筑豊鉄道

161

福岡②

□ 筑豊本線

年　月　日全線乗車

駅名	営業キロ	
若松 わかまつ	0.0	
藤ノ木 ふじのき	2.9	
奥洞海 おくどうかい	4.6	
二島 ふたじま	6.3	
本城 ほんじょう	9.3	
折尾 おりお	10.8	
東水巻 ひがしみずまき	13.5	
中間 なかま	14.9	
筑前垣生 ちくぜんはぶ	16.4	
鞍手 くらて	18.7	
筑前植木	21.2	ちくぜんうえき
新入 しんにゅう	22.8	
直方 のおがた	24.8	
勝野 かつの	27.5	
小竹 こたけ	31.3	
鯰田 なまずた	34.7	
浦田 うらた	36.2	
新飯塚 しんいいづか	37.6	
飯塚 いいづか	39.4	
天道 てんとう	42.3	
桂川 けいせん	45.3	
上穂波 かみほなみ	48.1	
筑前内野	51.2	ちくぜんうちの
筑前山家	61.4	ちくぜんやまえ
原田 はるだ	66.1	

□ 篠栗線

年　月　日全線乗車

駅名	営業キロ	
桂川 けいせん	0.0	
筑前大分	3.2	ちくぜんだいぶ
九郎原 くろうばる	5.2	
城戸南蔵院前	10.2	きどなんぞういんまえ
筑前山手	11.7	ちくぜんやまて
篠栗 ささぐり	14.8	
門松 かどまつ	17.4	
長者原 ちょうじゃばる	19.4	
原町 はるまち	20.1	
柚須 ゆす	22.6	
吉塚 よしづか	25.1	

□ 宮田線

年　月　日全線乗車
（1989年12月22日限り廃止）

駅名	営業キロ	
勝野 かつの	0.0	
磯光 いそみつ	2.6	
筑前宮田	5.3	ちくぜんみやだ

□ 日田彦山線

年　月　日全線乗車

駅名	営業キロ	
城野 じょうの	0.0	
石田 いしだ	3.3	
志井公園 しいこうえん	5.1	
志井 しい	6.8	
石原町 いしはらまち	9.0	
呼野 よぶの	12.3	
採銅所 さいどうしょ	18.1	
香春 かわら	23.4	
一本松 いっぽんまつ	25.0	
田川伊田 たがわいた	27.4	
田川後藤寺 たがわごとうじ	30.0	
池尻 いけじり	32.2	
豊前川崎	34.7	ぶぜんかわさき
西添田 にしそえだ	38.3	
添田 そえだ	39.5	
歓遊舎ひこさん	41.6	かんゆうしゃ～
豊前桝田 ぶぜんますだ	43.2	
彦山 ひこさん	47.2	
筑前岩屋	55.1	ちくぜんいわや
大行司 だいぎょうじ	59.3	
宝珠山 ほうしゅやま	61.3	
大鶴 おおつる	62.9	
今山 いまやま	65.4	
夜明 よあけ	68.7	

※添田～夜明間は災害の影響により不通。

□ 香月線

年　月　日全線乗車
（1985年3月31日限り廃止）

駅名	営業キロ	
中間 なかま	0.0	
新手 あらて	1.3	
岩崎 いわさき	2.7	
香月 かつき	3.5	

□ 勝田線

年　月　日全線乗車
（1985年3月31日限り廃止）

駅名	営業キロ	
吉塚 よしづか	0.0	
御手洗 みたらい	3.4	
上亀山 かみかめやま	4.5	
志免 しめ	7.3	
下宇美 しもうみ	10.2	
宇美 うみ	11.0	
筑前勝田	13.8	ちくぜんかつた

□ 甘木鉄道甘木線

年　月　日全線乗車

駅名	営業キロ	
基山 きやま	0.0	
立野 たての	1.3	
小郡 おごおり	3.8	
大板井 おおいたい	4.5	
松崎 まつざき	6.4	
今隈 いまぐま	7.7	
西太刀洗	8.4	にしたちあらい
山隈 やまぐま	9.6	
太刀洗 たちあらい	10.4	
高田 たかた	11.8	
甘木 あまぎ	13.7	

【旅のメモ】

....
....
....
....
....
....
....
....
....
....
....
....
....
....
....
....
....
....
....
....

私が乗車した距離　　　　　　km

廃止線を含む総距離	304.6 km
現存線の距離	236.1 km

□ 平成筑豊鉄道伊田線

年　月　日全線乗車

駅名	営業キロ	
直方 のおがた	0.0	
南直方御殿口 みなみのおがたごてんぐち	1.1	
あかぢ	2.4	
藤棚 ふじたな	3.6	
中泉 なかいずみ	4.3	
市場 いちば	6.5	
ふれあい生力 しょうりき	7.6	
赤池 あかいけ	8.5	
人見 ひとみ	9.1	
金田 かなだ	9.8	
上金田 かみかなだ	11.6	
糒 ほしい	12.8	
田川市立病院 たがわしりつびょういん	13.4	
下伊田 しもいた	14.5	
田川伊田 たがわいた	16.1	

□ 平成筑豊鉄道田川線

年　月　日全線乗車

駅名	営業キロ	
行橋 ゆくはし	0.0	
令和コスタ行橋 れいわ・ゆくはし	1.3	
美夜古泉 みやこいずみ	2.3	
今川河童 いまがわかっぱ	3.0	
豊津 とよつ	4.9	
新豊津 しんとよつ	5.8	
東犀川三四郎 ひがしさいがわさんしろう	8.2	
犀川 さいがわ	9.7	
崎山 さきやま	12.4	
源じいの森 げん・もり	15.8	
油須原 ゆすばる	16.9	
赤 あか	18.4	
内田 うちだ	20.7	
柿下温泉口 かきしたおんせんぐち	22.5	
勾金 まがりかね	23.6	
上伊田 かみいた	24.9	
田川伊田 たがわいた	26.3	

□ 平成筑豊鉄道糸田線

年　月　日全線乗車

駅名	営業キロ	
金田 かなだ	0.0	
豊前大熊 ぶぜんおおくま	1.5	
松山 まつやま	2.1	
糸田 いとだ	3.4	
大藪 おおやぶ	4.9	
田川後藤寺 たがわごとうじ	6.8	

□ 後藤寺線

年　月　日全線乗車

駅名	営業キロ	
新飯塚 しんいいづか	0.0	
上三緒 かみみお	3.1	
下鴨生 しもかもお	5.0	
筑前庄内 ちくぜんしょうない	6.2	
船尾 ふなお	9.9	
田川後藤寺 たがわごとうじ	13.3	

□ 漆生線

年　月　日全線乗車

（1986年3月31日限り廃止）

駅名	営業キロ	
下鴨生 しもかもお	0.0	
鴨生 かもお	1.2	
漆生 うるしお	3.6	
才田 さいだ	5.1	
下山田 しもやまだ	7.9	

□ 上山田線

年　月　日全線乗車

（1988年8月31日限り廃止）

駅名	営業キロ	
飯塚 いいづか	0.0	
平恒 ひらつね	1.5	
臼井 うすい	7.0	
大隈 おおくま	9.6	
下山田 しもやまだ	12.4	
上山田 かみやまだ	14.4	
熊ケ畑 くまがはた	17.4	
真崎 まさき	22.1	
東川崎 ひがしかわさき	23.7	
豊前川崎 ぶぜんかわさき	25.9	

□ 添田線

年　月　日全線乗車

（1985年3月31日限り廃止）

駅名	営業キロ	
香春 かわら	0.0	
上伊田 かみいた	2.5	
今任 いまとう	4.6	
大任 おおとう	8.0	
伊原 いばる	10.4	
添田 そえだ	12.1	

【旅のメモ】

....
....
....
....
....
....
....
....
....
....
....
....
....
....
....
....
....
....
....
....
....

163

熊本市交通局 P159
リスト P179

上熊本線
上熊本
上熊本
上熊本
辛島町
水道町
味噌天神前
交通局前
祇園橋
水前寺線
水前寺公園
神水交差点
健軍校前
健軍町
幹線
熊本
熊本駅前
田崎橋
新水前寺
田崎線
健軍線

福岡県
椎田
宇島
豊前松江
三毛門

佐賀県
新鳥栖
鳥栖
田主丸
光岡
北山田
恵治町
引治寺泉
宝泉
麻生釣
久大本線

長崎本線 P169
肥前旭
久留米
宮の陣
荒木
西牟田
羽犬塚
筑後草野
御井
善導寺
久留米大学前
南久留米
久留米高校前
筑後吉井
筑後大石
うきは
夜明
豊後三芳
豊後中川
天ケ瀬

佐賀線 P169
花宗
蒲原
鵜池
上山内
筑後福島
北川内
黒木
矢部
矢部線
肥後小国
北里
杉河内

有明海

筑後船小屋
南瀬高
渡瀬
吉野
銀水
瀬高

大牟田
大牟田
新大牟田

荒尾
南荒尾
長洲

熊本電気鉄道
菊池
市ノ川
いこいの村
宮地
内牧
阿蘇
阿蘇村

鹿児島本線
新玉名
木葉
田原坂
植木
御代志
光の森
三里木
原水
肥後大津
瀬田
立野
赤水
長陽
加勢
阿蘇山(高 P159)
南阿蘇
白川水源
高知
高森湧水トンネル(仮称)

島原湾
肥後伊倉
大野下
玉名
崇城大学前
上熊本
熊本
西熊本
平成
川尻
富合
西里
武蔵塚
竜田口
水前寺
新水前寺
南熊本
東海学園前
立野
(仮新駅)
(仮称)
南阿蘇水の生まれる里白水高原
見晴台
中松
白川
南阿蘇鉄道
高森線

肥後長浜
網田
住吉
緑川
宇土

三角線
石打ダム
赤瀬
三角
波多浦
松橋
九州新幹線
小川
有佐
千丁
新八代
八代 ↓ P172

熊本県

N
1:770,000
0   20km

164

熊本・大分

— kumamoto oh-ita

鹿児島本線（鳥栖〜八代）
日豊本線（小倉〜延岡）
久大本線・豊肥本線
南阿蘇鉄道・三角線
熊本電鉄・熊本市交通局
矢部線・宮原線・高千穂鉄道

日豊本線

今津
天津
豊前長洲
柳ヶ浦
豊前善光寺
宇佐
西屋敷
立石
中山香
杵築
暘谷
豊後豊岡
大神
日出
亀川
別府大学
東別府
別府
西大分
古国府
大分
高城
鶴崎
坂ノ市
大在
幸崎
牧
南大分
賀来
豊後国分
大分大学前
滝尾
敷戸
中判田
竹中
犬飼
菅尾
三重町
緒方
朝地
豊後竹田
豊後清川
玉来
豊後荻

水分トンネル
（水分峠）
由布岳
1583▲
由布院
南由布
湯平
庄内
天神山
鬼瀬
向之原
小野屋

大分県

祖母山
1756▲

野矢

下ノ江
熊崎
佐志生
津久見
日代
浅海井
狩生
海崎
佐伯
上岡
直見
直川
川原木園
重岡
宗太郎
宗太郎越え
市棚
北川
日向長井
北延岡
延岡
西延岡
行縢
細見
日向岡元
曽木
川水流
上崎
亀ヶ崎
槇峰
吾味
早日渡
日向八戸
深角
影待
田之影温泉
天岩戸
千穂橋梁
高千穂

宮崎県

高千穂鉄道

上臼杵
臼杵
徳浦園

日豊本線

西日本鉄道
天神大牟田線

宮の陣
櫛原
西鉄久留米
花畑
津福
安武
大善寺
三潴
犬塚
試験場前
羽犬塚
大溝
矢加部
八丁牟田
蒲池
船小屋
西鉄柳川
徳益
塩塚
瀬高
中島園・
西鉄中島
江の浦
開
倉永
西鉄渡瀬
東甘木
西鉄銀水・
新栄町
大牟田
大牟田

菊池線

菊池
深川
広瀬
富の原
泗水
高江
辻久保
大池
御代志
再春医療センター前
熊本高専前
黒石
須屋
三ツ石
新須屋
堀川
八景水谷
亀井
北熊本
打越
池田
韓々坂
上熊本
坪井川公園
藤崎宮前
黒髪町
水前寺
熊本

藤崎線

熊本電気鉄道

P173

165

熊本・大分

□ 鹿児島本線（かごしま）（鳥栖〜八代）

年　月　日全線乗車

駅名	営業キロ	
鳥栖 とす	106.8	
肥前旭 ひぜんあさひ	110.4	
久留米 くるめ	113.9	
荒木 あらき	118.8	
西牟田 にしむた	122.6	
羽犬塚 はいぬづか	126.1	
筑後船小屋 ちくごふなごや	129.7	
瀬高 せたか	132.2	
南瀬高 みなみせたか	135.2	
渡瀬 わたぜ	139.1	
吉野 よしの	141.9	
銀水 ぎんすい	144.3	
大牟田 おおむた	147.5	
荒尾 あらお	151.6	
南荒尾 みなみあらお	154.8	
長洲 ながす	159.4	
大野下 おおのしも	164.1	
玉名 たまな	168.6	
肥後伊倉 ひごいくら	172.8	
木葉 このは	176.7	
田原坂 たばるざか	180.2	
植木 うえき	184.6	
西里 にしさと	188.8	
崇城大学前 そうじょうだいがくまえ	191.7	
上熊本 かみくまもと	193.3	
熊本 くまもと	196.6	
西熊本 にしくまもと	199.8	
川尻 かわしり	201.9	
冨合 とみあい	205.3	
宇土 うと	207.5	
松橋 まつばせ	212.3	
小川 おがわ	218.5	
有佐 ありさ	223.5	
千丁 せんちょう	227.6	
新八代 しんやつしろ	229.5	
八代 やつしろ	232.3	

【旅のメモ】

□ 日豊本線（にっぽう）（小倉〜延岡）

年　月　日全線乗車

駅名	営業キロ	
小倉 こくら	0.0	
西小倉 にしこくら	0.8	
南小倉 みなみこくら	3.5	
城野 じょうの	6.1	
安部山公園 あべやまこうえん	8.4	
下曽根 しもそね	11.6	
朽網 くさみ	15.0	
苅田 かんだ	18.6	
小波瀬西工大前 おばせにしこうだいまえ	22.2	
行橋 ゆくはし	25.0	
南行橋 みなみゆくはし	26.8	
新田原 しんでん	30.2	
築城 ついき	33.9	
椎田 しいだ	36.9	
豊前松江 ぶぜんしょうえ	41.8	
宇島 うのしま	45.2	
三毛門 みけかど	48.0	
吉富 よしとみ	50.0	
中津 なかつ	51.8	
東中津 ひがしなかつ	56.7	
今津 いまづ	60.1	
天津 あまつ	62.5	
豊前善光寺 ぶぜんぜんこうじ	65.5	
柳ケ浦 やながうら	69.1	
豊前長洲 ぶぜんながす	71.0	
宇佐 うさ	75.8	
西屋敷 にしやしき	79.4	
立石 たていし	85.2	
中山香 なかやまが	90.4	
杵築 きつき	99.2	
大神 おおが	103.3	
日出 ひじ	107.2	
暘谷 ようこく	108.4	
豊後豊岡 ぶんごとよおか	111.3	
亀川 かめがわ	114.9	
別府大学 べっぷだいがく	117.0	
別府 べっぷ	120.8	
東別府 ひがしべっぷ	122.8	
西大分 にしおおいた	130.4	
大分 おおいた	132.9	
牧 まき	136.2	
高城 たかじょう	138.0	
鶴崎 つるさき	141.0	
大在 おおざい	144.3	
坂ノ市 さかのいち	147.4	
幸崎 こうざき	151.8	
佐志生 さしう	159.0	
下ノ江 したのえ	161.1	
熊崎 くまさき	164.7	
上臼杵 かみうすき	167.6	

駅名	営業キロ	
臼杵 うすき	169.2	
津久見 つくみ	178.9	
日代 ひしろ	184.4	
浅海井 あざむい	188.2	
狩生 かりう	192.0	
海崎 かいざき	194.8	
佐伯 さいき	197.8	
上岡 かみおか	202.4	
直見 なおみ	208.8	
直川 なおかわ	213.6	
重岡 しげおか	224.2	
宗太郎 そうたろう	231.0	
市棚 いちたな	238.5	
北川 きたがわ	243.2	
日向長井 ひゅうがながい	246.7	
北延岡 きたのべおか	251.3	
延岡 のべおか	256.2	

□ 高千穂鉄道（たかちほてつどう）

年　月　日全線乗車

（2005年9月6日より全線休止
2007年9月5日限り延岡〜槙峰廃止
2008年12月27日限り全線廃止）

駅名	営業キロ	
延岡 のべおか	0.0	
西延岡 にしのべおか	4.1	
行縢 むかばき	6.8	
細見 ほそみ	10.4	
日向岡元 ひゅうがおかもと	11.6	
吐合 はきあい	13.3	
曽木 そぎ	14.6	
川水流 かわずる	17.1	
上崎 かみさき	19.9	
早日渡 はやひど	24.9	
亀ケ崎 かめがさき	26.4	
槙峰 まきみね	29.1	
日向八戸 ひゅうがやと	31.5	
吾味 ごみ	32.9	
日之影温泉 ひのかげおんせん	37.6	
影待 かげまち	40.4	
深角 ふかすみ	44.0	
天岩戸 あまのいわと	47.9	
高千穂 たかちほ	50.0	

□ 宮原線（みやのはるせん）

年　月　日全線乗車

（1984年11月30日限り廃止）

駅名	営業キロ	
恵良 えら	0.0	
町田 まちだ	4.7	
宝泉寺 ほうせんじ	7.3	
麻生釣 あそづる	14.8	
北里 きたざと	22.5	
肥後小国 ひごおぐに	26.6	

※熊本市交通局の路線リストはP179に掲載

私が乗車した距離　　km　　廃止線を含む総距離　837.2 km　現存線の距離　727.4 km

□ 久大本線

	駅名	営業キロ	年　月　日全線乗車
○	久留米くるめ	0.0	
○	久留米高校前くるめこうこうまえ	3.4	くるめこうこうまえ
○	南久留米みなみくるめ	4.9	
○	久留米大学前くるめだいがくまえ	6.8	くるめだいがくまえ
○	御井みい	8.0	
○	善導寺ぜんどうじ	12.6	
○	筑後草野ちくごくさの	15.7	
○	田主丸たぬしまる	20.8	
○	筑後吉井ちくごよしい	26.4	
○	うきは	30.0	
○	筑後大石ちくごおおいし	33.0	ちくごおおいし
○	夜明よあけ	39.1	
○	光岡てるおか	45.2	
○	日田ひた	47.6	
○	豊後三芳ぶんごみよし	49.4	
○	豊後中川ぶんごなかがわ	55.3	ぶんごなかがわ
○	天ケ瀬あまがせ	59.5	
○	杉河内すぎかわち	63.6	
○	北山田きたやまだ	67.8	
○	豊後森ぶんごもり	73.2	
○	恵良えら	77.3	
○	引治ひきじ	80.7	
○	豊後中村ぶんごなかむら	83.1	ぶんごなかむら
○	野矢のや	88.2	
○	由布院ゆふいん	99.1	
○	南由布みなみゆふ	102.5	
○	湯平ゆのひら	109.6	
○	庄内しょうない	114.5	
○	天神山てんじんやま	118.1	
○	小野屋おのや	119.6	
○	鬼瀬おにがせ	124.6	
○	向之原むかいのはる	127.7	
○	豊後国分ぶんごこくぶ	131.7	
○	賀来かく	133.9	
○	南大分みなみおおいた	136.6	
○	古国府ふるごう	138.9	
○	大分おおいた	141.5	

□ 矢部線

年　月　日全線乗車
（1985年3月31日限り廃止）

	駅名	営業キロ	
○	羽犬塚はいぬづか	0.0	
○	花宗はなむね	1.5	
○	鵜池うのいけ	3.9	
○	蒲原かまはら	5.1	
○	筑後福島ちくごふくしま	6.8	ちくごふくしま
○	今古賀いまこが	8.0	
○	上妻こうづま	9.3	
○	山内やまうち	11.7	
○	北川内きたかわち	15.2	
○	黒木くろき	19.7	

□ 豊肥本線

	駅名	営業キロ	年　月　日全線乗車
○	熊本くまもと	0.0	
○	平成ひいせい	2.7	
○	南熊本みなみくまもと	3.6	
○	新水前寺しんすいぜんじ	5.2	しんすいぜんじ
○	水前寺すいぜんじ	5.8	
○	東海学園前とうかいがくえんまえ	7.8	とうかいがくえんまえ
○	竜田口たつたぐち	8.9	
○	武蔵塚むさしづか	12.9	
○	光の森ひかりのもり	14.8	
○	三里木さんりぎ	15.8	
○	原水はらみず	18.9	
○	肥後大津ひごおおづ	22.6	
○	瀬田せた	27.2	
○	立野たての	32.3	
○	赤水あかみず	40.2	
○	市ノ川いちのかわ	42.6	
○	内牧うちのまき	46.4	
○	阿蘇あそ	49.9	
○	いこいの村むら	51.2	むら
○	宮地みやじ	53.4	
○	波野なみの	64.1	
○	滝水たきみず	69.0	
○	豊後荻ぶんごおぎ	75.2	
○	玉来たまらい	84.9	
○	豊後竹田ぶんごたけた	88.0	
○	朝地あさじ	93.9	
○	緒方おがた	99.2	
○	豊後清川ぶんごきよかわ	105.4	ぶんごきよかわ
○	三重町みえまち	111.9	
○	菅尾すがお	117.3	
○	犬飼いぬかい	125.2	
○	竹中たけなか	130.8	
○	中判田なかはんだ	136.3	
○	大分大学前だいがくまえ	138.8	おおいただいがくまえ
○	敷戸しきど	140.2	
○	滝尾たきお	142.9	
○	大分おおいた	148.0	

□ 南阿蘇鉄道高森線

年　月　日全線乗車

	駅名	営業キロ	
○	立野たての	0.0	
○	新駅(仮称)		
○	長陽ちょうよう	4.7	
○	加勢かせ	5.7	
○	阿蘇下田城ふれあい温泉	7.2	あそしもだじょう・おんせん
○	南阿蘇水の生まれる里白水高原		みなみあそみずの…さとはくすいこうげん
○	中松なかまつ	10.5	
○	阿蘇白川あそしらかわ	13.5	
○	南阿蘇白川水源	14.3	みなみあそしらかわすいげん
○	見晴台みはらしだい	16.1	
○	高森トンネル(仮)		たかもりずいすい
○	高森たかもり	17.7	

※立野～中松間は災害の影響により不
通。2023年7月15日運転再開予定。

□ 三角線

	駅名	営業キロ	年　月　日全線乗車
○	宇土うと	0.0	
○	緑川みどりかわ	4.0	
○	住吉すみよし	7.2	
○	肥後長浜ひごながはま	11.4	
○	網田おうだ	14.5	
○	赤瀬あかせ	18.4	
○	石打ダムいしうちだむ	19.6	
○	波多浦はたうら	23.5	
○	三角みすみ	25.6	

□ 熊本電気鉄道菊池線

年　月　日全線乗車

	駅名	営業キロ	
○	上熊本かみくまもと	0.0	
○	韓々坂かんかんざか	0.7	
○	池田いけだ	1.4	
○	打越うちごし	2.1	
○	坪井川公園	2.6	つぼいがわこうえん
○	北熊本きたくまもと	3.4	
○	亀井かめい	4.6	
○	八景水谷はけのや	5.0	
○	堀川ほりかわ	5.9	
○	新須屋しんすや	6.9	
○	須屋すや	7.4	
○	三ツ石みついし	8.2	
○	黒石くろいし	9.0	
○	熊本高専前	9.9	くまもとこうせんまえ
○	再春医療センター前	10.2	さいしゅんいりょう…まえ
○	御代志みよし	10.6	

□ 同（廃止区間）

年　月　日全線乗車
（1986年2月15日限り廃止）

	駅名	営業キロ	
○	御代志みよし	0.0	
○	大池おおいけ	1.2	
○	辻久保つじくぼ	2.5	
○	高江たかえ	4.6	
○	泗水しすい	5.1	
○	富の原とみのはら	7.3	
○	広瀬ひろせ	10.3	
○	深川ふかがわ	11.9	
○	菊池きくち	13.5	

□ 熊本電気鉄道藤崎線

年　月　日全線乗車

	駅名	営業キロ	
○	北熊本きたくまもと	0.0	
○	黒髪町くろかみまち	1.2	
○	藤崎宮前	2.3	ふじさきぐうまえ

長崎・佐賀

長崎本線・筑肥線・大村線・唐津線・佐世保線・松浦鉄道
島原鉄道・長崎電気軌道・佐賀線

2本のレールの
上を走る鉄道と
しては日本最西
端の駅

たびら平戸口

北松浦半島

佐世保

松浦鉄道
西九州線

長崎県

西彼杵半島

平戸口
たびら平戸
中田平
東田平
西木場
御厨
松浦発電所前
前浜
鷹島口
今福

西田平

すえたちばな
江迎鹿町
いのつき
潜竜ケ滝
調川
松浦
福島口
浦ノ崎
波瀬
久原

高岩
吉井
神田
世界窯博園
鳴石
楠久
里
伊万里

清峰高校前
佐々
小浦
真申
棚方
相浦
本山
中里
皆瀬
左石
野中
泉福寺
山の田
東山代
金武
夫婦石
山谷
西有田
蔵宿
川東
大木
黒川

大学
上相浦
中佐世保
三代橋
有田

北佐世保
佐世保中央
佐世保
早岐

松浦鉄道西九州線

赤迫
西浦上
長崎大学
岩屋橋
浦上車庫
大橋
平和公園
原爆資料館
大学病院
浦上駅前
浦上
茂里町
銭座町
宝町
八千代町
長崎駅前
長崎
出島

本線

蛍茶屋支線

諏訪神社
新大工町
新中川町
蛍茶屋

市役所
浜町アーケード
崇福寺
西浜町
新地中華街

桜町支線

大浦支線

石橋

長崎電気軌道

N

1:770,000

0   20km

筑肥線
筑前簑島
姪浜
博多
篠栗線
筑豊本線
九大学研都市
筑前前原
今宿
周船寺
下山門
筑前高宮
勝田線
加布里
美咲が丘
波多江
西新
小笹
筑前深江
大入
一貫山
存
振
山地
新鳥栖
P158
和多田
虹ノ松原
福工大前
吉野ケ里公園
肥前麓
東唐津
唐津
唐津
糸島高校前
中原
新鳥栖
西唐津
鬼塚
鏡
久里
東唐津
佐賀県
バルーンさが圏
伊賀屋
神埼
鳥栖
山本
本牟田部
厳木
久保田
佐賀
東佐賀
長崎本線
久留米
肥前久保田
相知
岩屋
小城
鍋島
南佐賀
光法
諸富
筑後若津
福岡県
駒鳴
大川野
東多久
中多久
久保田
筑後川昇開橋
筑後大川
瀬高
百町
三橋
筑肥線
肥前長野
高橋
牛津
佐賀線
筑後柳河
九州新幹線
伊万里
金石原
桃川
唐津線
矢部線
有田
西有田圏
上有田
北方
大町
肥前白石
江北
新大牟田
佐世保線
三間坂
武雄温泉
肥前竜王
三河内
嬉野温泉
有明海
大牟田
熊本県
ハウステンボス
彼杵
肥前七浦
肥前飯田
多良
川棚
千綿
松原
里圏
新玉名
小串郷
大村車両基地
新大村
肥前大浦
土井崎圏
長洲
P164
大村線
竹松
大村
諏訪
岩松
湯江
小江
釜ノ鼻
森山
長里
島原鉄道
西郷
多比良
有明湯江
大三東
松尾
三会
大村湾
大草
東園
諫早
本諫早
西諫早
愛野
諫早東高校
阿母崎
神代
古部
大正
本川内
肥前古賀
喜々津
現川
市布
小野
幸田
千拓の里
霊丘公園体育館
島原港
島原
島原船津
大村
岩松
本川内
喜々津
肥前三川圏
肥前古賀
1483▲
雲仙岳
安徳
深江
秩父が浦
瀬野深江
長崎
布津新田
布津
堂崎
浦田観音
常光寺前
北有馬
龍石
蒲河
加津佐
西有家
有家
白浜海水浴場前
東大屋
有馬吉川
原城
東大屋
島原湾
天草灘
三角線
新八代
八代
P172

長崎・佐賀

□ 筑肥線（通称筑肥東線）

駅名	営業キロ	年　月　　日全線乗車
姪浜 めいのはま	0.0	
下山門 しもやまと	1.6	
今宿 いまじゅく	5.2	
九大学研都市	6.5	きゅうだいがっけんとし
周船寺 すせんじ	8.1	
波多江 はたえ	10.1	
糸島高校前	11.3	いとしまこうこうまえ
筑前前原	12.7	ちくぜんまえばる
美咲が丘 みさきがおか	14.3	
加布里 かふり	15.4	
一貴山 いきさん	16.7	
筑前深江	20.1	ちくぜんふかえ
大入 だいにゅう	23.3	
福吉 ふくよし	26.1	
鹿家 しかか	30.2	
浜崎 はまさき	35.4	
虹ノ松原	37.5	にじのまつばら
東唐津 ひがしからつ	39.3	
和多田 わただ	40.9	
唐津 からつ	42.6	

□ 同線（通称筑肥西線）

駅名	営業キロ	年　月　　日全線乗車
山本 やまもと	0.0	
肥前久保 ひぜんくぼ	5.1	
西相知 にしおうち	6.6	
佐里 さり	8.2	
駒鳴 こまなき	11.0	
大川野 おおかわの	12.9	
肥前長野 ひぜんながの	14.3	
桃川 もものがわ	17.4	
金石原 かないしはら	19.7	
上伊万里 かみいまり	24.1	
伊万里 いまり	25.7	

□ 同線（廃止区間1）
（1983年3月21日限り廃止）

駅名	営業キロ	年　月　　日全線乗車
博多 はかた	0.0	
筑前簑島	1.6	ちくぜんみのしま
筑前高宮	2.7	ちくぜんたかみや
小笹 おざさ	4.8	
鳥飼 とりかい	7.2	
西新 にしじん	8.9	
姪浜 めいのはま	11.7	

□ 同線（廃止区間2）
（1983年3月21日限り廃止）

駅名	営業キロ	年　月　　日全線乗車
虹ノ松原	0.0	にじのまつばら
東唐津 ひがしからつ	3.0	
鏡 かがみ	6.5	
久里 くり	8.7	
山本 やまもと	10.4	

□ 唐津線

駅名	営業キロ	年　月　　日全線乗車
久保田 くぼた	0.0	
小城 おぎ	5.1	
東多久 ひがしたく	10.6	
中多久 なかたく	13.6	
多久 たく	15.2	
厳木 きゅうらぎ	20.8	
岩屋 いわや	23.3	
相知 おうち	26.0	
本牟田部 ほんむたべ	30.1	
山本 やまもと	32.9	
鬼塚 おにつか	36.6	
唐津 からつ	40.3	
西唐津 にしからつ	42.5	

□ 長崎本線

駅名	営業キロ	年　月　　日全線乗車
鳥栖 とす	0.0	
新鳥栖 しんとす	2.9	
肥前麓 ひぜんふもと	4.2	
中原 なかばる	8.5	
吉野ケ里公園	13.1	よしのがりこうえん
神埼 かんざき	15.7	
伊賀屋 いがや	20.2	
佐賀 さが	25.0	
鍋島 なべしま	28.0	
バルーンさが臨	29.8	
久保田 くぼた	31.4	
牛津 うしづ	34.2	
江北 こうほく	39.6	
肥前白石	44.7	ひぜんしろいし
肥前竜王	49.4	ひぜんりゅうおう
肥前鹿島	54.6	ひぜんかしま
肥前浜 ひぜんはま	57.6	
肥前七浦	61.5	ひぜんななうら
肥前飯田 ひぜんいいだ	63.6	
多良 たら	67.7	
肥前大浦	75.6	ひぜんおおうら
小長井 こながい	82.3	
長里 ながさと	84.7	
湯江 ゆえ	87.6	
小江 おえ	90.9	
肥前長田 ひぜんながた	95.6	
東諫早 ひがしいさはや	97.8	
諫早 いさはや	100.4	
西諫早 にしいさはや	103.2	
喜々津 ききつ	106.9	
市布 いちのぬ	109.4	
肥前古賀 ひぜんこが	112.3	
現川 うつつがわ	114.8	
浦上 うらかみ	123.7	
長崎 ながさき	125.3	

□ 長崎本線（長与経由）

駅名	営業キロ	年　月　　日全線乗車
喜々津 きさつ	0.0	
東園 ひがしその	3.5	
大草 おおくさ	7.2	
本川内 ほんかわち	12.3	
長与 ながよ	15.4	
高田 こうだ	16.4	
道ノ尾 みちのお	18.9	
西浦上 にしうらかみ	20.6	
浦上 うらかみ	23.5	

□ 佐世保線

駅名	営業キロ	年　月　　日全線乗車
江北 こうほく	0.0	
大町 おおまち	5.1	
北方 きたがた	7.4	
高橋 たかはし	11.4	
武雄温泉	13.7	たけおおんせん
永尾 ながお	18.3	
三間坂 みまさか	21.5	
上有田 かみありた	25.7	
有田 ありた	28.2	
三河内 みかわち	35.7	
早岐 はいき	39.9	
大塔 だいとう	42.6	
日宇 ひう	45.5	
佐世保 させぼ	48.8	

□ 大村線

駅名	営業キロ	年　月　　日全線乗車
早岐 はいき	0.0	
ハウステンボス	4.7	
南風崎 はえのさき	5.6	
小串郷 おぐしごう	9.6	
川棚 かわたな	13.6	
彼杵 そのぎ	19.6	
千綿 ちわた	24.0	
松原 まつばら	28.5	
大村車両基地	31.1	おおむらしゃりょうきち
竹松 たけまつ	32.8	
新大村 しんおおむら	33.7	
諏訪 すわ	34.8	
大村 おおむら	36.2	
岩松 いわまつ	40.0	
諫早 いさはや	47.6	

□ 松浦鉄道西九州線

駅名	営業キロ	年　月　　日全線乗車
有田 ありた	0.0	
三代橋 みだいばし	1.7	
世界㷤博臨	2.5	せかいほのおはく
黒川 くろごう	2.8	

私が乗車した距離 ___ km　廃止線を含む総距離　586.1 km　現存線の距離　504.6 km

駅名	営業キロ	
蔵宿 ぞうしゅく	3.8	
西有田 にしありた	4.8	
大木 おおぎ	6.1	
山谷 やまだに	7.0	
夫婦石 めおといし	7.9	
金武 かなたけ	9.7	
川東 かわひがし	11.6	
伊万里 いまり	13.0	
東山代 ひがしやましろ	16.3	
里 さと	17.5	
楠久 くすく	18.6	
鳴石 なるいし	20.0	
久原 くばら	21.7	
波瀬 はぜ	22.8	
浦ノ崎 うらのさき	24.8	
福島口 ふくしまぐち	25.3	
今福 いまぶく	27.5	
鷹島口 たかしまぐち	28.7	
前浜 まえはま	32.4	
調川 つきのかわ	33.5	
松浦 まつうら	35.6	
松浦発電所前 まつうらはつでんしょまえ	38.2	
御厨 みくりや	41.6	
西木場 にしこば	44.4	
東田平 ひがしたびら	46.3	
中田平 なかたびら	48.1	
たびら平戸口 ひらどぐち	51.2	
西田平 にしたびら	53.8	
すえたちばな	58.2	
江迎鹿町 えむかえしかまち	60.0	
高岩 たかいわ	61.4	
いのつき	64.9	
潜竜ケ滝 せんりゅうがたき	66.5	
吉井 よしい	68.8	
神田 こうだ	70.3	
清峰高校前 せいほうこうこうまえ	72.4	
佐々 さざ	74.0	
小浦 こうら	75.8	
真申 まさる	77.7	
棚方 たながた	78.3	
相浦 あいのうら	79.7	
大学 だいがく	80.9	
上相浦 かみあいのうら	81.7	
本山 もとやま	83.5	
中里 なかざと	84.0	
皆瀬 かいせ	85.5	
野中 のなか	86.2	
左石 ひだりいし	87.4	
泉福寺 せんぷくじ	88.4	
山の田 やまのた	89.5	
北佐世保 きたさせぼ	90.6	
中佐世保 なかさせぼ	92.6	
佐世保中央 させぼちゅうおう	92.8	
佐世保 させぼ	93.8	

□ 島原鉄道（しまばら）
　　年　月　日全線乗車

駅名	営業キロ	
諫早 いさはや	0.0	
本諫早 ほんいさはや	1.5	
幸 さいわい	2.9	
小野本町 おのほんまち	4.8	
干拓の里 かんたくのさと	5.5	
森山 もりやま	7.5	
釜ノ鼻 かまのはな	9.6	
諫早東高校 いさはやひがしこうこう	11.4	
愛野 あいの	12.4	
阿母崎 あぼざき	14.4	
吾妻 あづま	16.6	
古部 こべ	19.6	
大正 たいしょう	20.8	
西郷 さいごう	23.0	
神代 こうじろ	25.0	
多比良 たいら	29.4	
有明湯江 ありあけゆえ	31.8	
大三東 おおみさき	34.1	
松尾 まつお	35.2	
三会 みえ	37.5	
島原 しまばら	40.5	
霊丘公園体育館 れいきゅうこうえんたいいくかん	41.5	
島原船津 しまばらふなつ	42.3	
島原港 しまばらこう	43.2	

□ 島原鉄道（廃止区間）
　　年　月　日全線乗車
（2008年3月31日限り廃止）

駅名	営業キロ	
島原外港 しまばらがいこう	0.0	(現・島原港)
秩父が浦 ちちぶがうら	1.1	
安徳 あんとく	2.2	
瀬野深江 せのふかえ	4.3	

長崎電気軌道（ながさきでんききどう）

線名	区間	営業キロ	全線乗車
□赤迫支線	赤迫～住吉 あかさこ	0.3	年　月　日
□本線	住吉～出島～崇福寺 ほん	7.0	年　月　日
□桜町支線	長崎駅前～桜町～市役所 さくらまち	0.9	年　月　日
□大浦支線	新地中華街～石橋 おおうら	1.2	年　月　日
□蛍茶屋支線	西浜町～蛍茶屋 ほたるぢゃや	2.2	年　月　日

駅名	営業キロ	
深江 ふかえ	6.4	
布津新田 ふつしんでん	8.8	
布津 ふつ	10.7	
堂崎 どうざき	13.7	
蒲河 かまが	15.2	
有家 ありえ	16.7	
西有家 にしありえ	18.0	
龍石 たついし	20.2	
北有馬 きたありま	22.1	
常光寺前 じょうこうじまえ	22.9	
浦田観音 うらたかんのん	23.9	
原城 はらじょう	25.0	
有馬吉川 ありまよしかわ	27.4	
東大屋 ひがしおおや	31.4	
口之津 くちのつ	32.6	
白浜海水浴場前 しらはまかいすいよくじょうまえ	33.6	
加津佐 かづさ	35.3	

□ 佐賀線（さが）
　　年　月　日全線乗車
（1987年3月27日限り廃止）

駅名	営業キロ	
佐賀 さが	0.0	
東佐賀 ひがしさが	2.3	
南佐賀 みなみさが	4.0	
光法 みつのり	5.5	
諸富 もろどみ	7.8	
筑後若津 ちくごわかつ	9.3	
筑後大川 ちくごおおかわ	10.1	
東大川 ひがしおおかわ	12.6	
筑後柳河 ちくごやながわ	15.5	
百町 ひゃくちょう	18.8	
三橋 みつはし	20.1	
瀬高 せたか	24.1	

【旅のメモ】

....

....

....

....

....

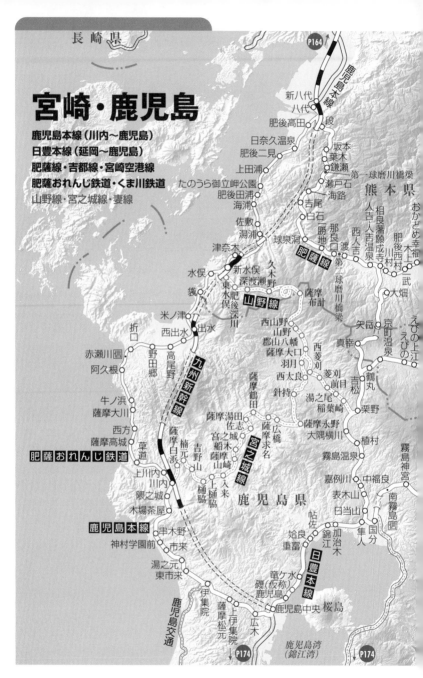

宮崎・鹿児島

鹿児島本線（川内〜鹿児島）
日豊本線（延岡〜鹿児島）
肥薩線・吉都線・宮崎空港線
肥薩おれんじ鉄道・くま川鉄道
山野線・宮之城線・妻線

長崎県

熊本県

鹿児島県

P164

鹿児島本線

肥薩おれんじ鉄道

九州新幹線

肥薩線

山野線

宮之城線

日豊本線

新八代
八代
肥後高田
段
日奈久温泉
坂本
肥後二見
葉木
上田浦
鎌瀬
瀬戸石
第一球磨川橋梁
たのうら御立岬公園
肥後田浦
吉尾
海路
海浦
吉尾
佐敷
白石
湯浦
勝地
那良口
相良藩願成寺
人吉
球泉洞
西人吉
渡
第二球磨川橋梁
おかどめ幸福
木上
肥後西村
一勝地
川村
武
那良口
大畑

津奈木
新水俣
久木野
薩摩布計
水俣
深渡瀬
矢岳
東水俣
肥後深川
山野線
真幸
京町温泉
えびの上江
えびの
袋
米ノ津
西山野
山野
西菱刈
鶴丸
折口
西出水
出水
郡山八幡
菱刈
吉松
赤瀬川圖
野田郷
高尾野
薩摩大口
羽月
前目
栗野
阿久根
牛ノ浜
西太良
針持
湯之尾
稲葉崎
薩摩鶴田
薩摩永野
薩摩大川
薩摩湯田
佐志
薩摩大川
広橋
大隅横川
植村
西方
宮之城
薩摩高城
薩摩求名
薩摩
宮崎
入来
霧島温泉
霧島神宮
草道
楠元
吉野山
樋脇
上樋脇
嘉例川
中福良
上川内
川内
南霧島圖
隈之城
表木山
木場茶屋
日当山
隼人
国分
串木野
帖佐
加治木
神村学園前
市来
始良
錦江
湯之元
東市来
重富
伊集院
竜ケ水
薩摩松元
磯（仮称）
鹿児島
広木
鹿児島中央
桜島
鹿児島交通

鹿児島湾
（錦江湾）

↓ P174

P174

↑ P165

高千穂鉄道

延岡
南延岡
旭ケ丘
土々呂
門川
日向市
財光寺
南日向
美々津
東都農
旧リニア実験線
都農

日豊本線

川南

杉安
穂北
妻
黒生野
西佐土原

妻線

高鍋

日向新富
佐土原

日向灘

宮崎県

小林
広原
日向前田
高崎新田
東高崎
万ケ塚
谷頭
日向庄内
餅原
三股
都城
西都城

吉都線

北俣
財部
五十市

日向住吉
蓮ケ池
宮崎神宮
宮崎
田吉
宮崎空港

宮崎空港線

青井岳園
青井岳橋梁・
楠ケ丘園
門石園

南宮崎
加納
清武

日向沓掛
田野

日豊本線

山之口

日南線

志布志線

くま川鉄道湯前線

東多良木
湯前
新鶴羽

N

1:770,000

0   20km

↓ P175

宮之城

宮之城線

肥薩線

P172

鹿児島県

川内

九州新幹線

鹿児島本線

P172

▲1574
霧島山
(高千穂峰)

P173 吉都線

都城

西都城

末吉

今町

志布志線

集人

金剛寺

銅田

敷根

国分

大隅福山

大廻

岩北

岩川

大隅松山

末吉

日豊本線

桜島

大隅辺田

大隅境

大隅二川

伊崎田

上日置

伊集院

日置

吉利

永吉

吹上浜

薩摩湖

伊作

南吹上浜

北多夫施

南多夫施

阿多

鹿児島中央

郡元

南鹿児島

谷山

宇宿

慈眼寺

坂之上

五位野

平川

瀬々串

海潟温泉

垂水

大隅辺田

大隅大崎

三文字

東串良

下小原

安楽

中安楽

志布志

菱田

鹿児島湾
(錦江湾)

浜平

柊原

諏訪

新城

古江

大隅川西

荒平

鹿屋

大隅野里

永野田

吾平

大隅高山

論地

大隅野須

大隅高須

志布志

鹿児島交通

上加世田

内山田

千河

上内山田

津貫

上津貫

薩摩久木野

金山

鹿篭

指宿枕崎線

大隅線

大隅半島

枕崎

薩摩板敷

薩摩塩屋

白沢

松ヶ浦

水成川

御領

頴娃

西頴娃

頴娃大川

石垣

入野

開聞

薩摩川尻

大山

山川

中名

喜入

前之浜

生見

薩摩今和泉

宮ケ浜

二月田

指宿

▲924
開聞岳

東開聞

西大山

2本のレールの上
を走る鉄道として
は日本最南端の駅

佐多岬

N

0   20km
1:770,000

174

鹿児島市交通局

沖縄都市モノレール（ゆいレール）

薩摩・大隅半島・沖縄

日南線・指宿枕崎線・鹿児島市交通局・沖縄都市モノレール

大隅線・志布志線・鹿児島交通

宮崎・鹿児島 —*miyazaki kagoshima*

□ 肥薩おれんじ鉄道（ひさつ）

駅名	営業キロ	年 月 日全線乗車
八代 やつしろ	0.0	
肥後高田 ひごこうだ	4.8	
日奈久温泉 ひなぐおんせん	10.1	
肥後二見 ひごふたみ	13.7	
上田浦 かみたのうら	18.0	
たのうら御立岬公園 -おたちみさきこうえん	22.1	
肥後田浦 ひごたのうら	23.6	
海浦 うみのうら	26.7	
佐敷 さしき	29.8	
湯浦 ゆのうら	33.7	
津奈木 つなぎ	42.4	
新水俣 しんみなまた	45.8	
水俣 みなまた	49.6	
袋 ふくろ	55.4	
米ノ津 こめのつ	61.3	
出水 いずみ	65.6	
西出水 にしいずみ	68.3	
高尾野 たかおの	72.1	
野田郷 のだごう	75.3	
折口 おりぐち	80.7	
阿久根 あくね	86.2	
牛ノ浜 うしのはま	92.2	
薩摩大川 さつまおおかわ	95.7	
西方 にしかた	99.6	
薩摩高城 さつまたき	102.3	
草道 くさみち	107.3	
上川内 かみせんだい	113.7	
川内 せんだい	116.9	

□ 鹿児島本線（川内～鹿児島）かごしま

駅名	営業キロ	年 月 日全線乗車
川内 せんだい	0.0	
隈之城 くまのじょう	2.6	
木場茶屋 こばんちゃや	5.7	
串木野 くしきの	12.0	
神村学園前 かみむらがくえんまえ	14.4	
市来 いちき	16.6	
湯之元 ゆのもと	20.4	
東市来 ひがしいちき	22.9	
伊集院 いじゅういん	28.8	
薩摩松元 さつままつもと	34.1	
上伊集院 かみいじゅういん	36.5	
広木 ひろき	41.5	
鹿児島中央 かごしまちゅうおう	46.1	
鹿児島 かごしま	49.3	

□ 日豊本線（延岡～鹿児島）にっぽう

P166 駅名	営業キロ	年 月 日全線乗車
延岡 のべおか	256.2	
南延岡 みなみのべおか	259.6	
旭ケ丘 あさひがおか	263.1	
土々呂 ととろ	265.7	
門川 かどがわ	270.0	
日向市 ひゅうがし	276.7	
財光寺 ざいこうじ	278.9	
南日向 みなみひゅうが	283.1	
美々津 みみつ	289.7	
東都農 ひがしつの	294.1	
都農 つの	298.7	
川南 かわみなみ	305.6	
高鍋 たかなべ	313.6	
日向新富 ひゅうがしんとみ	320.0	
佐土原 さどわら	326.7	
日向住吉 ひゅうがすみよし	330.9	
蓮ケ池 はすがいけ	334.7	
宮崎神宮 みやざきじんぐう	337.4	
宮崎 みやざき	339.9	
南宮崎 みなみみやざき	342.5	
加納 かのう	345.1	
清武 きよたけ	347.8	
日向沓掛 ひゅうがくつかけ	352.5	
田野 たの	358.0	
青井岳 あおいだけ	369.3	
山之口 やまのくち	379.1	
餅原 もちばる	382.0	
三股 みまた	385.6	
都城 みやこのじょう	389.9	
西都城 にしみやこのじょう	392.4	
五十市 いそいち	395.2	
財部 たからべ	399.4	
北俣 きたまた	403.0	
大隅大川原 おおすみおおかわら	408.1	
北永野田 きたながのだ	413.4	
霧島神宮 きりしまじんぐう	419.4	
国分 こくぶ	432.1	
隼人 はやと	434.7	
加治木 かじき	441.6	
錦江 きんこう	443.3	
帖佐 ちょうさ	445.5	
姶良 あいら	447.1	
重富 しげとみ	448.7	
竜ケ水 りゅうがみず	455.7	
磯 （仮称）		
鹿児島 かごしま	462.6	

□ 宮崎空港線 みやざきくうこう

駅名	営業キロ	年 月 日全線乗車
田吉 たよし	0.0	
宮崎空港 みやざきくうこう	1.4	

□ 肥薩線 ひさつ

駅名	営業キロ	年 月 日全線乗車
八代 やつしろ	0.0	
段 だん	5.2	
坂本 さかもと	11.0	
葉木 はき	14.4	
鎌瀬 かませ	16.8	
瀬戸石 せといし	19.6	
海路 かいじ	23.5	
吉尾 よしお	26.7	
白石 しらいし	29.8	
球泉洞 きゅうせんどう	34.9	
一勝地 いっしょうち	39.8	
那良口 ならぐち	42.4	
渡 わたり	45.3	
西人吉 にしひとよし	48.4	
人吉 ひとよし	51.8	
大畑 おこば	62.2	
矢岳 やたけ	71.7	
真幸 まさき	79.0	
吉松 よしまつ	86.8	
栗野 くりの	94.3	
大隅横川 おおすみよこがわ	100.8	
植村 うえむら	102.8	
霧島温泉 きりしまおんせん	106.5	
嘉例川 かれいがわ	112.3	
中福良 なかふくら	114.4	
表木山 ひょうきやま	116.8	
日当山 ひなたやま	121.6	
隼人 はやと	124.2	

※八代～吉松間は災害の影響により不通。

□ 吉都線 きっと

駅名	営業キロ	年 月 日全線乗車
都城 みやこのじょう	0.0	
日向庄内 ひゅうがしょうない	4.1	
谷頭 たにがしら	7.1	
万ケ塚 まんがつか	10.6	
東高崎 ひがしたかさき	13.5	
高城新田 たかさきしんでん	17.8	
日向前田 ひゅうがまえだ	22.2	

駅名	営業キロ	
高原 たかはる	26.8	
広原 ひろわら	30.8	
小林 こばやし	34.8	
西小林 にしこばやし	41.0	
えびの飯野	46.6	-いいの
えびの上江	48.6	-うわえ
えびの	52.0	
京町温泉	56.6	きょうまちおんせん
鶴丸 つるまる	59.0	
吉松 よしまつ	61.6	

□ くま川鉄道湯前線

年　月　日全線乗車

駅名	営業キロ	
人吉温泉	0.0	ひとよしおんせん
相良藩願成寺	1.5	さがらはんがんじょうじ
川村 かわむら	4.4	
肥後西村	5.8	ひごにしのむら
一武 いちぶ	9.2	
木上 きのえ	11.3	
おかどめ幸福	13.0	-こうふく
あさぎり	15.0	
東免田 ひがしめんだ	17.4	
公立病院前	18.5	こうりつびょういんまえ
多良木 たらぎ	19.8	
東多良木	21.7	ひがしたらぎ
新鶴羽 しんつるは	23.3	
湯前 ゆのまえ	24.8	

※人吉温泉～肥後西村間は災害の影響により不通。

□ 宮之城線

年　月　日全線乗車
（1987年1月9日限り廃止）

駅名	営業キロ	
川内 せんだい	0.0	
薩摩白浜	5.1	さつましらはま
楠元 くすもと	6.5	
吉野山 よしのやま	10.3	
樋脇 ひわき	13.4	
上樋脇 かみひわき	15.6	
入来 いりき	18.7	
薩摩山崎	23.4	さつまやまさき
船木 ふなき	26.4	
宮之城 みやのじょう	29.3	
佐志 さし	32.4	
薩摩湯田 さつまゆだ	34.3	
薩摩鶴田 さつまつるだ	36.9	
薩摩求名	40.5	さつまぐみょう
広橋 ひろはし	43.2	
薩摩永野	47.5	さつまながの
針持 はりもち	54.9	
西太良 にしたら	59.5	
羽月 はつき	62.3	
薩摩大口 さつまおおぐち	66.1	

□ 山野線

年　月　日全線乗車
（1988年1月31日限り廃止）

駅名	営業キロ	
水俣 みなまた	0.0	
東水俣 ひがしみなまた	2.6	
肥後深川	6.3	ひごふかがわ
深渡瀬 ふかわたせ	7.9	
久木野 くぎの	14.3	
薩摩布計 さつまふけ	22.6	
西山野 にしやまの	30.7	
山野 やまの	32.3	
郡山八幡	34.1	こおりやまはちまん
薩摩大口	37.0	さつまおおぐち
西菱刈 にしひしかり	41.8	
菱刈 ひしかり	44.3	
前目 まえめ	46.3	
湯之尾 ゆのお	49.1	
稲葉崎 いなばざき	51.7	
栗野 くりの	55.7	

□ 妻線

年　月　日全線乗車
（1984年11月30日限り廃止）

駅名	営業キロ	
佐土原 さどわら	0.0	
西佐土原 にしさどわら	6.0	
黒生野 くろうの	10.0	
妻 つま	13.5	
穂北 ほきた	16.7	
杉安 すぎやす	19.3	

【旅のメモ】

薩摩・大隅半島・沖縄

□ 日南線

駅名	営業キロ	年 月 日全線乗車
南宮崎 なんみやざき	0.0	
田吉 たよし	2.0	
食と緑博覧会園	2.6	しょくとみどりはくらんかいえん
南方 みなみかた	4.2	
木花 きばな	7.5	
運動公園 うんどうこうえん	9.0	
曽山寺 そさんじ	10.2	
子供の国 こどものくに	11.4	
青島 あおしま	12.7	
折生迫 おりゅうざこ	13.8	
内海 うちうみ	17.5	
小内海 こうちうみ	19.9	
伊比井 いびい	23.3	
北郷 きたごう	32.5	
内之田 うちのだ	37.1	
飫肥 おび	39.8	
日南 にちなん	43.8	
油津 あぶらつ	46.0	
大堂津 おおどうつ	50.3	
南郷 なんごう	53.0	
谷之口 たにのくち	56.1	
榎原 よわら	60.5	
日向大束 ひゅうがおおつか	68.6	
日向北方 ひゅうがきたかた	71.8	
串間 くしま	74.4	
福島今町 ふくしまいままち	77.2	
福島高松 ふくしまたかまつ	79.6	
大隅夏井 おおすみなつい	84.5	
志布志 しぶし	88.9	

□ 志布志線

年 月 日全線乗車
（1987年3月27日限り廃止）

駅名	営業キロ	
西都城 にしみやこのじょう	0.0	
今町 いままち	4.3	
末吉 すえよし	8.3	
岩北 いわきた	14.4	
岩川 いわがわ	17.2	
大隅松山 おおすみまつやま	21.6	
伊崎田 いさきだ	26.4	
安楽 あんらく	33.5	
中安楽 なかあんらく	35.5	
志布志 しぶし	38.6	

□ 指宿枕崎線

駅名	営業キロ	年 月 日全線乗車
鹿児島中央 かごしまちゅうおう	0.0	
郡元 こおりもと	2.2	
南鹿児島 みなみかごしま	3.5	
宇宿 うすき	4.9	
谷山 たにやま	7.5	
慈眼寺 じげんじ	9.2	
坂之上 さかのうえ	11.3	
五位野 ごいの	14.1	
平川 ひらかわ	17.2	
瀬々串 せせくし	20.6	
中名 なかみょう	24.0	
喜入 きいれ	26.6	
前之浜 まえのはま	30.4	
生見 ぬくみ	35.0	
薩摩今和泉 さつまいまいずみ	37.9	
宮ケ浜 みやがはま	40.7	
二月田 にがつでん	43.4	
指宿 いぶすき	45.7	
山川 やまかわ	50.0	
大山 おおやま	54.2	
西大山 にしおおやま	56.7	
薩摩川尻 さつまかわしり	57.8	
東開聞 ひがしかいもん	59.6	
開聞 かいもん	61.0	
入野 いりの	62.8	
頴娃 えい	66.1	
西頴娃 にしえい	67.7	
御領 ごりょう	70.4	
石垣 いしがき	72.8	
水成川 みずなりがわ	74.2	
頴娃大川 えいおおかわ	76.0	
松ケ浦 まつがうら	78.1	
薩摩塩屋 さつましおや	79.9	
白沢 しらさわ	81.9	
薩摩板敷 さつまいたしき	84.4	
枕崎 まくらざき	87.8	

□ 大隅線

年 月 日全線乗車
（1987年3月13日限り廃止）

駅名	営業キロ	
志布志 しぶし	0.0	
菱田 ひしだ	5.5	
大隅大崎 おおすみおおさき	9.5	
三文字 さんもじ	10.5	
東串良 ひがしくしら	16.2	
串良 くしら	16.8	
下小原 しもおばる	19.0	
大隅高山 おおすみこうやま	21.5	
論地 ろんじ	23.9	
吾平 あいら	25.7	
永野田 ながのだ	27.2	
大隅川西 おおすみかわにし	29.0	
鹿屋 かのや	32.0	
大隅野里 おおすみのざと	37.1	
大隅高須 おおすみたかす	41.0	
荒平 あらひら	44.9	
古江 ふるえ	47.8	
新城 しんじょう	51.8	
諏訪 すわ	53.3	
柊原 くぬぎばる	56.4	
浜平 はまびら	59.1	
垂水 たるみず	61.6	
海潟温泉 かいがたおんせん	64.8	
大隅麓 おおすみふもと	69.7	
大隅辺田 おおすみへた	72.5	
大隅二川 おおすみふたがわ	75.7	
大隅境 おおすみさかい	79.3	
大廻 おおめぐり	85.5	
大隅福山 おおすみふくやま	88.6	
敷根 しきね	91.9	
銅田 どうた	94.4	
金剛寺 こんごうじ	96.3	
国分 こくぶ	98.3	

【旅のメモ】
....
....
....
....

私が乗車した距離　　　　　km

廃止線を含む総距離	411.6 km
現存線の距離	218.9 km

□ 鹿児島交通枕崎線 （かごしまこうつうまくらざき）

年　月　日全線乗車

（1984年3月17日限り廃止）

駅名	営業キロ	
伊集院 いじゅういん	0.0	
上日置 かみひおき	4.4	
日置 ひおき	7.9	
吉利 よしとし	10.6	
永吉 ながよし	12.8	
吹上浜 ふきあげはま	16.1	
薩摩湖 さつまこ	17.0	
伊作 いざく	18.2	
南吹上浜	20.0	みなみふきあげはま
北多夫施 きたたぶせ	22.7	
南多夫施 みなみたぶせ	24.6	
阿多 あた	26.7	
加世田 かせだ	29.0	
上加世田 かみかせだ	31.0	
内山田 うちやまだ	32.4	
上内山田	33.8	かみうちやまだ
干河 ひこ	36.4	
津貫 つぬき	38.0	
上津貫 かみつぬき	40.3	
薩摩久木野	41.5	さつまくきの
金山 きんざん	44.3	
鹿籠 かご	47.6	
枕崎 まくらざき	49.6	

熊本市交通局 （くまもとしこうつうきょく）　　※路線図はP164に掲載

線名	区間	営業キロ	全線乗車
□幹線 かん	熊本駅前～水道町	3.3	年　月　日
□水前寺線 すいぜん	水道町～水前寺公園	2.4	年　月　日
□健軍線 けんぐん	水前寺公園～健軍町	3.0	年　月　日
□上熊本線 くまもと	辛島町～上熊本	2.9	年　月　日
□田崎線 たさき	熊本駅前～田崎橋	0.5	年　月　日

鹿児島市交通局 （かごしましこうつうきょく）　※＝1985年9月30日限り廃止

線名	区間	営業キロ	全線乗車
□第一期線	武之橋～鹿児島駅前 たけのはし	3.0	年　月　日
□第二期線	高見馬場～鹿児島中央駅前 だいにき	1.0	年　月　日
□谷山線 たにやま	武之橋～谷山	6.4	年　月　日
□唐湊線 とそ	鹿児島中央駅前～郡元	2.7	年　月　日
□伊敷線※ いしき	加治屋町～伊敷町	3.9	年　月　日
□上町線※ かみまち	市役所前～清水町	2.3	年　月　日

沖縄都市モノレール（ゆいレール） （おきなわとしモノレール）

線名	区間	営業キロ	全線乗車
□沖縄都市モノレール線	那覇空港～てだこ浦西	17.0	年　月　日

【旅のメモ】

....
....
....
....
....
....
....
....
....
....
....
....
....
....
....
....
....

乗車の記録　集計欄

●本書に掲載した路線

駅リスト 掲載ページ	エリア	廃止線を含む 総距離 (km)	現存線の 距離 (km)	私が乗車した距離 (km)
8	新幹線・鉄道連絡船	3257.3	3056.3	
16	宗谷・留萌	789.6	273.8	
18	オホーツク・北見・網走	557.8	234.0	
26	釧路・根室・十勝・日高	1155.0	504.2	
32	札幌・道央①	822.7	663.2	
34	室蘭・道央②	437.4	334.1	
38	函館・道南	443.8	297.3	
42	青森	470.6	410.8	
46	岩手・秋田北部	623.9	596.8	
50	岩手・秋田南部	699.0	673.3	
53	三陸北部	368.4	330.0	
55	三陸南部	278.2	169.7	
58	仙台・山形	743.6	718.3	
61	常磐北部	302.2	284.0	
64	新潟・会津	599.0	496.7	
68	北関東①	1045.7	1035.6	
70	北関東②	469.7	368.9	
74	房総・奥多摩	696.7	696.7	
80	東京・埼玉・千葉	1034.1	1029.6	
82	東京・神奈川①	1072.8	1068.4	
84	神奈川②	295.0	293.0	
88	東海道①	475.5	459.1	
90	東海道②	381.9	378.8	

駅リスト掲載ページ	エリア	廃止線を含む総距離 (km)	現存線の距離 (km)	私が乗車した距離 (km)
96	山梨・伊那・木曽・上信越①	715.3	704.3	
98	上信越②	790.9	730.6	
104	富山・石川・福井・岐阜①	574.4	556.3	
106	富山・石川・福井・岐阜②	313.7	182.1	
108	富山・石川・福井・岐阜③	429.3	403.2	
116	名古屋・岐阜・京都①	625.5	623.0	
118	名古屋・岐阜・京都②	1198.3	1086.1	
124	京阪神・和歌山・奈良①	909.0	876.7	
126	京阪神・和歌山・奈良②	629.2	627.0	
130	紀伊半島	638.8	621.1	
134	兵庫①	586.2	512.9	
136	兵庫②	613.3	587.6	
140	岡山・広島	516.4	448.4	
144	鳥取・出雲	745.0	623.7	
148	山口	772.4	769.6	
154	四国①	612.8	601.6	
156	四国②	519.6	513.1	
160	福岡①	362.4	294.5	
162	福岡②	304.6	236.1	
166	熊本・大分	837.2	727.4	
170	長崎・佐賀	586.1	504.6	
176	宮崎・鹿児島	725.7	584.6	
178	薩摩・大隅半島・沖縄	411.6	218.9	
	合計	30740.9	27441.7	

●総乗車距離の記録

年　月　日		
年　月　日		
年　月　日		
年　月　日		
年　月　日		
年　月　日		
年　月　日		
年　月　日		
年　月　日		
年　月　日		
年　月　日		
年　月　日		
年　月　日		
年　月　日		
年　月　日		
年　月　日		
年　月　日		
年　月　日		
年　月　日		
年　月　日		
年　月　日		
年　月　日		
年　月　日		
年　月　日		
年　月　日		
年　月　日		
年　月　日		
年　月　日		
年　月　日		
年　月　日		
年　月　日		
年　月　日		
年　月　日		
年　月　日		

年　月　日		
年　月　日		
年　月　日		
年　月　日		
年　月　日		
年　月　日		
年　月　日		
年　月　日		
年　月　日		
年　月　日		
年　月　日		
年　月　日		
年　月　日		
年　月　日		
年　月　日		
年　月　日		
年　月　日		
年　月　日		
年　月　日		
年　月　日		
年　月　日		
年　月　日		
年　月　日		
年　月　日		
年　月　日		
年　月　日		
年　月　日		
年　月　日		
年　月　日		
年　月　日		
年　月　日		
年　月　日		
年　月　日		
年　月　日		

私の旅の記録

日程	行き先・目的	乗った列車・路線など

私の旅の記録

日程	行き先・目的	乗った列車・路線など

日程	行き先・目的	乗った列車・路線など

参考文献………… 『鉄道要覧』国土交通省鉄道局監修
（電気車研究会・鉄道図書刊行会）
『停車場変遷大辞典　国鉄・JR編』（JTB）
『JR時刻表』各号（交通新聞社）
『JTB時刻表』各号（JTBパブリッシング）
『JTB私鉄時刻表』各号（JTBパブリッシング）
『日本鉄道旅行地図帳』（今尾恵介監修・新潮社）

掲載基準………… 2023年4月1日時点の情報を予定を含めて掲載しています。
詳しい掲載基準は3ページ〈この手帖の掲載基準〉をご覧ください。

鉄道の旅手帖 五訂版

2023年4月21日　初版第1刷発行

企画・編集 ………… 実業之日本社
磯部祥行
編集協力…………… 土屋武之・栗原　景
装丁………………… 吉田恵美（mewglass）
本文デザイン……… オムデザイン
地図製作…………… 株式会社千秋社
印刷・製本 ………… 大日本印刷株式会社
ＤＴＰ……………… 株式会社千秋社

発行者……………… 岩野裕一
発行所……………… 株式会社実業之日本社
〒107-0062　東京都港区南青山5-4-30
emergence aoyama complex 3F
電話………………… 編集☎03-6809-0473　販売☎03-6809-0495
https://www.j-n.co.jp/

●本書の一部あるいは全部を無断で複写・複製（コピー、スキャン、デジタル化等）・転載することは、法律で定められた場合を除き、禁じられています。また、購入者以外の第三者による本書のいかなる電子複製も一切認められておりません。
●落丁・乱丁（ページ順序の間違いや抜け落ち）の場合は、ご面倒でも購入された書店名を明記して、小社販売部あてにお送りください。送料小社負担でお取り替えいたします。ただし、古書店等で購入したものについてはお取り替えできません。
●定価は表紙に表示してあります。
●実業之日本社のプライバシー・ポリシー（個人情報の取扱い）は、上記WEBサイトをご覧ください。
© Jitsugyo No Nihon Sha,Ltd.2023,Printed in Japan
ISBN978-4-408-65041-8（第二書籍）

目次

［西日本］

※東日本の目次は表紙側にあります

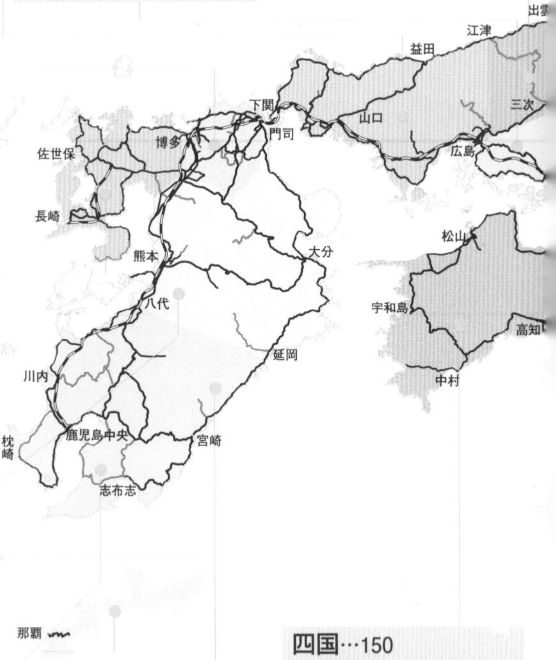

出雲
江津
益田
下関
山口
三次
門司
博多
佐世保
広島
長崎
松山
熊本
大分
八代
宇和島
高知
延岡
中村
川内
宮崎
鹿児島中央
枕崎
志布志
那覇